JEAN-LOUIS-ERNEST

MEISSONIER

SES SOUVENIRS — SES ENTRETIENS

PRÉCÉDÉS D'UNE ÉTUDE

SUR SA VIE ET SON ŒUVRE

PAR

M. O. GRÉARD

de l'Académie Française

PARIS
LIBRAIRIE HACHETTE ET Cie
79, BOULEVARD SAINT-GERMAIN, 79
—
1897

Droits de traduction et de reproduction réservés.

MEISSONIER

SES SOUVENIRS. SES ENTRETIENS

Cet ouvrage a été composé et tiré
par Édouard Crété, à Corbeil.

Les illustrations typographiques ont été gravées
par Ducourtioux, Huillard, Berg et Sgap.

Les planches en couleurs ont été imprimées
par Draeger et Lesieur.

Les planches en taille douce ont été gravées
par Ducourtioux, Huillard et Fillon.

Elles ont été imprimées
par Wittmann, Chassepot et Geny-Gros.

LA VIE ET L'OEUVRE

DE

MEISSONIER

D'APRÈS SES ENTRETIENS

MEISSONIER A CHEVAL.
(Eau-forte originale ; remarque de la gravure de *la Rixe*.)

MEISSONIER

MEISSONIER disait un jour : « Je devrais aller à l'Institut des Jeunes Aveugles demander la clef de leur écriture, parce que, ne pouvant plus guère dormir, ma nuit se passe, dans l'insomnie, à méditer, à me souvenir. Je ne pourrais, sans fatigue, écrire des heures à la lumière ; mais je regrette de ne pas garder au vol ce qui se presse en moi dans l'ombre : je me figure que depuis longtemps j'aurais ainsi des volumes. » Et un autre jour, restreignant lui-même le champ de ses pensées : « Ah! les souvenirs accumulés, s'écriait-il avec une bonne grâce mêlée de

CROQUIS A LA PLUME
ET AU LAVIS.

1

tristesse, c'est comme les grappes au pressoir. La cuve déborde de raisins entassés, dont on n'exprime qu'un peu de vin. La vie! combien il en reste peu de réellement vécue au fond du verre! » C'est ce « réellement vécu » que je voudrais tirer des notes familières recueillies de sa bouche par une main fidèle, la main de l'amie qui est devenue sa seconde femme.

Il n'y faut chercher ni une biographie suivie, ni une appréciation raisonnée de son œuvre. C'est simplement le témoignage sur lui-même d'un homme qui, dans son atelier, à son chevalet, en promenade à cheval par les bois de Saint-Germain et de Marly, en voyage à Antibes, à Venise, à Rome, à Florence, en Hollande, en Suisse, au sortir d'une exposition, d'un musée, d'une séance de l'Institut, approfondit, effleure, traite suivant la circonstance et l'impression du moment les sujets les plus divers. Rien de moins didactique ni de plus libre. Mais, rapprochés les uns des autres, ces entretiens épars, tour à tour élevés et aimables, graves et piquants, toujours sincères, offrent un ensemble d'indications, presque de confidences, où le maître, où l'homme apparaît, vivant et naturel, dans le cadre journalier de ses idées et de ses sentiments.

EAU-FORTE ORIGINALE DE MEISSONIER.

FAC-SIMILÉ D'UN DESSIN SUR BOIS PRÉPARÉ POUR LA « CHAUMIÈRE INDIENNE ». — LA TEMPÊTE.
(Appartient à M. Piat.)

LES ANNÉES DE JEUNESSE

Son enfance avait été attristée, sa jeunesse laborieuse et difficile. C'est le trait commun aux artistes qui, n'ayant pas trouvé au foyer de la famille la direction et l'appui, se sont élevés d'eux-mêmes. L'épreuve eut ceci de particulier pour Meissonier qu'elle trempa son caractère, sans altérer les sources où devaient se nourrir son âme et son talent. De bonne heure il fut un tendre et un vaillant.

Si « dans l'autrefois de son existence, tout au fond, où sa pensée aimait à plonger comme le pêcheur pour chercher les perles, certaines dates s'étaient perdues »,

UN REÎTRE.
(Aquarelle appartenant à M. Spitzer.)

les sentiments qui s'y rattachaient demeurèrent toujours vivaces.

Il adorait sa mère. D'après le portrait qu'il en avait conservé, c'était une femme d'une physionomie aimable et fine, d'un esprit distingué, aimant les arts, qui avait suivi les leçons de Mme Jacottot à Lyon et peignait avec agrément sur porcelaine. Meissonier ne se défit jamais de la petite table où il l'avait vue travailler. C'est sur ce guéridon sans doute qu'elle avait fait à la mine de plomb un charmant petit portrait de son fils. Entrevit-elle, dans un éclair de prescience maternelle, sa gloire future? Une note d'études d'un chef d'institution du lycée Charlemagne (1), dont Ernest suivait la huitième en 1823 — il avait huit ans — ne témoignait ni d'une conduite, ni d'une application exemplaires, ni même d'une force en orthographe qui le classât bien haut; mais la colonne d'observations portait : « Ernest a un goût décidé pour le dessin : la simple vue d'une gravure nous fait négliger bien souvent des devoirs essentiels ». On peut croire que la jeune mère, qui devait mourir l'année suivante, à vingt-cinq ans, fut plus touchée des premiers mots de la note que de tout le reste. Car elle serra précieusement le bulletin dans sa boîte de couleurs, où, vingt ans plus tard, quand il perdit son père, Meissonier le trouva, jauni par le temps. De cette

(1) L'institution Petit, rue de Jouy, où ont été établies successivement la mairie de l'arrondissement et la Pharmacie centrale, et qu'occupe aujourd'hui l'école primaire supérieure de jeunes filles Édgar Quinet.

mort prématurée il avait gardé un souvenir, douloureux et doux, qu'aucun succès, aucun bonheur ne devait effacer. « C'est aujourd'hui 21 février, l'anniversaire de ma naissance, disait-il le jour où il entrait dans sa soixante-dixième année (1884). Qu'il y a longtemps ! J'ai voulu, ce matin, qu'à l'heure peut-être où ma mère m'a mis au monde, ma première pensée fût pour elle. Chère mère, combien de fois mes yeux se sont emplis de larmes

INSTITUTION dirigée par M^r. Isidore GUILLET,
Successeur de M^r. LEPITRE.
Rue St.-Louis, N°. 9, au Marais.

M. Meissonier, Ern. Élève de la Classe de 8e 1 Sa...
NOTES HEBDOMADAIRES du 14 Juin 1823

CONDUITE.	TRAVAIL.	LEÇONS.	PLACE En jompion	Observations.
as. bonne	Pas assez appliqué	Très bien	Ditto.. 9 Sur 15.	Ernest a un goût décidé pour le dessin. Sa simplicité d'une grandeur nous fait négliger bien souvent des devoirs essentiels

à ton souvenir ! Hélas ! je t'ai si peu connue, que c'est presque par ton absence, par le besoin que je sentais de toi, que je t'ai aimée », ajoutait-il avec une délicatesse touchante. « Si souvent je me suis dit que ce devait être si bon d'avoir une mère ! » Il n'avait rien oublié de la nuit funèbre où son père les fit venir, lui et son frère, au chevet de la mourante, ni de la bénédiction qu'elle leur donna « de ses mains blanches qu'il connaissait si bien, surtout celle qui avait un signe ».

Et ce n'était point là une fugitive impression d'anniversaire. Meissonier se plaisait à entretenir en lui ces sentiments. Né à Lyon, mais venu à Paris dès sa troisième année, c'est à Paris qu'il fut élevé, dans la région du Marais, qui a été longtemps le foyer de la bourgeoisie parisienne ; et jusque dans son extrême vieillesse il se plaisait à revenir à son berceau. Après son second mariage, il fit dans le quartier une sorte de pèlerinage, marquant chaque étape de son enfance et de ses affections : rue des Vieilles-Haudriettes, où son père, fabricant de produits chimiques, avait ses magasins ; rue des Blancs-Manteaux, où sa mère était morte et d'où elle avait été portée, le 25 mars 1825, à l'église qui est tout proche. Il saluait avec attendrissement l'étroite cour où elle surveillait ses jeux, les fenêtres de l'appartement du troisième étage auxquelles, lorsqu'il rentrait du collège, apparaissait son doux visage, le vieil escalier avec ses balustres de bois jaune, ses solives saillantes. « J'en veux venir un jour, disait-il, faire le croquis. »

COUR DE LA MAISON DE LA RUE DES BLANCS-MANTEAUX.

Lorsqu'il parle de son père, l'accent est moins vif. L'affection n'en est pas exclue, mais le respect domine. C'est de ce côté qu'étaient venus les obstacles à sa vocation. M. Meissonier était, au témoignage de son fils, un homme énergique, qui savait bien ce qu'il voulait. D'allure fort élégante d'ailleurs en sa jeunesse, de mise recherchée, la jambe fine et bien tournée, bel homme et beau cavalier, il faisait partie de ce qu'on appelait, sous la Restauration, la société lyonnaise. En pleine tradition des danses de Vestris, il comptait parmi les plus renommés danseurs ; avec deux ou trois amis, fanatiques comme lui, il formait dans les salons un quadrille devant lequel toutes les autres danses s'interrompaient : on montait sur les chaises pour regarder. Il avait aussi le goût de la musique, jouait de la flûte et chantait la romance. Mais, homme des plaisirs mondains confinant à l'art, M. Meissonier était d'abord un industriel, et il entendait associer ses deux fils à son activité commerciale.

ESCALIER DE LA MAISON DE LA RUE DES BLANCS-MANTEAUX.

La mort si prématurée de Mme Meissonier eut pour premier effet de porter le trouble dans l'éducation du jeune Ernest. Avant de suivre les cours du lycée Charlemagne, il avait été pendant quelque temps interne — sa mère étant déjà bien malade — dans une pension de Chaillot, et le seul souvenir qui lui en fût resté, c'était sa peur d'enfant lorsque, pour rentrer le soir les jours de congé, il passait par « le bois des Champs-Élysées, tout noir et semé de fondrières ». Il fut question de l'y faire rentrer. Heureusement son père avait pour ami, à Grenoble, un professeur, devenu dans la suite doyen de la Faculté des sciences, qui consentit à recevoir l'enfant et à lui faire suivre les classes du collège. Après un voyage de quatre jours et de trois nuits

M. MEISSONIER PÈRE (MINIATURE).

passés au fond de l'intérieur d'une diligence où une vieille dame s'était emparée du coin que son père lui avait ménagé, Meissonier, arrivé à Lyon, tomba dans les bras de M. et Mme Ferriot, qui l'attendaient. Jamais il n'éprouva de son isolement un sentiment plus amer. Les premiers temps de son séjour à Grenoble ne lui furent guère moins pénibles. Il se trouvait perdu au milieu de ses nouveaux camarades, perdu et presque humilié de n'avoir pas comme eux ce refuge de la famille « dont ceux-là seuls peut-être qui ne l'ont pas eu sentent tout le prix ».

M. Ferriot, grand joueur de trictrac et de violon, à ses heures de loisir, mais géomètre avant tout et homme d'austère devoir, le poursuivait de ses mathématiques jusqu'en promenade. « Pas une seule fois Mme Ferriot ne l'avait caressé ni embrassé ; pas une seule fois elle n'avait réchauffé d'une parole tendre son pauvre cœur d'enfant affamé d'affection. » Ils étaient bons pourtant l'un et l'autre, les Ferriot, et il les aimait bien. Plus tard, en effet, au cours de sa jeunesse, c'est avec reconnaissance, avec joie, qu'il retournera à Saint-Ismier — une modeste campagne qu'ils possédaient aux portes de Grenoble et qu'ils habitaient l'été —

PORTRAIT DE Mme MEISSONIER MÈRE.

peindre, par une journée riante, la petite maison, « avec la pure lumière qui en éclaire le devant, le jardin qui lui sourit, le magnifique cyprès qui s'enlève si vigoureusement sur le ciel » : plus tard encore, dans son extrême vieillesse, il retouchera avec une sorte de piété filiale les deux portraits, pâlis par le temps, de ses vieux hôtes.

Le mal du pays, dont il avait tout d'abord si vivement souffert, fut-il le plus fort, comme il le laisse entendre ? Au bout de deux ans, son père le rappela à Paris ; et, « le faisant entrer d'emblée dans les affaires », il l'employa, « pour commencer », à copier les lettres sur le grand registre.

PORTRAIT DE M. FERRIOT.
(Acheté en 1896 par le Musée de Rouen.)

PORTRAIT DE MADAME FERRIOT.
(Acheté en 1896 par l'État.)

L'intervention d'un client, dont le fils était en pension à Thiais, le sauva encore une fois. C'est à Thiais que Meissonier prit goût à l'étude en compagnie d'Alcide Lorenz, de Fauvel, le futur grand médecin des épidémies, et d'Édouard Thierry, le futur administrateur de la Comédie-Française. Le romantisme battait son plein. Meissonier dévorait en cachette Alfred de Vigny, Victor Hugo, Lamartine, qui l'enivraient. Au souvenir des premières sensations de cet enthousiasme était jointe l'image de la petite église de Thiais, où son âme flottait dans les rêves, en écoutant les chants sacrés de l'orgue et en regardant les vitraux : « Je nageais, dit-il, en plein idéal. »

Les grandes émotions du dehors ne le laissaient point d'ailleurs indifférent. Il était encore en pension, lorsqu'éclata la révolution de 1830. Émile Augier a raconté qu'interne, lui aussi, dans une institution du lycée Henri IV, pendant les journées de Juillet, il s'amusait avec Got, son camarade de chambrée, à compter les coups de canon, paisiblement. Moins flegmatique que son futur ami, et déjà sensible, comme il devait l'être toute sa vie, aux agitations de la politique, libéral par instinct, Meissonier voulait aller prendre part à la bataille. « Nous étions, racontait-il, dans un étrange état d'effervescence; nous entendions au loin le bruit de la fusillade. A trois ou quatre, nous prîmes la résolution de nous coucher habillés et de nous relever, aussitôt que la maison serait endormie, pour franchir les murs bas du jardin qui donnait dans la campagne, et courir à Paris. Mais un lâcheur nous trahit. Le maître d'étude s'approcha de mon lit, leva les draps, me vit tout équipé, m'appliqua une paire de soufflets, qui me brûla de honte, et, sans mot dire, me mena au cachot. »

Au mois d'octobre suivant, il retourna à Grenoble. Renonçant aux études classiques, son père avait décidé de lui faire apprendre la comptabilité, la physique et la chimie, les langues modernes, tout ce qui pouvait le préparer au commerce, et c'est aux excellents Ferriot qu'il l'avait de nouveau confié. Mais à Grenoble, ancienne capitale de province très fière de son passé, ville de guerre et de parlement, on s'occupait peu de commerce. Meissonier était entouré d'amis qui se destinaient au barreau, à la médecine, aux lettres; il ne voyait venir en répétition chez M. Ferriot que des jeunes gens qui se préparaient à entrer dans les Écoles du gouvernement pour en sortir ingénieurs, marins ou militaires; il souffrait d'avouer qu'il ne devait être que commerçant, alors surtout que, de jour en jour, il entendait plus clairement murmurer au dedans de lui le : « Et moi aussi, je suis peintre ! »

Au bout d'un an, que lui restait-il de cette éducation à contre-gré ? Fort peu de mathématiques, il en convient, mais une lecture assez abondante, l'éveil sur toutes les choses de l'histoire,

LA MAISON DE M. PERROT A SAINT-ISMIER (1835).

la connaissance pratique de la langue anglaise — chose rare alors — et des notions élémentaires d'allemand, l'habitude de voir en soi et autour de soi, le goût de l'observation morale, une grande finesse de sensibilité, par-dessus tout la passion de la nature, « toutes sortes d'amours avec les beaux ciels et les belles montagnes du Dauphiné, d'intimités avec les petites sources des prairies, les ruisseaux limpides courant le long des sentiers sur les cailloux brillants, les buissons d'épines-vinettes foisonnant de sauterelles aux ailes rouges et bleues bordées de noir, qu'il s'amusait à faire lever par essaims pour les voir étinceler au soleil. « Oh ! comme il les connaissait, les vallées et les crêtes,

de la combe de Malaval au Lautaret, de Grenoble à Briançon !
Avec quel ravissement il les explorait, marchant à l'aventure,
couchant sur le foin des granges, soupant à la grâce de Dieu !
On l'appelait le Montagnard. Il en aimait la vie rude et sau-
vage, pleine de surprises charmantes. Certaines scènes s'étaient
fixées dans son imagination comme un tableau. Celle-ci entre
bien d'autres, que je lui ai entendu rappeler.

Par une splendide soirée de juin, pendant les congés de la
Pentecôte, à l'heure où le soleil, à son déclin, couronne comme
d'un nimbe tout ce qu'il touche, il courait les Alpes Dauphinoises,
tête nue, les cheveux flottants et vêtu d'une grande blouse,
taillée à l'antique, qu'il relevait sur les hanches pour marcher
et dont il s'enveloppait comme d'un manteau lorsqu'il se repo-
sait. Il était arrivé sur le haut d'un rocher qui surplombait un
torrent desséché. Des enfants jouaient au fond du lit, cherchant
des cailloux polis par les eaux. Il était debout à la pointe extrême
de la roche, se silhouettant sur le ciel, silencieux, immobile.
Tout à coup les enfants lèvent les yeux et, l'apercevant, s'enfuient
avec de grands cris d'épouvante. Qu'allèrent-ils raconter au
village ? Meissonier aurait-il, à l'orée de ce joli bois, son petit
bout d'autel et de légende ?

o o o

Cependant, M. Meissonier, que la révolution de 1830 avait
ruiné, travaillait énergiquement à refaire sa fortune. Ce n'était pas
le moment de laisser prendre racine à une vocation qui, d'après
les lettres de M. Ferriot, ne lui semblait qu'un prétexte à ne rien
faire. Au commencement de 1832, Meissonier était apprenti droguiste, rue des Lombards, dans la maison Menier, en face de celle
qui portait pour enseigne : *Au Mortier d'or*. Il n'a jamais pu voir
la caricature de Gavarni : « Né pour être homme, et être épicier ! » sans faire un amusant retour sur lui-même. Lui aussi, il
avait été épicier. Il balayait le magasin, excellait à préparer la

poix de Bourgogne, à ficeler les paquets, à dire à la pratique :
« Et avec ça ? » Sa distraction, à ce moment, était de s'exercer
à tous les jeux de force et d'adresse. Quelques années plus
tard, quand il habitait l'île Saint-Louis, agile, vigoureux, hardi
jusqu'à l'imprudence, il battait la Seine à la gaffe, du pont
des Tournelles au pont Marie, sur de méchantes galoubies qui
faisaient eau de toute part, escaladait les tours de Notre-Dame,
cherchant l'*Ananké* de Victor Hugo, et risquait vingt fois, chaque
dimanche, de se noyer ou de se rompre le cou. A Poissy, il cano-
tait et montait à cheval avec passion ; il nageait remarquable-
ment. C'était le fruit d'une éducation entreprise de bonne heure
et poursuivie sans relâche. Il était fier de ses muscles et ne se
fâchait point, rue des Lombards, qu'on le félicitât de redresser
un tonneau de six cents livres.

Un autre sentiment le soutenait. Il voyait venir la lutte iné-
vitable, et il s'aguerrissait. Il avait repris le crayon, le soir,
à l'insu de tout le monde, aussi résolu à suivre sa vocation
que son père paraissait l'être à l'en détacher. « Donne-moi
trois cents francs, lui déclara-t-il un jour, et tu n'entendras
plus parler de moi que plus tard. — Mais que vas-tu faire ? —
Aller à Naples, où je vivrai en lazzarone et où je trouverai
bien quelque peintre qui me prenne à son service. » Après avoir
fait la sourde oreille, le père, à la fin, avait consenti à lui
accorder le délai d'une semaine pour chercher un maître qui
garantît son aptitude et se chargeât de son éducation.

Meissonier cherchait donc le témoignage en même temps que la
direction dont il avait besoin. Les huit jours étaient presque
écoulés, et il n'avait trouvé personne. Un matin il prit son courage
à deux mains et s'en fut chez M. Delaroche, qu'il ne connaissait
que par son renom. Delaroche travaillait à la *Mort de Jane Grey*.
L'entretien ne fut pas long : les conditions d'entrée dans son
atelier étaient impraticables pour une bourse vide. Il s'en retournait bien triste, ne sachant à quelle porte frapper, quand, près du
Palais-Royal, au coin d'une rue, il tomba sur un graveur de

cachets, M. Lévesque, un ami de son père. « Où allez-vous donc, avec cet air désespéré ? » Et le pauvre garçon raconte que son père l'a mis en demeure de trouver dans la semaine un professeur, ou de renoncer à sa folie. Il a fait un croquis, qui est là, dans la coiffe de son chapeau ; mais il n'a pas eu le courage de le montrer à M. Delaroche, de chez qui il sort. M. Lévesque l'envoya passage Sainte-Marie, chez un sien camarade, Julien Potier, ancien deuxième grand prix de Rome, qui courait le cachet dans les pensions de demoiselles. Intérieur lugubre. Des murs gris. Comme décoration de fond, *Ugolin dans la tour de la faim avec ses enfants*. « Si j'avais un fils, répond Potier au premier mot, je le ferais savetier plutôt que de le laisser peindre ! » Plus accueillants, les Johannot, où Meissonier se risque ensuite, lui demandent à voir son dessin ; mais ils ne peuvent prendre d'élèves, et ils le renvoient chez Potier, en l'invitant à montrer ce qu'il a fait. Le petit croquis représentait des soldats dans un cabaret, en train de boire. Après avoir regardé, le brave homme changea d'attitude : « Oubliez ce que je vous ai dit l'autre jour. Je vais écrire à votre père. » Et il le garda auprès de lui à copier à l'estompe des figures d'école sur un papier jaunâtre.

Pendant tout un hiver, Meissonier vint chaque matin de la rue des Blancs-Manteaux au passage Sainte-Marie, achetant, quand il était en fond, deux sous de marrons qui lui réchauffaient la poche et l'estomac. Son père lui payait une pension de cinquante centimes par jour, plus le dîner du mercredi, qui était le jour des réunions de famille. « Comme Chateaubriand, dans son exil à Londres, raconte Alexandre Dumas, Meissonier dînait le plus souvent d'un petit pain d'un sou : après quoi, le mercredi, quand il sentait le besoin de reprendre des forces, il entrait à l'heure du dessert. « — Tu as dîné ? lui disait le père. — Oui, je suis venu tout bonnement prendre le café avec vous. »

Au bout de quelque temps, Potier le présenta à Cogniet en payant à l'avance cinq mois d'atelier. Meissonier faillit ne pas rester. « Le jour du punch et de la scie, un camarade, en l'apercevant, se mit à crier : « Tiens, ce petit-là, c'est un épicier ! » — « C'est donc écrit sur mon front », pensa-t-il au souvenir de la rue des Lombards ! Sa fierté de timide se replia ; et, s'il n'eût trouvé le moyen de travailler à son goût dans un enclos dépendant de l'atelier, peut-être n'y serait-il jamais retourné. Il ne vit d'ailleurs Cogniet que deux fois, le jour de sa présentation et un autre jour que le maître s'approcha de lui pour le corriger.

o o o

Le livret du Salon de 1834 est le premier qui porte le nom de Meissonier, avec cette indication : *Une visite chez le bourgmestre*, et la Société des Amis des Arts avait acheté le tableau cent francs, ce qui, pour le temps, était un prix : on ne donnait guère davantage d'un Decamps. L'année 1835 lui fut moins heureuse. Le *Petit Messager* ne trouva d'autre acquéreur que son père. Mais son père commençait donc lui-même à lui reconnaître des dispositions ! Meissonier entreprit alors le portrait d'un pharmacien de la rue Jacob, grand ami de la famille, M. Quesneville, le collaborateur de Pelletier, celui qui a découvert la quinine. M. Meissonier, à qui il le porta à peine terminé, en fut frappé, et peut-être n'éprouva-t-il jamais un plus vif sentiment d'orgueil, même le jour où, six ans après, il eut à recevoir, à Paris, en grande cérémonie publique, la première médaille d'or, obtenue par son fils. Il lui annonça que décidément il allait l'envoyer à Rome avec cent francs par mois.

Cent francs par mois ! La pension était si considérable qu'il fut convenu qu'elle pouvait suffire à deux et que Meissonier emmènerait avec lui un ami. Une seule condition était mise au voyage : il devait s'arrêter à Grenoble pour faire le portrait de M. et Mme Ferriot. Le choléra, qui avait éclaté en Italie, ne lui permit pas de pousser plus loin que Lyon, où, les deux portraits achevés, il était revenu. Il dut y passer l'hiver et un hiver très rigoureux. Un incident se rapporte à ce séjour forcé, qui lui a servi plus d'une fois à exprimer sa détresse. « Vous n'avez pas idée, disait-il, de ce qu'était pour moi, dans ma jeunesse et depuis mon enfance, l'ambition d'un manteau! »

PORTRAIT DE M. QUESNEVILLE
(Appartient à M. Quesneville fils.)

Son père avait pour principe de laisser les enfants s'endurcir au froid. Meissonier se souvenait, « avec le frisson dans le dos, » de certaines veilles du jour de l'an, où il allait faire des visites de famille, morfondu, sous une blouse légère, dans l'air glacé. Il avait retrouvé à Lyon ces souffrances cuisantes. L'ami qui l'accompagnait, Gournier, eut l'idée de lui faire faire le portrait à l'aquarelle de deux de ses cousines, les demoiselles Thibault, filles d'un grand fabricant. Prix convenu, quatre-vingt-dix francs. Aussitôt Meissonier alla commander le manteau de ses rêves. L'anecdote ne serait pas complète si je n'ajoutais qu'il y fit coudre six boutons d'argent et qu'il prenait plaisir à s'y draper.

De retour à Paris, il trouva un petit atelier qui l'attendait : son premier atelier! C'était une prévenance de son père. Mais l'atelier ne donnait pas de quoi vivre. M. Meissonier, dont la fortune commençait à se rétablir, mais qui venait de se remarier, avait réduit la pension de son fils de douze à sept cents francs. Or il était presque aussi difficile de trouver du travail qu'il l'avait été quelque temps auparavant de trouver un maître. Ce fut une nouvelle odyssée.

Sur le conseil de Tony Johannot, il se présenta chez Curmer, qui, après l'avoir toisé — « j'avais l'air d'un galopin, » — se décida, non sans peine, à lui donner à traiter, pour la Bible de Royaumont, le *Massacre d'Éléazar*. L'éditeur fut si satisfait de la planche, que du coup il l'engagea pour l'illustration de *Paul et Virginie* et de la *Chaumière indienne*. Mais l'éclat même de ce succès devait tourner contre le malheureux débutant. Pour étendre ses relations de commerce, suivant le mot de son père, il était allé chez Hetzel, comptant sur l'effet de ses premières œuvres. Hetzel lui tint ce « langage inoubliable » : « Après

CROQUIS DE MEISSONIER A 18 ANS, PAR LUI-MÊME.

les bois merveilleux que vous avez fournis à Curmer, je ne peux plus vous donner les miens. — Me voilà donc condamné à mourir de faim pour avoir trop bien fait ! » répondit-il.

Cependant il n'était pas homme à se laisser décourager de bien faire. Dès ce moment il avait pour règle que, petites ou grandes choses, il n'était rien qu'il ne valût la peine de pousser jusqu'à la perfection. Tandis qu'il illustrait la *Chaumière indienne*, il passait la plus grande partie de ses journées dans les serres du Muséum ou à la Bibliothèque, pour étudier les plantes des tropiques et compulser les ouvrages que le directeur, le voyant si assidu, se faisait un plaisir de lui procurer. Trois fois par semaine, il se couchait à sept heures et se relevait à minuit pour dessiner jusqu'au matin, de façon, sa journée ainsi gagnée, à consacrer le reste du temps à l'étude. C'est sur le guéridon de sa mère qu'il travaillait. Il y avait gravé ces mots de l'Évangile : « Veillez et priez, car vous ne savez pas à quelle heure viendra le Seigneur ». Et il observait le précepte « en chair comme en esprit ». « Ah ! disait-il plus tard gaiment, les voleurs ne me gênaient pas ! Je pouvais, en partant le matin, laisser la porte de ma chambre toute grande ouverte. »

A ce labeur poursuivi sans relâche chez Curmer et chez Hetzel, qui l'avait rappelé pour l'associer à ses entreprises, sait-on ce qu'il gagna? Du 1ᵉʳ juin 1836 au 1ᵉʳ avril 1839, neuf mille quatre cent quatre francs, d'après le compte très exact qu'il tenait de ses recettes. La lettre majuscule lui rapportait de cinq à huit francs, les compositions, quinze, vingt, quarante francs; — quelques-unes, par exception, avaient atteint ou dépassé cent francs. Soit, comme il le calculait, un bénéfice de moins de dix francs par jour. Pour lui seul, c'eût été l'aisance. Mais il s'était marié, à vingt-trois ans (13 octobre 1838), avec la sœur d'un de ses camarades, le peintre verrier Steinheil. Il n'avait trouvé dans cette union que des charges ; et son père, en lui remettant pour dot, avec six couverts d'argent, une année de pension et une année de loyer, lui avait tenu ce discours : « Maintenant il est clair que tu n'as plus besoin de moi : quand on se met en ménage, c'est qu'on se sent de force à soutenir une maison. »

Il ne se plaignait jamais de ces années de lutte, et il n'eût pas aimé qu'on le plaignît. Assurément il regrettait les retards qui avaient pu nuire à l'éclosion de son talent. « Mais, malheureux ?... Est-ce qu'on est malheureux, quand on a vingt ans, la vie devant soi, la passion de l'art, une carte d'entrée au Louvre, et le soleil pour rien ? »

EAU-FORTE ORIGINALE DE MEISSONIER.
(Remarque de la gravure « le Postillon », par Monziès.

LES TROIS FUMEURS.
(Tableau de la collection de M. Thiéry.)

LES ŒUVRES

I

CROQUIS A LA PLUME.

Si les *Entretiens* ne fournissent pas sur les œuvres de la jeunesse et de la première maturité de Meissonier autant de renseignements que sur les débuts de sa vie, ils ne laissent pas d'en marquer le caractère avec une intéressante précision.

C'était chez lui une façon de voir très arrêtée, qu'un artiste, quelques progrès qu'il ait accomplis par la suite, ne doit jamais renier les efforts de ses commencements; et l'on a pu dire justement pour lui-même que, n'eût-il laissé que ses premières illustrations, il aurait une place dans l'histoire de l'art. Il n'en avait pas conservé la collection ; mais il les retrouvait toujours avec plaisir chez des éditeurs ou chez des amis. « Je ne concevrais pas autrement les choses aujourd'hui, remarquait-il non sans quelque complaisance. Ma manière de voir est la même ; je n'ai pas changé. »

Cependant, comme Poussin — qui, lui aussi, avait commencé par les lettres ornées, les culs-de-lampe, voire les enseignes, — il distinguait entre les sujets que l'on traite sur commande et ceux qu'on se donne à soi-même par libre choix. A la première catégorie appartiennent, d'après ses propres indications, la *Mort d'Éléazar* et les deux épisodes de l'histoire d'Holopherne — *Holopherne approchant de la Judée*, et *Judith devant Holopherne* — qui faisaient partie, comme *Éléazar*, de la Bible de Royaumont. Certes les deux scènes d'*Holopherne* ne manquent ni d'ordonnance, ni de précision, ni de vie ; et, en même temps que le souci de la composition, la *Mort d'Éléazar* révèle une intelligence peu commune du sens dramatique Mais, même dans *Éléazar*, malgré la variété très observée des poses et des expressions, l'ensemble accuse un défaut d'aisance et d'inspiration ; les personnages sont courts et comme ramassés, les têtes manquent de proportion ; surtout le sentiment biblique n'apparaît point : que l'on place en regard les enluminures des imagiers du xive siècle, dont la raideur hiératique est empreinte d'une émotion si naïve ! C'est la même insuffisance dans le sentiment, avec la même intensité dans le travail, que trahissent l'*Isaïe* et le *Saint Paul* du *Discours sur l'Histoire universelle*, qui datent de la même année (1835). Mais, dès l'année suivante, l'accent personnel se marque dans le *Voyage à l'île des Plaisirs*, et l'idée morale de l'aimable conte de Fénelon, revendiquant pour l'homme les mâles satisfactions du travail, est interprétée avec autant de bonne humeur que d'exactitude pittoresque par les vignettes sur « les marchands qui vendent de l'appétit », et sur « les femmes qui, à défaut des hommes endormis dans la paresse, veillent à l'ordre public de la cité ». Tel est aussi le caractère, agréable et fin, du *Livre sur le mariage*. Mais c'est de *Paul et Virginie* et de la *Chaumière indienne* que date vraiment pour Meissonier la prise de possession de son talent.

Dans *Paul et Virginie*, Meissonier n'a été qu'un collaborateur de Tony Johannot, un collaborateur supérieur, il est vrai. Johannot était fatigué, écœuré, il le disait lui-même. Ses compositions manquent de variété ; l'élégance en est souvent banale, la grâce molle : nature et personnages, tout se fond en douceur ; et, quand le drame éclate, par un contraste sans ménagements, la violence du dessin devient presque brutale. Les quarante-sept vignettes qui forment la contribution de Meissonier se distinguent par la netteté et la sobriété du trait. Qu'il représente le canot qui guette le moment d'aller chercher, dans le vaisseau dont les voiles apparaissent au loin, la correspondance impatiemment attendue — les étoffes étalées sous les yeux de Virginie — ou la solitude à laquelle Paul demande la consolation et le réconfort, — la précision de l'image donne du ton à la pensée parfois languissante, à la prose trop souvent fluide de Bernardin de Saint-Pierre : le dessin de la *Baie du Tombeau*, notamment, ajoute à l'émotion trop composée, trop littéraire, pour ainsi dire, du dénouement de l'idylle, une solennité naturelle d'une vraie grandeur. Si vive fut l'impression causée par cette dernière vignette, que l'éditeur crut devoir en faire une mention spéciale parmi les illustrations qui recommandaient l'œuvre, et ajouter le nom du jeune artiste de vingt-trois ans à ceux des dessinateurs expérimentés, Camille Rogier, Levasseur, Devise, Girard Seguin, qui passaient pour les maîtres du genre.

La *Chaumière indienne* appartient presque tout entière à Meissonier, et « elle acheva de lui apporter un peu de renommée ». Le luxe de l'interprétation parut merveilleux. De chaque ligne, de chaque mot du texte jaillissait une floraison de lettres ornées, de scènes, de vues, de tableaux de toute sorte, foisonnants et éclatants comme la nature même des tropiques. Cette abondance d'idées était soutenue par le fini de l'exécution : pas une plante, pas une feuille des palmiers, des cocotiers, des bananiers ou des citronniers en fleur, qui n'eût été étudiée sur les spécimens vivants des serres du Muséum ; pas un monument, synagogue d'Amsterdam ou bibliothèque du Vatican, couvent du mont Liban ou pagode de Djaggernat, dont l'architecture n'eût été relevée sur des documents d'une incontestable authenticité ; c'est d'une collection que Meissonnier avait réunie lui-même qu'était tiré le modèle des pipes échangées, à la dernière heure, entre le Docteur et le Paria, comme souvenir de leurs entretiens. Enfin, sous cette richesse de traduction plastique, circulait l'âme du livre. En ouvrant à notre regard, par ses illustrations, les sanctuaires où s'étaient agitées de tout temps les questions de la vérité humaine et du bonheur — depuis les tumultueuses assemblées des docteurs des diverses religions jusqu'à la roche solitaire, asile du Paria, — en faisant vivre, par le groupement et l'attitude des personnages, les réflexions et les controverses auxquelles ils se livrent, en nous donnant presque l'illusion de les entendre, Meissonier approfondit et élargit le sujet. « Je me suis proposé de grands desseins dans ce petit ouvrage », disait Bernardin de Saint-Pierre, et la déclaration n'est pas sans ambition. Mais, sur plus d'un point, Meissonier la justifie par l'ampleur de son commentaire. La leçon de simplicité philosophique, que finalement le bon Docteur tire de sa pérégrination à travers le monde, s'agrandit de toutes les images gracieuses, intelligentes, spirituelles dont, chemin faisant, l'habile et pénétrant illustrateur peuple l'horizon.

Les amis de Meissonier regrettaient que la planche eût trop souvent émoussé la pointe fine et délicate de son crayon. Et en effet, si les meilleures vignettes de *Paul et Virginie* et de la *Chaumière indienne* ont été sauvées par le talent très français de Lavoignat, il en est trop dont la gravure anglaise a comme brouillé le caractère. Telle est aussi l'impression générale que laissent les dessins de la *Chute d'un Ange* (1839). Certains fonds

Fac-similé d'un dessin sur bois pour les Contes Rémois.

de paysage, celui des *Cèdres* et celui de la *Lutte*, par exemple, sont d'une vigueur rare ; l'expression des *Sept Meurtriers de Daïdha* est saisissante ; mais l'ensemble des gravures ne donne qu'un témoignage vraisemblablement infidèle ou incomplet du talent de l'artiste. Il est clair d'ailleurs que son imagination est moins soutenue ici, moins excitée qu'elle ne l'avait été par la *Chaumière*.

Les *Contes Rémois* appartiennent à cette galerie des débuts. A lire aujourd'hui les *Contes*, on est un peu surpris qu'ils aient un moment rencontré une faveur si vive. C'est à Meissonier qu'ils la doivent en partie. Le vers grivois de M. de Chevigné, souple, facile, de bonne humeur et de bon ton, non sans agrément dans le détail, n'a ni la verve prime-sautière ni les abandons de grâce hardie qui sont l'attrait et l'excuse du genre. Meissonier n'a jamais aimé, au surplus, nous le verrons, qu'on en prît à son aise dans l'art avec la morale. Bien que très sollicité par Chevigné, on peut croire qu'il ne se mit pas sans peine aux *Contes Rémois* et qu'il ne s'y mit jamais à fond. C'est autour des fabliaux plutôt que dans les fabliaux eux-mêmes qu'il cherche les motifs de ses frontispices. Les sujets le gênaient. « J'évitais, dit-il, le moment psychologique. » Les motifs sont d'ailleurs délicieux. Le *Bord de l'eau*, la *Maréchalerie*, l'*Intérieur d'église*, dont Poissy lui avait fourni le modèle, la *Batelière*, le *Bon Cousin*, le *Choix d'une messe*, sont de véritables petits tableaux. La poésie du cadre, une poésie discrète, y relève la trivialité de l'idée.

Meissonier a toujours rêvé d'illustrer Molière et La Fontaine. Il s'était fait d'Alceste une idée personnelle : il le voyait, non en habit de velours vert sombre à broderies d'or, comme le représente la tradition du théâtre, mais en gris foncé relevé de vert : le ton gris était le seul qui lui parût accommodé au caractère du Misanthrope. Jouaust lui avait demandé de traiter La Fontaine : ils avaient arrêté ensemble le choix de six fables, parmi lesquelles *le Chêne et le Roseau*, *le Vieillard et les trois Jeunes Hommes*. Vers 1880, alors qu'il était dans tout l'éclat de sa gloire, Meissonier pensa à reprendre ce projet. Quel dommage qu'il ne l'ait pas exécuté! Avec quelle puissance et quel charme de vérité il eût traduit, dans ces chefs-d'œuvre, le plus exquis des amants de la nature, le plus avisé des interprètes du cœur humain !

Ce qu'on n'a pas assez remarqué peut-être, à ces heures de réputation naissante, c'est la diversité des œuvres auxquelles Meissonier prêtait la main. Il n'est presque pas d'édition illustrée de Curmer, d'Hetzel, de Delloye, de Dubochet — *Vicaire de Wakefield*, Gresset, *Lazarille de Tormes*, *Roland furieux*, *Grèce pittoresque*, *Chants et Chansons populaires de la France* — dont il n'ait été le collaborateur recherché. Son portrait du vicaire de Wakefield a la délicatesse d'une miniature achevée. Son Lazarille est admirablement campé ; et quel profil que celui de l'archiprêtre de San Salvador dont Lazarille a pillé le sanctuaire! Quelle vive et jolie scène que celle des gardes françaises entonnant, le verre en main, l'histoire de Mme Marion !

CROQUIS A LA PLUME.

La critique lui a reproché de dépayser nos yeux, en empruntant les costumes d'un autre âge, et peu s'en faut qu'il n'ait paru inhabile à exprimer, dans le réalisme de leurs vêtements d'usage, les hommes de son temps. Il ne se défendait pas de ses préférences ; elles avaient leurs raisons, qu'il nous fera connaître. Mais le réalisme contemporain, s'il eût voulu y accommoder son talent, ne l'eût pas pris au dépourvu. On retrouverait dans les *Français peints par eux-mêmes* toute une série de planches dues à son crayon (1840-1842). Il excellait dans les croquis à la plume. C'était alors, on le sait, une mode fort accréditée de personnifier les métiers, les professions, les diverses régions de la France. Avec une grande indépendance de goût et un esprit de généralisation déjà très marqué, Meissonier choisissait un point ou un pays propre à exprimer telle ou telle race, telle ou telle industrie. Le *Port du Havre*, par exemple, représentait le *Capitaine au long cours*, le *Panorama de Montbrison*, le *Forésien*. Il attachait le

AGONIE ET PILLAGE DU VIEUX CÉLIBATAIRE.
(Gravure extraite des *Français peints par eux-mêmes*. Curmer, 1841.)

Souvenir normand au *Chevet de l'église de Saint-Pierre de Caen*, ou bien, rendant le métier à son milieu, il montrait le *Pêcheur à la ligne* dans le cadre d'un *Quai de Paris*. Il a ainsi créé des types. C'était le mot en usage : types de vignettes, — le *Viveur*, l'*Agent de change*, le *Sportsman*, le *Célibataire*, le *Poète*, le *Capitaine des grenadiers de la garde nationale*; — types en pied : le *Marchand d'habits*, le *Gniaf rapportant son ouvrage* et le *Gniaf travaillant à son établi*. Et dans les uns comme dans les autres, la physionomie, l'attitude, le costume, tout nous rend l'amusante vulgarité du sujet.

Sait-on que Balzac l'avait associé à la *Comédie humaine* (1842)? Il était convenu que Meissonier ferait du romancier un portrait qui serait placé en tête de la collection. C'était la base du traité.

Dans ses calculs étourdissants d'imagination, Balzac, avec un droit d'un franc prélevé sur chaque exemplaire vendu, assurait à

UN FLOTTEUR.
(Vignette extraite des *Français peints par eux-mêmes*.)

son collaborateur deux millions au bas mot. Quelle invraisemblable apparition des *Mille et Une Nuits* pour un homme qui n'avait pas encore vu, dans sa main, mille francs à la fois! Il ne se mit pas moins à l'œuvre. « Balzac avait une tête rabelaisienne, très fine et très amusante, le nez crânement retroussé avec des méplats drôles, les yeux pleins de feu, la lèvre charnue et sensuelle, de grandes boucles de cheveux qui lui pendaient sur les côtés et par derrière, pas de barbe.... » Le portrait, assis à mi-corps, venait à merveille. Malheureusement il fut interrompu pendant quelques semaines.

Un jour qu'un modèle posait une culotte « dont les plis s'arrangeaient bien », Meissonier voulut la fixer. Il commença l'esquisse sur un coin du panneau où Balzac attendait. La culotte, « s'arrangeant de mieux en mieux », empiéta sur la figure et finit par la couvrir. Elle est devenue celle de l'*Homme à l'épée*. Le portrait fut sacrifié. Si le traité, ainsi rompu, ne s'est jamais renoué, du projet de collaboration il est resté six dessins. La *Femme abandonnée*, *Schinner*, *le Rapin d'avenir*, *Monsieur de Fontaine*, le serviteur de grande maison, *Monsieur Guillaume*, le marchand de drap patient, sage et rusé, de la maison du « Chat qui pelote », *Monsieur Crottat, le notaire*, un pied dans la basoche, un pied dans le monde, gras à point et sanglé dans son habit d'officier ministériel, l'œil émerillonné et la bouche en cœur, la main dans l'entournure du gilet, solennel et gouailleur, obséquieux et important, témoignent que rien n'eût manqué à Meissonier pour faire vivre « sous les traits et dans l'ap-

UN FLOTTEUR.
(Vignette extraite des *Français peints par eux-mêmes*.)

pareil conformes à leur état civil », comme il disait plaisamment, les originaux de son siècle.

o o o

Si ces travaux l'intéressaient, moins encore peut-être par le profit qu'il avait besoin d'en tirer que par le soin délicat qu'il se faisait honneur d'y apporter, ils étaient loin de satisfaire son ambition. « Non, non, répondait-il avec impatience à ceux qui l'en félicitaient avec un zèle d'admiration indiscret, ces bonshommes ne sont pas l'expression de ma nature ; elle s'est résignée à les faire, mais en rêvant autre chose. » Quel était donc son rêve ? Et fut-il tout d'abord bien défini ?

Les querelles qui agitaient alors et divisaient les esprits en littérature, avaient dans les arst, on le sait, un retentissement profond. Ingres tenait le drapeau des classiques, pour employer le langage du temps, avec la double autorité d'un caractère que la nature avait façonné pour la domination et d'un talent consacré par des œuvres d'une maîtrise incontestée : le *Vœu de Louis XIII* et l'*Apothéose d'Homère*. En face de lui, Delacroix avait levé l'étendard du romantisme et conquis par *Dante et Virgile*, le *Massacre de Scio*, *Sardanapale*, le *Massacre de l'évêque de Liège*, le droit de conduire la lutte. A la vérité, les deux chefs d'école étaient moins séparés par le fond de la doctrine que par les passions de leurs disciples. Ce sont les esprits de second ordre, les esprits à la suite, les agités, comme les appelait Delacroix, qui aigrissent et perpétuent les dissentiments. Au degré d'élévation où les élève leur talent, les maîtres se rapprochent toujours et, par le seul fait de la supériorité de leur point de vue, rétablissent l'accord. Le *Journal* de Delacroix n'a-t-il pas révélé quel culte il nourrissait pour Racine et Mozart, pour la grâce accomplie, l'harmonie profonde et la sereine beauté de l'art classique ? « Ni Mozart, ni Racine n'avaient, dit-il avec impatience, nos sottes antipathies : leur raison était à la hauteur de leur génie, ou plutôt elle était leur génie même. » Et, à parcourir les cartons du musée de Montauban, qui pourrait refuser à Ingres le mérite d'avoir poursuivi, par delà la rectitude du dessin, la recherche de la couleur, du mouvement et de la vie ? Mais les deux écoles, aussi ardentes l'une que l'autre, n'étaient pas moins l'une que l'autre utiles pour pousser l'art dans les voies nouvelles, sans le séparer témérairement de la grande tradition.

Il était bon également que des esprits heureusement doués cherchassent leur originalité, non dans une imitation stérile ou dans la recherche de la conciliation entre les contraires, laquelle accuse presque toujours la médiocrité, mais dans le développement naturel de leur tempérament propre. Tel est l'honneur de Meissonier. Il n'a jamais aimé Ingres, qui le traitait presque en adversaire. Il admirait Delacroix. Le romantisme, nous le savons, avait enchanté sa jeunesse. « Ah ! les belles visions, les grands souffles de la vingtième année! Les vieux manuscrits et les vierges à fond d'or ! La flèche gothique et les saints concerts ! Je pleure encore en relisant certains vers », disait-il à plus de soixante ans. Mais si ces grands souffles avaient soulevé son âme, s'il s'était laissé ravir à ces belles visions, jamais elles ne l'avaient entraîné.

D'ordinaire on va des maîtres à la nature. Meissonier était arrivé par la nature aux maîtres. Il déclarait « n'avoir compris certains d'entre eux, le Corrège, par exemple, que dans la suite, quand il était lui-même en pleine force — ce qui lui avait permis de les comprendre sans parti pris, et n'ayant d'autre amour au cœur que la vérité ! »

Mais à quoi cet amour de la vérité naturelle s'appliquerait-il ? Meissonier, dans ses conceptions de jeunesse, le liait étroitement à la recherche de la vérité morale. Il s'était « embarqué dans les arts, avec cette idée très arrêtée, que l'art doit servir à moraliser la société ». Ce n'était pas une théorie vaine. « Voyez, disait-il, mes premiers essais : le *Siège de Calais,* expression du courage civique ; *Pierre l'Ermite prêchant la croisade,* expression de l'enthousiasme religieux ; *Saint Paul,* expression de l'amour de Dieu. » Il avait engagé dans cette doctrine, comme dans une entreprise de bien public, cinq de ses meilleurs amis : Steinheil, son beau-frère, Trimolet, Daumier, Daubigny et un sculpteur, Geoffroy Dechaumes. Aux termes d'une convention qu'ils avaient signée de leurs initiales d'artistes, quatre d'entre eux devaient travailler durant une année à fournir au cinquième les ressources qui lui étaient nécessaires pour vivre, afin qu'il pût librement faire pendant la même année une œuvre d'un ordre élevé. L'association loua, rue des Amandiers, un rez-de-chaussée avec jardin; un atelier spacieux et bien éclairé y fut installé. Le premier qui profita du travail commun fut Trimolet : pendant que les autres lui gagnaient sa vie, il fit un tableau représentant des *Sœurs de charité distribuant des soupes aux pauvres*. Ce fut ensuite à Steinheil d'entretenir le feu de Vesta. Il composa un *Homme en prière*, sur le haut d'une montagne, qu'assiègent les sept péchés capitaux. Après Steinheil, Daubigny. Quand vint le tour du quatrième, l'association n'existait plus. Meissonier s'en était retiré lui-même, aussitôt après son mariage, qui lui créait des obligations pressantes.

o o o

Ce fut Chenavard qui, éclairant cette vocation encore incertaine, lui donna sa direction et en décida l'essor.

En 1833, Meissonier était allé voir, rue Vivienne, un tableau de Chenavard, *la Convention*. La scène, composée d'après des documents authentiques — nombre de conventionnels existaient encore, — l'émut vivement. Il exprima le désir d'être recommandé au maître lyonnais, espérant que cet aîné de plusieurs années s'intéresserait à un jeune compatriote. Dix-huit mois plus tard, en 1835, comme il revenait de chez les Ferriot, un cousin de son père, Claudius Carlhant, le présenta. Et depuis ce moment, les relations n'avaient pas été interrompues.

Chenavard était « un philosophe qui avait beaucoup vu, beaucoup lu, beaucoup réfléchi ». Mais il passait pour un décourageur. Ses amis l'appelaient le « Mancenillier ». « Or, en 1839, racontait Meissonier — nous résumons ici son récit, — il était venu prendre sa place accoutumée à ma petite table. Avant le dîner, je lui montrai le tableau que j'avais en train : il s'agissait de *Jésus-Christ devant les Apôtres*, toile qui est aujourd'hui chez je ne sais qui. Chenavard resta longtemps à regarder sans rien dire. Je lui développai mon plan : il ne disait toujours rien. Alors, faisant le tour de mon atelier, il examina attentivement, mais toujours sans rien dire, chacune des toiles qui s'y trouvaient. Le *Joueur de contrebasse* l'arrêta. Sa revue terminée, il revint aux *Apôtres* et se mit à les démolir. « Vous n'avez pas la prétention, je « pense, de refaire ces choses-là mieux que Raphaël ? — Certes. — « Eh bien, alors, pourquoi redire moins bien ce qui a été dit dans « la perfection ? » Et, me conduisant au *Joueur de contrebasse* : « A la bonne heure, voilà qui est personnel et excellent ! » Puis il m'emmena chez Gleyre, avec qui il était très lié. A tout ce que lui montra Gleyre, *Enfant prodigue*, cartons de ceci et de cela, il s'écriait: « Parfait ! » Il approuvait tout, il louait tout. J'étais bien surpris. En descendant l'escalier, je lui dis : « Mais est-ce que « vraiment vous trouvez cela si bon ? — M'avez-vous entendu », répondit-il, « louer quelque chose particulièrement, et une chose « plus qu'une autre ? Rien n'est donc hors pair, rien n'est remar- « quable là dedans. » Je compris alors ce que valait son approbation si vive pour le *Joueur de contrebasse*, après sa critique si nette des *Apôtres*. »

De ce jour, un peintre de genre nous était né.

« On est toujours fils de quelqu'un, a écrit Théophile Gautier. Mais en art on peut avoir un père mort depuis longtemps. Terburg, Netscher, Metzu, Brouwer, Miéris, Franz Hals, Van Ostade, Peter de Hoogh doivent être suspendus chez Meissonier comme des portraits d'ancêtres, sans que cette filiation l'empêche d'être lui-même un ancêtre. » L'art hollandais est un genre essentiellement national. L'originalité de Meissonier a été d'en faire un art universel et un art français. Indépendant à l'égard des maîtres qui s'imposaient en France, il ne le fut pas moins à l'égard de ceux qu'il s'était choisis hors de France. Il n'imita pas, il retrouva, il créa. En nous rendant le soin exquis et la pénétrante netteté du détail, le naturel et la vie des physionomies, la perfection de travail, en un mot, qu'à peine on pouvait espérer d'égaler, il se distingua de ses modèles par un souci plus raisonné de l'ensemble et une science plus profonde de la composition, par le goût et l'intelligente appropriation du costume, enfin par la recherche, dans l'expression particulière, de l'expression générale et du type.

Les petits Hollandais ont excellé à peindre la chambre basse, aux étroites fenêtres maillées de plomb, aux dressoirs de vieux chêne, à la vaisselle éclatante, aux escabeaux reluisants — ces intérieurs ordonnés et silencieux, où ne voltige pas un grain de poussière, où, tandis qu'au dehors la neige tombe et que la bise fait rage, les personnages, hommes et femmes, se serrent autour du poêle, grassement enveloppés dans leurs houppelandes et comme assoupis par une jouissance béate. Mais ce qui contribue à donner au sujet son caractère ne risque-t-il pas aussi parfois d'en obscurcir l'idée? Rien de plus instructif assurément que les discussions auxquelles a donné lieu l'interprétation de la *Ronde de nuit*. Cependant, même aujourd'hui que le sens en paraît fixé, ce chef-d'œuvre, incomparable à tant d'autres titres, eût-il perdu à se faire mieux comprendre d'emblée par une plus claire appropriation du milieu ? Que de temps on gagnerait à jouir avec celui qu'on perd à chercher ! Meissonier a toujours ce mérite, que le milieu de ses moindres toiles soutient, explique le sujet et aide à le goûter. Il n'échappe pas toujours, il est vrai, au défaut de perspective, qui semble inhérent au genre et qui tient aussi en partie à son optique particulière. Mais ses intérieurs parlent ; ils invitent à entrer en rapport, en communion, comme il disait, avec ceux qui y vivent. Par la connaissance intime qu'il donne tout de suite des habitudes de ses personnages — qu'ils lisent, écrivent, regardent des estampes, jouent aux boules ou aux cartes, — il nous associe à leur pensée. Ce cabinet n'est pas indifféremment celui de tout le monde; ce tripot est bien, à ne s'y pas méprendre, un tripot de soldats! Jamais avec Meissonier on n'a besoin de se demander où l'on se trouve. L'artiste nous évite toute peine pour le comprendre et nous laisse franchement au plaisir de l'admirer.

S'il n'a pas peint les Français du xixe siècle, comme les petits Hollandais faisaient les Hollandais de leur temps, ce n'est pas impuissance, nous l'avons vu ; mais il ne trouvait pas leur costume assez intéressant ni assez beau. « Voyez-vous un lecteur d'aujourd'hui, un monsieur moderne, en robe de chambre et en pantoufles, les jambes croisées, parcourant un journal d'un œil distrait dans une bibliothèque encombrée de brochures ou d'éditions à un franc qui ne valent même pas les frais de la reliure! » Il avait, il ne s'en cachait pas, une esthétique plus exigeante. L'attitude et le costume étaient nécessaires à son pinceau. « Dans tout artiste il y a, il faut qu'il y ait un fond de comédien. Qu'on en rie tant qu'on voudra ! Je me vois, en ma jeunesse, tout seul dans ma chambre, dansant et pirouettant, faisant des pas, prenant des poses, me drapant, imaginant un personnage ou une situation, inventant des scènes qui m'enivraient et que j'exécutais avec verve. » L'homme n'allait pas pour lui sans une certaine beauté, ni la beauté humaine sans un certain ajustement.

Avant que les uniformes militaires de l'Empire devinssent l'étude privilégiée et la passion de sa palette, il avait promené ses patientes investigations de la Renaissance au Directoire, du Reître à l'Incroyable, et toute sa vie il se plaira à chercher ses modèles dans le trésor de cette galerie. Son goût s'était particulièrement fixé sur l'uniforme des gardes françaises et sur l'habit du bourgeois parisien à l'heure de Fontenoy et du *Philosophe sans le savoir*. C'est le corps de garde des soldats du maréchal de Saxe, ce sont les intérieurs du temps de Sedaine et Diderot qu'il prend le plus ordinairement pour fond de ses

PARTIE PERDUE.
(Tableau appartenant à M. Steengracht, à la Haye.)

tableaux. Ce costume gracieux et simple, ajusté et libre, accommodé à l'usage et propre à la parure, avait, à ses yeux, le mérite de se prêter, sans afféterie ni recherche, à toutes les solides coquetteries de l'art, en relevant le sentiment de la vie.

INCROYABLE.
(Tableau appartenant à M. le baron Edmond de Rothschild.)

Tel est bien en effet, chez Meissonier, le caractère du costume, comme du milieu : il sert à l'expression des personnages, et cette expression est son seul objet. « Il n'y a d'intéressant à faire en art, disait-il, que ce qu'on n'a pas fait encore. » Et à la vérité, à y regarder de près, est-il dans l'extraordinaire collection de fumeurs et de liseurs incessamment accrue par le peintre, de 1840 à 1860 — on lui en demandait de tous côtés, — en est-il deux qui se ressemblent ? « Prenez le *Fumeur*, a dit Théophile Gautier. Celui-ci est un brave homme, à coup sûr : vêtu d'un large habit de coupe surannée et d'un gris modeste, coiffé d'un lampion soigneusement brossé, balançant son pied que chausse un bon gros soulier bouclé d'argent et ciré à l'œuf, il aspire, avec le flegme d'une honnête conscience, une longue bouffée de tabac, qu'il laisse échapper par petits nuages en

La Barricade (1848).
(EXPOSÉE EN 1850 SOUS LE TITRE : *Souvenir de guerre civile.*)
Collection de M. Carlos de Beistegni.

économe qui veut faire durer son plaisir : près de lui, sur la table aux pieds en spirale, pose, à côté du vidrecome, la mesure de bière à couvercle d'étain ; une satisfaction intime rayonne de sa figure rayée de grands plis pleins de chiffres, d'habitudes d'ordre et de probité rigide : on lui confierait sa caisse et ses livres à tenir. Celui-là, habillé de rouge, tient aussi une pipe et accomplit en apparence la même action ; mais le vêtement froissé, plissé violemment, boutonné de travers, le tricorne enfoncé jusqu'au sourcil, les manchettes et le jabot fripés par une main convulsive, l'attitude du corps harassée et fiévreuse, le tic de la lèvre mâchant le tuyau d'argile, la main rageusement plongée dans la poche vide, tout annonce l'aventurier ou le joueur à sec. Il se dit évidemment : « A qui diable pourrais-je emprunter un louis ou même un écu « de six livres ? »

LE FUMEUR.
(D'après l'eau-forte originale de Meissonier.)

Diversité d'autant plus intéressante qu'en même temps que ces deux fumeurs expriment chacun un état particulier, ils prennent un caractère général par l'ampleur de l'expression et par le style. Certes, pour nous aider d'un autre exemple, ce ne sont pas les mêmes hommes, celui qui, debout contre une fenêtre, l'œil fixe, le visage tendu, achève avec une passion mal contenue l'ouvrage qu'il serre étroitement contre sa poitrine, et celui qui, assis à l'aise dans un large fauteuil, une main soutenant son front, tient délicatement de l'autre, comme en le caressant, le petit livre élégant dont Jules Janin, en bibliophile, avait remarque la reliure exquise ; et ces deux lecteurs ne représentent-ils pas avec une égale vérité le *Liseur*? Meissonier idéalise en ce sens que, dans l'individu qu'il peint, il rassemble les traits communs qui de l'acte exprimé font un caractère, du personnage un type. Les *Paysans qui se battent* de Brouwer sont d'une énergie singulièrement expressive ; mais ce sont des paysans et des paysans flamands, on ne les voit guère hors de ce cadre. Pour peu que le regard se soit une fois arrêté sur la *Rixe*, peut-on se figurer une violente querelle sans voir se dresser devant soi la scène tumultueuse, telle que Meissonier en a exprimé sans trivialité la justesse universelle et l'éternelle vérité : les figures convulsées des adversaires, les regards chargés de colère, les muscles du cou et de la face tendus jusqu'à se rompre, tout ce suprême élan d'une violence qu'a excitée, sans la satisfaire, la mise à sac des meubles de la chambre, bancs, tables, escabeaux, et que ne semble plus pouvoir arrêter l'intervention, à la fois suppliante et menaçante, des camarades

FUMEUR.
(Dessin à la mine de plomb, 1850.)

qui cherchent à arracher l'un de l'autre les deux forcenés!

Ce goût et ce don de l'expression générale, je ne sais si Meissonier les a jamais portés plus loin que dans deux toiles qui datent de cette période : *Le Lit de Mort* (1838) et la *Barricade* (1848). Quelle reconnaissance tout à la fois et quelle angoisse dans le regard du malade, quelle fermeté et quelle douceur dans l'étreinte

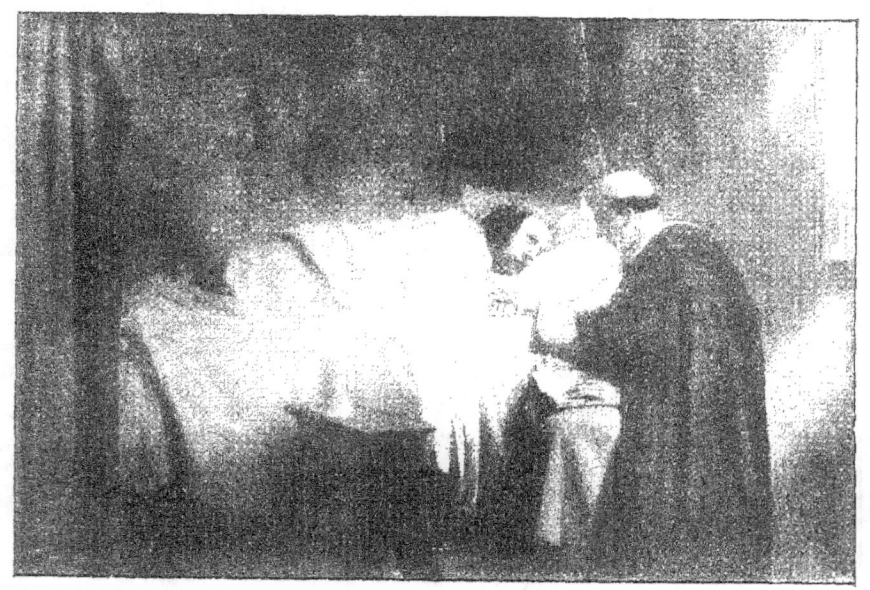

LE LIT DE MORT.
(Musée Fodor, Amsterdam)

du religieux! C'est la charité chrétienne au chevet de l'humanité souffrante. La *Barricade* est un drame, et ce drame est un souvenir. Pendant les journées de Juin, Meissonier était capitaine d'artillerie dans la garde nationale. L'insurrection entourait l'Hôtel de Ville, que sa batterie protégeait. La barricade de la rue de la Mortellerie prise d'assaut, il avait vu les cadavres couvrant le sol, la terre arrosée de sang. C'est là qu'avait résonné à ses oreilles « ce mot terrible qui, mieux que tout, dit à quel point, dans ces épouvantables guerres des rues, les esprits sont hors d'eux-mêmes! « Tous ces hommes étaient-ils coupables? » demanda Marrast à l'officier de la garde républicaine. « Monsieur le

« maire, soyez-en bien sûr, il n'y en a pas le quart d'innocents. »
Inspiré par ce tragique épisode, le tableau de la *Barricade* est lui-même plus qu'un épisode : c'est l'image de la guerre civile dans toute son horreur. Le combat a cessé, la nuit tombe, partout un silence de mort; au débouché d'une rue étroite, de hautes murailles noircies par la poudre et criblées de mitraille; au premier plan, un entassement de pavés, dernier rempart de la lutte fratricide; derrière, un amoncellement de loques humaines.

« Quand Delacroix vit l'aquarelle dans mon atelier, il en fut si frappé qu'une des grandes joies de ma vie devant son émotion a été de la lui donner le soir même. »

FEMME COUCHÉE.
(Croquis.)

L'AIGLE SUR L'ÉPÉE DE L'EMPEREUR POUR LE « 1807 ».
(Dernière remarque à l'eau-forte gravée par Meissonier (1899) pour la gravure de J. Jacquet.)

II

MEISSONIER (1859).
CAMPAGNE D'ITALIE.

Solferino ouvrit à Meissonier une nouvelle carrière (1859). C'est l'origine de sa conception de la grande épopée napoléonienne.

Il était parti, sur l'invitation de Napoléon III, dans le dessein d'« illustrer » la campagne. Un rédacteur du *Siècle*, Edmond Texier, devait faire le récit. Ce qu'il en rappelle lui-même dans ses *Entretiens* est plein de verve.

Du Mont-Cenis à Milan, l'itinéraire ne paraît pas très bien réglé ; nul, parmi les chefs, ne sait au juste où il va ; tous les chemins sont encombrés. Sur les grandes routes de la Lombardie, la poussière devient aveuglante, la chaleur écrasante ; chacun se loge et se nourrit comme il peut ; il faut disputer un verre d'eau ; faute de fourrage et d'avoine, Meissonier est obligé plus d'une fois d'égrener lui-même dans le creux de sa main un peu de blé vert pour Coningham, l'excellente Coningham sur laquelle il est monté. Mais c'était merveille de voir l'entrain, la confiance de l'armée : on eût dit la chevauchée des gens d'armes de Charles VIII marchant à la conquête. La variété de ces uniformes « en mouvement » qui défilent sous ses yeux le ravit.

Il arrive enfin au quartier général et est admis aussitôt dans l'état-major. Deux jours après, au lever du soleil, le canon tonne. Est-ce la bataille? Autour de Napoléon III, on croit à une simple reconnaissance, peut-être à un engagement d'avant-garde. Cependant la canonnade s'étend, semble avancer, saute de mamelon en mamelon. Du haut d'une colline où il ne sait comment il a pu monter à cheval, encore moins comment il saura en descendre, Meissonier voit déloger un corps d'Autrichiens. Pendant des heures on galope ainsi devant soi, escaladant, se précipitant, au milieu du tapage et de la fumée de la mitraille. Mais voici un obstacle qui résiste.... La position est emportée à son tour.... On suit l'Empereur qui gravit la redoute bondée de morts, « longeant l'allée de mûriers et de vignes enlacés à l'abri desquels nos petits soldats avaient escaladé la hauteur et retrouvant dans la traînée de leurs cadavres la marque de leur allure rapide ». Est-ce la victoire ? La canonnade gronde encore ; mais on couche sur le terrain. C'est donc bien la victoire, la victoire de Solferino.

« Triste spectacle ! disait-il longtemps après sous une impression aussi vive que s'il l'avait encore sous les yeux, triste spectacle que celui des blessés, les uns se raidissant dans la douleur, les autres s'abandonnant à leurs larmes, vainqueurs et vaincus désarmés par la souffrance et expirant côte à côte, presque dans les bras les uns des autres !... Partout des armes brisées, des membres épars, des flaques de sang où les chevaux glissaient : il fallait mettre pied à terre. » Certains souvenirs le faisaient tressaillir encore. En passant près d'une jonchée de morts, un officier avait ramassé un bonnet de police pour le lui offrir : le bonnet de police était tombé du sac d'un jeune lieutenant autrichien, au visage pâle et doux, couché à terre. Il recula d'horreur. Beaucoup de cadavres étaient déjà dépouillés : un d'eux le frappa par sa beauté ; il était nu jusqu'à la ceinture : un torse antique ! Ailleurs, « dans un petit champ vert délicieux — un vrai cadre d'amoureux, — une famille d'Italiens — de ceux qu'on était venu libérer ! — vieillards, femmes, enfants, pleuraient sur le seuil de leur cabane brûlée ». Le soir, par un saisissant contraste, « le ciel, qu'un violent orage avait déchargé, était admirablement pur et le calme d'un beau couchant d'été se répandait avec la nuit sur ces plaines où tout à l'heure trois cent mille hommes s'arrachaient la vie avec acharnement ». Quand il apprit que la paix de Villafranca était signée, tandis qu'autour de lui l'état-major murmurait presque et se plaignait que la guerre fût si tôt terminée : « Dieu soit loué, s'écrie-t-il, nous ne verrons plus de cadavres dans les sillons ! »

Nul doute qu'il faille chercher dans ces impressions si profondes l'explication du tableau du *Solferino*, et, avec elle, celle de la façon dont Meissonier entendait la représentation d'une bataille. Les grandes tueries répugnaient à ses sentiments comme à son art ; jamais il n'aurait peint le massacre d'Eylau. C'est dans la pensée qui la dirige, dans le courage qui la sert et qui l'honore, qu'il cherche l'expression de la guerre. Il en élève, il en humanise l'idée. Au pied de la colline, une batterie à demi brisée, une autre qui s'élance ; sur la pente, quelques morts couchés dans les herbes ; au sommet, la redoute de Solferino ; çà et là des flocons de fumée indiquant la marche emportée des chasseurs qui prennent le cimetière et des voltigeurs qui s'emparent de la montagne des Cyprès ; en face du mamelon, sur une éminence, Napoléon III, entouré de son état-major, qui suit l'héroïque assaut : tel est, dans son intention voulue, le tableau qui ne conserve de l'appareil sanglant de la lutte que ce

CROQUIS DE GRENADIER.

qui était indispensable pour indiquer le combat. C'est ainsi que plus tard, dans les *Cuirassiers*, il choisira, non l'heure de l'action, mais celle qui la précède, l'heure solennelle et grave entre toutes.

FACTIONNAIRE.
(Aquarelle. — Collection de M. Chennny.)

où soldats et chefs attendent silencieux, immobiles, ceux-ci le moment de jeter le signal suprême, ceux-là le moment de partir.

N'a-t-il pas, au surplus, défini lui-même son esthétique de la guerre, pour ainsi dire, lorsque au sujet du *1807* il écrivait : « Si j'ai entamé la bataille à l'arrière-plan, dans le fond, c'est que j'en avais besoin pour ajouter à l'enthousiasme des soldats et faire sentir leur ivresse pour l'Empereur arrivé à l'apogée de son éclat; mais je n'ai pas voulu attrister la scène par des détails lugubres : je les ai tous repoussés ; rien qu'un caisson démonté et des blés qui ne mûriront pas : c'est assez ! »

Cette façon de concevoir la gloire militaire était chez lui à la fois si naturelle et si réfléchie qu'il ne craignait pas, chose singulière, de la prêter à l'Empereur. Il s'indignait à la pensée qu'on imputât à Napoléon d'avoir dit qu'il se souciait de la vie de deux cent mille hommes comme d'une prise de tabac. Il aurait cru l'abaisser en l'imaginant purement et simplement heureux de son triomphe, le soir d'une bataille sanglante : le spectacle de tant de cadavres pouvait-il le laisser indifférent ? Il n'admettait pas qu'on doutât de la sincérité de « son rêve de voyage à travers une Europe pacifiée ». Le paradoxe semble étrange. Tel qu'il est, en même temps qu'il confirme les visées très particulières et très ar-

DRAGON EN VEDETTE.
(Appartient à M. Knoedler, à New-York.)

rêtées de Meissonier sur la composition des tableaux de bataille, il explique l'esprit général de l'œuvre qu'il a consacrée à l'Empereur.

« On ne peut pas toucher cette figure d'une main froide, a-t-il dit ; d'une manière ou de l'autre, Napoléon émeut violemment : on le déteste ou on l'aime. » Il l'aimait. Il l'avait toujours aimé. Le retour des cendres, en 1840, qu'il suivit avec la foule enthousiaste, du Pecq aux Invalides, toujours au premier rang, lui était présent quarante ans après, comme au premier jour. On l'a mainte fois pressé de faire le portrait en pied de l'Empereur. Il s'y est longtemps refusé. Celui de la *Malmaison* ne l'a jamais satisfait. Non point qu'il ne se sentît en mesure de le représenter ainsi que David, en costume de parade. Mais il ne le voyait pas isolé dans un cadre, comme un pape ou un roi. Il ne le concevait qu'en action.

Il s'était amusé un jour à crayonner la *Veille de Marengo*. « Toute la journée il avait plu, comme il devait pleuvoir à Waterloo, et le soir, dans la plaine, le jeune et brillant général en chef de l'armée d'Italie était descendu de cheval avec ses officiers ruisselants d'eau comme lui : des chasseurs avaient allumé un feu de sarments et il s'entretenait gaiement. » Ainsi concevait-il l'épisode, et l'épisode lui plaisait. Mais ce n'était qu'un épisode. De bonne heure il eut l'ambition de résumer la vie de l'Empereur en cinq grandes pages : *1796, 1807, 1810, 1814, 1815*. Il revient sans cesse à ce projet, à la fin de sa carrière, — commentant le *1814* qu'il avait fait, et le *1796* qu'il était en train de faire, modifiant, perfectionnant l'ensemble de la conception. Il faut lire le détail de ces essais successifs dans les *Entretiens* ; nous ne voulons ici qu'indiquer la pensée, en leur empruntant les termes les plus caractéristiques.

1796. C'est le premier rayon de la fortune et de la gloire. Nous sommes en Italie, en été, à l'aube, le matin de Castiglione. Derrière la colline, à demi caché, un corps de cavalerie. Sur la hauteur, une batterie. Au premier plan, une ligne profonde d'infanterie. Bonaparte passe devant au galop. Le soleil qui se lève illumine sa figure.

1807. Friedland. Anniversaire de Marengo, à neuf ans de distance, jour pour jour. Le Destin s'est fixé. Le monde tourne autour de Napoléon comme autour de son axe. A ses pieds, un torrent d'hommes enivrés qui passent en lui jetant leur âme. Il est l'idole, l'idole impassible.

1810. Erfurt, l'heure du vertige. C'était l'usage, au Congrès, que, chaque matin, les souverains, en entrant dans la salle, fissent annoncer tous leurs titres, sans en omettre aucun. Quand ils avaient pris place, la porte se refermait. Après un silence, elle s'ouvrait de nouveau, et l'huissier criait simplement : « L'Empereur ! » Et il n'y avait plus que lui.

1814. Ciel triste, sol ravagé. Ce n'est pas la retraite de Russie, c'est la campagne de France. Les visages abattus, irrités, expri-

NAPOLÉON Ier ET SON ÉTAT-MAJOR.
(Musée du Luxembourg.)

ment le découragement, la défaillance, la trahison peut-être. Napoléon marche lentement, le corps affaissé, mais le regard en avant : tout peut se rétablir encore, si ceux qui le suivent partagent sa foi.

1815. Le *Bellérophon*. Il est assis, isolé, sur le canon qu'on appelait le « canon de l'Empereur ». Derrière lui, à distance, les sentinelles anglaises.

Chaque fois qu'un de ces plans lui revenait à l'esprit, Meissonier s'enthousiasmait. Il n'admirait pas moins le grand organisateur que le grand capitaine. Au cycle de l'épopée militaire il avait pensé ajouter une page de gloire civique : l'Empereur au Conseil d'État. Il l'avait étudié à fond : il savait la complexité de son génie. Il ne se dissimulait pas les emportements et les faiblesses de son caractère. Il cherchait à les excuser. Il ne souffrait pas qu'on les tournât contre sa mémoire. C'est ce qui lui rendait si pénible le livre de Lanfrey. Le débordement des petites révélations accueillies avec trop de faveur par la malignité publique l'irritait. « Je suis moins sévère, disait-il, parce que j'ai été aux vraies sources. Pour apprécier ces hommes-là, il faut être de leur taille ou se mettre dans leur peau. Napoléon orgueilleux ! Parbleu, il est évident que des gens qui sont en haut du mont Blanc jugent les choses autrement que ceux qui sont en bas. On confond l'orgueil et la grandeur. Défauts et qualités, vices et vertus, tout, dans le génie, se mesure au génie. L'histoire, dans sa simplicité, le verra comme je le vois. »

CROQUIS A LA PLUME POUR « 1805 ».

LES RENSEIGNEMENTS.
(Tableau de la collection de M. Vanderbilt, à New-York.)

LE MAITRE

I

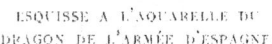

ESQUISSE A L'AQUARELLE DU
DRAGON DE L'ARMÉE D'ESPAGNE.

S'IL est toujours curieux de savoir ce qu'un artiste a ajouté à son œuvre en la commentant, c'est surtout lorsqu'il parle de lui-même, de son esprit et de son caractère, de sa façon d'appliquer l'art et de comprendre la vie qu'il est intéressant de l'entendre ; et sur ces points, les *Entretiens* sont en fond. Ils nous initient à tous les secrets du travail de Meissonier ; et en même temps que le génie du maître, ils nous découvrent la nature de l'homme, tout à la fois simple et magnifique, timide et superbe, impétueux et réfléchi, impérieux et doux, dévoué au plus modeste devoir du même cœur qu'aux entreprises les plus éclatantes, attachant par la profondeur de ses contrastes et la diversité de ses entraînements.

Bien que son éducation première eût été très interrompue et fût restée incomplète, il en avait recueilli le profit, et plus tard il l'avait étendue et affinée. C'était un liseur délicat et insatiable. Comme Rubens, il aimait à déjeuner seul, un livre sous les yeux. Quand sa pensée n'était pas absorbée par la conduite du pinceau, qu'il travaillait à des accessoires, il se faisait lire : c'est ce qu'il appelait ses lectures de chevalet. Après une journée de labeur, il ne trouvait de repos que dans un bon ouvrage.

Il avait du goût pour Shakespeare et Goldoni, dont il comprenait la langue. Les littératures classiques ne lui étaient pas moins familières. Un jour, à Fontainebleau, comme il préparait le *Solferino*, les généraux étaient réunis, attendant l'Empereur, qui venait de poser. « Napoléon III, plein de ses sujets d'archéologie — c'était le moment de *César*, — se mit à parler de la façon dont, chez les Romains, on tournait les angles en char. » Je lui démontrai que la forme de la *spina* circulaire ne permettait pas de faire comme il l'indiquait ; et à l'appui de mon opinion, je citai un passage de Tacite. Ce fut un événement. Le soir on me regardait, et j'entendais murmurer : « Il a cité Tacite ! » Il ne savait pas le grec, et c'était pour lui un vif sujet de regret. Mais Homère et Eschyle étaient, avec la Bible, au nombre de ses livres de chevet. Sur la côte d'Antibes, Homère le faisait rêver aux voyages d'Ulysse : le moindre des récits de l'*Odyssée* lui donnait l'envie de peindre, tant il les trouvait précis et vivants ! L' « humanité » de Sophocle le troublait profondément. « Ah ! si vous étiez entré hier par hasard dans l'atelier à la fin de ma journée, écrivait-il à un ami, il vous eût paru un peu étrange sans doute, arrivant tranquillement, de voir deux personnes toutes secouées par les douleurs d'Œdipe. »

Dans la littérature française, le grand siècle était demeuré pour lui le siècle de Corneille, de Molière et de La Fontaine. Alexandre Dumas l'entretenait, un soir, après dîner, des soupers d'Auteuil.

« Comment, lui disait-il, n'avez-vous pas eu l'idée de faire un tableau représentant les trois poètes devisant ? — J'y ai pensé bien des fois, répondit-il, je n'ai jamais osé. » Cependant il jugeait ces maîtres, comme il les sentait, supérieurement. Voici sur Mme de Sévigné quelques lignes d'une justesse exquise — il avait possédé longtemps une édition originale des *Lettres*, annotée de la main d'un grand-oncle, qu'il ne se consolait point d'avoir perdue — : « Quel charme et quel bon sens ! Quelle profondeur de vues dans ce naturel parfait ! Pas la moindre coquetterie. On peut ouvrir le livre à tout hasard, n'importe où, comme Montaigne et La Fontaine : on trouvera la pensée rendue dans une langue sûre, vive, originale, pleine de saveur. » Il n'est pas moins heureux, quand il parle de La Fontaine : « Je ne me lasse pas des *Fables*. Comme les vers s'ajustent au tempérament de chaque personnage ! Quelle philosophie profonde et quelle grâce prime-sautière ! Et les paysages, comme ils sont traités ! On est en scène aussitôt avec ravissement. »

Delacroix est un penseur. Sa raison évoquait tous les sujets et les poussait jusqu'à la limite où, l'intelligence des choses cessant, le rêve commence. Rêve ou jugement, il s'était fait une conception du monde. Sa religion était celle de Marc-Aurèle, de Spinosa et de Goethe : il la plaçait dans la résignation aux nécessités inéluctables qui ont établi les lois de la vie, comme celles de la mort, condition de la vie. On ne saurait dire que les grandes questions n'ont pas touché Meissonier. « Suivant la Bible, il n'y a pas très longtemps que l'homme a apparu ; il y a des millions d'années, selon la science. Quelle que soit la date de sa venue, qui l'a placé sur cette terre, qui a constitué sa supériorité sur tous les autres êtres ?... Quel problème que tout cela ! » Mais il lui suffit de l'avoir posé. C'est affaire aux religions de le résoudre. Il n'aime pas à sonder ces abîmes. « Je crois en Dieu tout simplement, tout bonnement », disait-il. Il aime mieux accepter, sans comprendre, ce qu'en somme on ne lui expliquera jamais. « Le mystère est l'essence d'une religion ; il faut l'admettre comme le germe divin d'où sort tout le reste », et il l'admet. Était-ce paresse d'esprit ? Non, certes, et il s'en défendait avec vivacité, mais impuissance, comme pour tout le monde, et confiance. « Ce qui nous paraît d'ici confus et inexplicable deviendra clair et logique de l'autre côté, quand les vues de Dieu sur le monde nous seront révélées. » C'est son espoir, sa conviction. « En étudiant, d'autres deviennent athées. Moi, j'arriverais à être terriblement religieux, si je ne l'étais pas naturellement », disait-il à son ami le docteur Robin, après avoir vu au microscope la perfection des êtres invisibles à l'œil nu. « Lorsqu'on considère ce que les dragues du *Talisman* et du *Challenger* ont ramené du fond des mers, toutes ces merveilles qui jamais ne devaient voir le jour arrachées à leurs profondeurs, comment ne pas convenir que, plus on découvre de la création, plus le Créateur éclate ? Le hasard à travers les siècles ne fait pas ces chefs-d'œuvre ! » Pour les admirer, il retrouvait l'argumentation de Bernardin de Saint-Pierre et de Fénelon. Son cœur était de moitié dans toutes ses raisons.

Très jaloux de cette candeur et se défiant de tout ce qui pouvait la froisser, il n'a jamais voulu ouvrir Renan et la *Vie de Jésus*. Il avait presque du sang de religieux dans les veines : le grand-oncle qui possédait l'édition originale des lettres de Mme de Sévigné était prieur d'une riche abbaye aux environs de Lyon. Ses sentiments se rattachaient, au plus profond de son âme, à toute sorte de sensations fortes ou douces. Les « cérémonies protestantes dans les quatre murs dénudés de leurs temples » le glaçaient. Le son des cloches éveillait en lui des airs de fête. En 1850, il était allé à Anvers. Il avait l'habitude, à peine débarqué dans une ville nouvelle, de s'élancer au hasard. On était aux premiers jours de janvier ; la neige couvrait le sol ; le froid était aigu. Tout à coup, sur la place de Meir, éclate une étrange harmonie, le carillon, qu'il entendait pour la première fois. « J'en garde encore le charme au cœur, à travers tant d'années », disait-il en 1876. Dix ans plus tard, à Poissy, dans

La Lecture chez Diderot.
Collection de M. le baron Ed. de Rothschild.

une matinée de mai, il retrouvait et exprimait, avec la même intensité d'accent, les mêmes émotions. « Ce matin, vers cinq heures, j'étais à ma fenêtre, écoutant les chants des oiseaux qui saluaient le réveil, quand un contraste a frappé mon oreille ; un poète en aurait tiré des vers. L'heure venait de sonner à la mairie d'une voix sèche et grêle; la vieille horloge de l'église, ma voisine, se mit à son tour à compter le temps, mais d'une belle voix sonore, grave, profonde ; elle me faisait l'effet d'une *moralité*. »

Autant cette tendresse de sensibilité religieuse le rendait indifférent à l'intérêt des discussions métaphysiques, autant le besoin de l'exactitude dans l'expression de la vie avait de bonne heure aiguisé en lui le sens de l'histoire. Il l'a bien souvent répété : « S'il n'avait été peintre, il eût voulu être historien ». Il considérait que seul le peintre peut léguer à la postérité des documents certains, parce que seul il voit les choses dans leur relief. Michelet n'a pas eu de ce relief le goût plus vif, ni l'intuition plus pénétrante. Le passé lui apparaissait en « chair et en os » ; les gens se dressaient à ses yeux dans leurs costumes et leurs demeures, sous leurs armures, avec leurs passions. Une scène de Shakespeare ressuscitait devant son imagination la taverne de Falstaff; une page des *Mémoires* de Sully, le pont au Change de Henri IV, son plancher et ses boutiques. « J'ai vécu, disait-il, tous les *Récits mérovingiens*. »

Quelque attaché qu'il demeurât à ses sentiments propres, il se rendait bien compte que la foi n'était plus, ne pouvait plus être pour l'art une source vive. Et d'ailleurs l'idée religieuse n'avait-elle pas été rendue dans sa plus haute expression par l'école italienne ? Le grand art n'admet pas ces recommencements. L'histoire, au contraire, était entrée dans des voies nouvelles. Renonçant au tableau sommaire des faits arides, des chronologies sèches, elle s'attachait à faire revivre par le détail pittoresque la physionomie des siècles. Quelles ressources d'inspiration ne devait-elle pas trouver dans la peinture ? Était-il un témoignage plus spontané, plus fidèle, plus expressif, de l'âme d'un temps, que les toiles des primitifs? « Voyez, disait-il, la *Vierge* de Murano, cette grande Vierge seule, sans enfant, les mains vides étendues au milieu du ciel d'or de la mosaïque, implorant le secours. C'est le moment où Venise avait à soutenir la lutte, une lutte incessante contre l'ennemie de tous les jours, la lagune. La conquête faite, vint la période de la sécurité, du luxe, de la jouissance, et avec elle, celle des Madones riches et triomphantes. » Eh bien, ce concours que l'histoire pouvait emprunter à l'art, il demandait à son tour que l'art le cherchât dans l'histoire : « Ce sont deux sœurs qui doivent se soutenir et s'élever l'une par l'autre ». S'il avait eu un jour le pouvoir de donner à la peinture une direction, c'est dans ce sens qu'il l'aurait voulu faire. Il a toujours regretté que le musée de Versailles n'eût pas été conçu sur le plan d'un grand livre d'épopée nationale, où chaque événement, décrit d'après les documents et dans l'esprit du temps, aurait occupé une place en rapport avec celle qu'il avait tenue dans notre développement historique. A l'entrée de ces galeries, présentant chacune une époque, il imaginait, en guise d'introduction philosophique, la représentation des principales étapes de l'humanité française, c'est-à-dire des transformations par lesquelles l'homme de jadis, laboureur, soldat, bourgeois, était devenu l'homme de nos jours. « Nous avons passé et repassé dans la campagne sans remarquer le paysan au travail, disait-il ; Millet vient ; il nous montre la pauvre bête de somme attachée à la glèbe, son labeur effroyable, incessant ; et cela nous reste aux entrailles. »

Quand il parlait ainsi, ne se souvenait-il plus de la poignante description de La Bruyère ? Peut-être aussi convient-il de voir quelque autre chose dans cette observation d'un tour si original et si net. Ami des lettres, passionné pour la musique, Meissonier avait trop de sens et de goût pour classer les arts et leur assigner des rangs ; mais il entendait qu'on conservât à chacun d'eux son caractère, et il ne supportait guère qu'on disputât à la peinture le suprême avantage d'exprimer les choses par l'image dans leur justesse absolue et leur souveraine précision.

Il avait été un auditeur assidu du Conservatoire. La Symphonie en *la* de Beethoven le ravissait : il voulut qu'on en chantât à ses funérailles l'andante, « Inexorable comme la voix du Destin » ; il ne se lassait pas d'entendre le finale, « qui avait tant de fois amené devant lui des paysages charmants ». « Tout à l'heure, disait-il en l'entendant une fois de plus (6 avril 1881), je revoyais, comme jadis à Grenoble, les petits ruisseaux bondissants, les bouquets de saules dans le soleil et la bande légère des demoiselles bleues au long corsage, aux ailes diaprées volant sur les eaux. » C'était pour lui le charme de la musique, qu'on y pouvait voir tout ce que l'on voulait et même entraîner les autres à y voir ce qu'on voyait soi-même. Un mouvement changé, et le morceau changeait de caractère : Gluck n'a-t-il pas dit que, pour peu que l'on précipitât la mesure, il n'était pas impossible de danser sur l'air : « J'ai perdu mon Eurydice » ? Mais cette diversité, cette mobilité, cette personnalité d'impression que suscite la musique marquait à ses yeux la limite de sa puissance. L'erreur de Berlioz était de vouloir lui faire rendre tout. « Qu'une symphonie donne un sentiment général d'extase, de joie, de tristesse, produise un état d'âme : à la bonne heure ; mais le détail d'une expression, point. Elle peut être une suggestion, soit ; une représentation, non. Vous n'avez pas l'idée, je suppose, de me dessiner par des sons *la Lecture chez Diderot* ? » Il contestait presque à la littérature elle-même le don de fixer la vie. La description littéraire va, revient, se promène, invite l'imagination du lecteur à se promener avec elle, fait naître sous chacun de ses pas toutes sortes de petites merveilles ; mais toutes ces petites merveilles qui enchantent le lecteur risquent de l'égarer. La peinture n'admet pas la conception discursive et diffuse ; c'est sa supériorité, sa force. Dans un cadre défini elle traite un sujet défini. Le tableau ne laisse pas celui qui le regarde, pas plus que celui qui le fait, dévier de son objet : il enferme, il concentre, il maîtrise sa pensée. « Ma peinture, disait Meissonier en parlant de lui-même, se refuse aux conjectures et ne permet pas de douter de la réalité de ma conception ; elle est inaliénable, inchangeable : il n'y a pas à tortiller, cela est. »

En lisant les *Entretiens*, il ne faut jamais oublier que la bonne grâce abandonnée, qui en est l'attrait, en est aussi parfois le danger. Nul doute que, si Meissonier eût voulu systématiser ses idées, il aurait pris soin de marquer les nuances et d'indiquer les points de contact des différents arts. Les barrières qui les séparent ne sont point si hautes qu'ils n'aient des vues les uns sur les autres et des rapports de confraternité. Est-il une œuvre artistique, musicale ou littéraire, digne de ce nom, qui puisse se passer de précision ; et, même en peinture, la précision pourrait-elle être conduite à ce degré où elle confinerait à la sécheresse et interdirait le rêve ? « La peinture, comme la musique, est au-dessus de la pensée, a dit supérieurement Delacroix, après Mme de Staël ; de là son avantage sur la littérature *par le vague*. » Mais, dans leur forme humoristique, les aperçus de Meissonier ne conservent pas moins leur part de vérité ingénieuse, et l'ensemble de ses observations atteste la puissance d'un esprit nourri de la moelle des forts et habitué aux généreuses visées.

CROQUIS A LA PLUME DE MARCO, CHIEN DU SAINT-BERNARD.

BRACONS EN FORÊT.
Aquarelle.

II

Une de ses ambitions, la plus vive peut-être, fut d'enseigner à l'École des Beaux-Arts. Il n'obtint pas la chaire et il en éprouva de la peine. Il aimait la jeunesse, bien qu'il ne frayât pas beaucoup avec elle ; il aimait l'action, il aimait son art.

La valeur d'un artiste, selon Gounod, se mesure à son respect des maîtres. Meissonier avait pour les maîtres l'admiration franche et haute. Passionné, enthousiaste, la vue du beau l'enivrait, l'exaltait, « ébranlait tout son être, le jetait hors de lui ». On lui avait apporté l'analyse d'un cours, cours libre, où le professeur traitait les grands hommes de modèles dangereux. L'indignation l'emporta. « Ces gens-là ont horreur des sommets ! Ils veulent nous mener à une Beauce intellectuelle et morale, à je ne sais quelle plaine uniforme vers laquelle le monde se pressera sans doute, quand la fin sera proche : encore l'infinie monotomie de cette plaine aurait-elle au moins l'imposante grandeur de la mer ! » Il se rappelait l'impression pénible qu'il avait éprouvée dans une ascension des Alpes au-dessus du lac du Bourget. On gravit une pente, on croit arriver à un sommet; ce n'est qu'un enchaînement irritant de petits monts; jamais on ne touche à la cime souveraine. Ainsi en est-il de ces talents auxquels le génie fait peur. « Proscrire les maîtres, les maîtres éternels! Quelle satisfaction de penser qu'on les a toujours aimés, que toujours on les aime; que l'âge, qui refroidit tout, n'a pas diminué l'ardeur de cet amour ! » (1886.) Il en définissait le caractère avec une simplicité profonde : « Le maître est celui dont les œuvres ne font pas penser à celles des autres ». Il n'était pas de ceux qui redoutent l'action de Rome sur l'indépendance et l'originalité du talent. « Rome est nécessaire, disait-il, pour y apprendre le style, la noblesse et la beauté. »

Ce n'est qu'à soixante ans (1875) qu'il accomplit lui-même ce grand pèlerinage pour lequel il s'était mis en route, en 1835, avec les cent francs par mois de son père. Son premier projet de voyage en Hollande, qui date de 1840, n'avait pas abouti non plus. Il aimait à en raconter les circonstances. Dans un dîner d'amis, la nouvelle avait été apportée d'une vente importante de tableaux qui devait avoir lieu à la Haye. Séance tenante, il fut convenu qu'on irait et qu'on profiterait de l'occasion pour faire le tour complet des musées. Émile Augier, Ponsard, John Lemoinne, Chenavard, Delacroix devaient être de la partie. Un fort dédit était imposé à celui qui la ferait manquer. Au dernier moment, Delacroix, qui n'aimait que Paris, se déroba ; la convention ne tint pas, et Meissonier ne connut Amsterdam que dix ans plus tard. Il connut Venise plus tard encore, en 1860. Mais ce qu'il avait rapporté de ces visites, à son gré trop différées et trop rares, s'était gravé dans ses yeux, pour ainsi dire, et il était bien peu de sujets de conversation qui n'en fît resplendir soudain un souvenir.

Il avait ses préférences. Il mettait, par exemple, les Florentins fort au-dessus des Vénitiens. Il ne souffrait pas surtout qu'on diminuât la peinture française; il adorait Le Lorrain. Mais c'est devant les œuvres elles-mêmes qu'il aimait à se replacer, directement, en dehors de toute préoccupation d'école, expliquant comment il était venu aux uns plus tôt qu'aux autres, les caractérisant par l'émotion qu'il avait reçue de chacun d'eux, par le profit d'admiration qu'il en tirait. Ici encore, sans doute, il ne faut demander aux *Entretiens* que ce qu'ils peuvent donner : une touche rapide, enlevée, mais combien vive et heureuse ! On le voit, on l'entend. Aucun élément n'y manque pour apprécier ce qu'aurait été son enseignement.

Nul n'ignore quel hommage Ingres rendait à Raphaël. Raphaël n'est pas seulement à ses yeux le plus grand des peintres. « Il était beau, il était bon, il était tout. Si, contrairement à la destinée commune des artistes, il avait été heureux, c'est qu'il était de nature inviolable. » Non moins profond, le culte de Meissonier n'est pas aussi exclusif. Il aurait voulu encadrer la *Psyché* de diamants; le dessin de l'*Ambroisienne* lui donne « l'ivresse de la beauté pure ». Mais, en s'abandonnant à cette ivresse avec délices, il la raisonne. « Raphaël a bénéficié du génie de tous les maîtres; il a pris à chacun ce qu'il avait de meilleur, comme l'abeille qui compose son miel divin; c'est une harmonie suprême faite de notes connues : il n'est pas proprement original. Aucun Raphaël ne nous fait éprouver l'émotion intense que soulève Giotto. » Il était amoureux du Corrège. Il ne l'avait pas compris tout de suite; mais, un soir que Louis-Philippe donnait une fête, au Louvre, dans le Salon carré et la galerie de Rubens, où était alors placé l'*Antiope*, il tomba en extase. Ce fut comme un chemin de Damas. « Aucune facture, dit-il, ne donne l'envie de passer la main sur la chair comme la douce pulpe du Corrège. » Son enthousiasme pour le Titien est moins expansif. Le faste de cet éclatant pinceau ne l'attire pas tous les jours. Dans la *Joconde*, il n'est frappé que de la perfection du modelé. Pourquoi, dans la *Mise au tombeau*, « avoir escamoté la difficulté suprême, en noyant dans l'ombre la figure du Christ ? Le Christ cesse d'être l'intérêt capital à côté de cette draperie magnifique. C'est une faute, que ce manteau rouge à une telle place ! » L'allure, la noblesse, l'ampleur de Rubens l'exaltaient ; mais les allusions qu'il fait à ses œuvres sont plus rares : ce n'est pas à lui que va naturellement sa pensée.

« Michel-Ange, Rembrandt, voilà, s'écrie-t-il, les vrais originaux ! Gemito — le jeune sculpteur napolitain à qui il s'était attaché de prédilection et qui a fait sa statuette, — Gemito, dans son ardente naïveté, a rencontré la meilleure, la seule définition qui leur convienne : l'homme de la Sixtine vous dit des choses que le père et la mère ne peuvent vous apprendre. » Meissonier avait trouvé lui-même sur le *Pensieroso* un mot saisissant. « Dans quelque lumière qu'on le place, le *Pensieroso* médite toujours, gravement assis sur son tombeau, et dans sa méditation profonde, insondable, il semble revenir de l'ombre éternelle. » Cette pensée l'avait envahi un soir qu'il s'était attardé dans le tombeau des Médicis jusqu'aux premières heures du crépuscule, et chaque fois que le *Pensieroso* se retrouvait sous ses yeux, il la sentait remonter dans son âme et la remplir.

Mais c'est pour Rembrandt surtout que son culte n'a pas de bornes. En présence de ses œuvres, il n'est plus maître de lui. « Quelle couleur, dira-t-il du peintre, quelle pâte merveilleuse, limpide, coulante ! C'est le sang même sous la chair. On dirait qu'en la piquant, il va jaillir ! » S'il eût été riche, il aurait donné un million, n'importe quoi, pour conserver le *Doreur* à la France. « Quelle magie de pointe ! dit-il du graveur. Quelle indifférence de la forme au point de vue de l'idéal et du beau ! Et quelle passion de la physionomie, de l'âme ! Quelle tragédie que le *Calvaire* ! » Sa passion tient, il le confesse, de la violence. A ceux qu'il a travaillé à pénétrer de son admiration il finit par dire : « Eh bien, non, vous n'y pouvez rien entendre. Il faut être peintre pour entrer dans la chair vivante de cet homme, pour jouir à fond et s'enivrer chaque fois davantage d'une pareille communion. » Il l'idolâtrait, il eût voulu baiser ses pieds. D'autres ont pu avoir des éclairs de génie, Rembrandt est le génie même. « On devrait proposer comme modèle à tous les artistes le *Bœuf écorché* du Louvre. Quelle justesse de touche dans cet emportement furieux! Les tons se mettent en place sous l'élan. C'est peint avec du feu. Liberté et vérité, voilà qui est admirable entre tout et au-dessus de tout! »

On trouvera dans le volume ces merveilleux jugements, jetés au cours d'une causerie ou d'une discussion. C'est dans le volume également qu'on doit chercher la doctrine que professait Meissonier sur l'art en général. La grâce, la force, la superbe ordonnance, la sérénité de l'antique le frappent plus qu'elles ne le touchent. Entre la perfection du travail accompli et l'intensité de l'émotion rendue, son choix est fait : l'idée juste, la passion vraie, n'eût-elle pas trouvé son expression, lui semble bien au-dessus de tous les achèvements d'exécution. « De l'âme, de l'âme et encore de l'âme, écrivait-il, voilà ce qu'il faut répéter à la jeunesse. Toute œuvre d'art a pour objet l'expression d'un sentiment. Si vous n'éprouvez pas ce sentiment vous-même, comment pourriez-vous l'inspirer aux autres?... La grandeur des primitifs, c'est d'avoir su faire passer chez le spectateur l'émotion dont ils étaient pleins, émotion naïve, brutale, incorrecte, si l'on veut, mais tellement saisissante que nul n'a pu les égaler. Ayez donc beaucoup de cœur : vous aurez toujours assez d'esprit.... »

Peut-être ce secret n'était-il pas difficile à trouver. Meissonier en convenait volontiers. Il l'était davantage à mettre en pratique et il ne s'épargnait pas pour le dire. Il avait l'admonition, comme l'admiration, sincère et mâle. « La peinture est une rude et fière maîtresse : pour en être aimé, il ne suffit pas de l'aimer. » Il retrouvait sur ce point le franc langage de Boileau. « Un cordonnier qui fait de bons souliers, un sabotier qui fait de bons sabots, un valet de charrue qui mène bien ses bœufs, un menuisier qui pousse bien son rabot sont des êtres mille fois plus précieux et plus estimables qu'un mauvais peintre.... La déclaration peut être désagréable, mais un médecin est un médecin. » Il considérait les artistes médiocres comme des fléaux publics. Tout ce qui, dans la peinture, n'était pas bon, tout ce qui ne pouvait contribuer à épurer le goût, a élever le sens moral, lui paraissait condamnable. Donc point d'encouragements dangereux. Quant à ceux qui ont la vocation, qu'ils se ceignent les reins ; car pour peindre, il faut comprendre; pour comprendre, il faut connaître; pour connaître, il faut étudier à fond. Et sur chacun de ces points, les *Entretiens* abondent en conseils d'une grande autorité.

Il n'est possible de comprendre un sujet qu'en remontant tout d'abord aux sources de l'histoire. « Aujourd'hui on se dit tranquillement : je vais faire un tableau Louis XIII ; on va à la Bibliothèque regarder quelques estampes et l'on s'assied à son chevalet. A ce prix-là, les œuvres ne coûtent guère ; mais elles valent tout juste en raison de ce qu'elles ont coûté. Il en est autrement d'une préparation qui veut être féconde. » En 1886, la *Mort de Néron* avait été choisie comme sujet du prix Latinville. Un des concurrents, qui n'était pas d'ailleurs sans mérite, représentait Néron se dérobant dans l'ombre, sur les degrés d'un escalier à demi éclairé par la lune et par les lumières de la salle du festin qui traversaient d'en haut l'entre-bâillement des rideaux. « Une nuit de fêtes, un escalier secret, un clair de lune, disait Meissonier, quand on sait que Néron s'enfuit à la lueur des éclairs, la face voilée, sur le cheval de l'affranchi dans la demeure de qui il allait s'égorger, en se pleurant comme artiste! » Puis, reprenant la page de Suétone, il soulignait, le texte en main, tous les éléments dramatiques de la scène, montrait Néron épouvanté par la terre qui tremble et le tonnerre qui retentit, le cadavre de la route qui effraye son cheval, le coup de vent qui découvre son visage, le regard du prétorien qui, en le saluant, ajoute à son épouvante, le sentier dans lequel il s'engage, pour éviter le grand chemin, à travers les ronces et les roseaux, la flaque d'eau où, à bout de forces, haletant de fatigue et de terreur, il puise avec sa main une gorgée d'eau... Et ce commentaire pénétrant, serré, d'une force d'évocation étonnante, transporte notre imagination, comme le maître aurait voulu que s'y fût transportée par l'étude l'imagination de l'auteur, à Rome même, dans la Rome des Caligula, des Claude et des Néron; il en ressuscite à nos yeux les violences et les lâchetés. « Croire à son sujet est la première condition pour composer, disait-il à l'occasion d'un autre jugement académique — une *Vision de saint François d'Assise* — et l'on ne croit qu'après avoir longtemps médité, longtemps laissé battre son cœur à l'unisson de ses personnages, que lorsqu'on les a vécus, lorsqu'on en rêve. Que de nuits, confessait-il de lui-même, Napoléon a traversé mon sommeil ! »

L'impression générale du sujet ainsi recueillie en soi fortement, un autre travail commence, le travail relatif au choix du sujet lui-même, c'est-à-dire du moment psychologique à rendre. Ici il ne s'agit plus de laisser caresser sa pensée plus ou moins mollement par un sentiment général. Rien de plus dangereux pour l'art que la rêverie prolongée qui l'éloigne de la précision. Il faut prendre un parti. Meissonier n'aimait pas qu'on enfermât les logistes dans le cercle d'une donnée étroite, absolue, tout indiquée. A eux de discerner l'instant de l'action. C'est ce discernement qui, pour lui, constituait l'artiste; c'est à sa manière de voir qu'il le jugeait. « Je vois, disait-il, et je sens mes tableaux du premier coup : je les vois immédiatement ou je ne les vois pas. » Par voir, il entendait ici saisir l'heure où le sujet proposé atteint son plus haut degré d'intensité, l'heure de la crise.

Pour fixer sa pensée, il empruntait volontiers deux exemples à sa propre expérience. L'un d'eux se rattache à son premier tableau, le *Siège de Calais*. L'heure la plus pathétique, à son avis, n'était pas celle qu'on a coutume de représenter : les six bourgeois, la corde au cou, se jetant aux pieds du roi, tandis que la reine Philippine intercède. Le sentiment de cette intervention connue lui paraissait diminuer le sacrifice. Voici comme il concevait la scène : « Les vaillants citoyens, la corde au cou, se rendent sur la place publique pour annoncer leur résolution. Les femmes, les enfants, la ville entière, embrassent leurs genoux et sanglotent. On les adore, on les pleure, on les bénit. Ils partent. Le sacrifice est dans ces adieux. Plus tard, la douleur est moins aiguë, moins poignante; une lueur d'espérance a traversé les cœurs. » L'autre exemple appartenait à la période de sa pleine maturité. Le duc d'Aumale lui avait demandé pour Chantilly un *Turenne* au moment du boulet légendaire, quand Saint-Hilaire, le bras emporté, devient, par sa réponse, le héros de la scène, pour ainsi dire : « Eh! non, disait-il, si je fais un Turenne, je veux saisir le moment où son âme éclate dans sa physionomie, le commencement de la bataille. »

A cette conception préparée à loisir, arrêtée avec réflexion, devait répondre une composition claire. Peut-être n'est-il pas de point où se montrent avec plus de puissance les qualités si françaises de Meissonier. Il croyait que l'on pouvait et il estimait qu'on devait être intelligible à tous. Il aurait pardonné à la musique moderne, à l'école de Wagner, ses violents contrastes, ses heurts, son tapage, s'il l'eût comprise. On lui disait : « Attendez, la lumière se fera ». Il répondait : « En attendant, pourquoi me laisser dans les ténèbres ? On entre d'emblée dans les *Huguenots*. » Cette lucidité supérieure, il la cherchait dans la simplicité ; sa première maxime était celle d'Horace : *Sit quodvis simplex*. Il avait surtout le goût de l'ordonnance, l'instinct de l'unité.

Dans sa jeunesse, il s'amusait parfois à prendre avec ses amis du hachich ; à travers le sommeil où le hachich le berçait, il voyait, à certains moments, des pointes de feu, et toujours ces pointes dansaient en cadence ou faisaient, en s'assemblant, des dessins d'une irréprochable symétrie. Au Conservatoire, les arabesques les plus délicieuses, les détours les plus enchanteurs des symphonies de Haydn et de Beethoven ne faisaient qu'enflammer son désir de retrouver « la mélodie centrale » ; il en épiait

La Rixe.
A S. M. la Reine d'Angleterre.

le retour, et dès que l'orchestre commençait à la reprendre, « tout son être se fondait dans un voluptueux apaisement ». Comme une symphonie, tout tableau lui paraissait avoir sa dominante, et ici la dominante était souveraine. Le tableau n'admet pas les arabesques ni les diversions. Meissonier appelait la peinture l'art des sacrifices. D'autre part, les antithèses, les contrastes recherchés par l'art moderne le blessaient comme des notes fausses. Tout pour l'ensemble. « C'est l'harmonie entre les parties, c'est l'unité d'impression qui fait le charme des petites choses et la force des grandes ; pour assurer cette harmonie, cette unité, il faut voir et sentir le tout en traitant la partie ; autrement rien n'est en scène. » Jamais, selon lui, il ne fallait chercher l'effet seul. Une première fois l'effet peut éblouir ; mais à chaque rencontre nouvelle, l'impression diminue, et bientôt l'intérêt ne subsiste plus. « Voyez la *Rixe*. J'avais d'abord mis en lumière la figure de celui qui s'interpose ; elle attirait le regard et affaiblissait l'impression de l'élan furieux des deux adversaires ; je l'ai couverte d'un chapeau qui la met dans l'ombre. Voyez les *Renseignements* : tous les témoins de la scène, jusque là-bas au fond de la clairière les hussards, ont l'œil sur Desaix, qui cherche à lire dans la figure de l'otage, et ce regard unique est le maître du nôtre.... Si vous ne voulez faire qu'un tableau pittoresque, vous pouvez l'arranger comme un tableau de fleurs : ainsi les *Femmes d'Alger* de Delacroix. Mais s'il s'agit d'un drame, il faut que tout y participe. »

C'est seulement après cet examen approfondi du milieu historique et moral du sujet, après cette conception précise de l'ensemble du tableau, que Meissonier croyait le moment venu de prendre le pinceau. Il aurait presque dit alors ce que disait Racine, lorsqu'il ne lui restait plus à écrire que les vers d'une tragédie : « Ma pièce est faite ». Mais qui ne sait à quel point il poussait la recherche passionnée du document authentique et le fini de l'*étude*, avant d'aborder l'exécution définitive ?

o   o o

Meissonier avait une mémoire d'une plasticité rare : tous les souvenirs s'y imprimaient. Il était âgé d'un peu moins de dix ans, quand il avait vu, à l'entrée de Charles X dans Paris, les hérauts d'armes avec leurs chapeaux relevés sur le devant et leurs plumes blanches, leurs larges collerettes, leurs maillots de soie et leurs bottes en daim jaune ; et en quelques coups de crayon, il les aurait aisément dressés en pied ou campés sur leurs destriers. Le vieux Paris de la Restauration, les Champs-Élysées, les quais, la place de Grève, le Parvis, la Tournelle, le Petit-Pont, lui étaient familiers : même après la transformation accomplie sous le second Empire, il n'avait qu'à fermer les yeux pour en revoir dans tous ses détails la fidèle image.

Mais cette facilité d'évocation ne suffisait pas aux besoins d'un art auquel aucune exactitude n'était indifférente. Meissonier ne mangeait certainement pas à son appétit, lorsqu'il avait commencé à monter ses collections. Le premier objet dont il la para fut peut-être un don de son père, une paire de bottes qui datait de 1810. Malheureusement, en 1834, « le grand chic était de porter des bottes ». Meissonier avait le désir d'en avoir, un désir presque aussi vif que celui du fameux manteau. Il coupa les revers ; le cuir, qui était desséché, se creva ; à plus de soixante ans, il le regrettait encore. Qu'il eût payé cher l'uniforme que son père portait sous la Restauration, à titre de garde d'honneur de Lyon : un costume tout blanc avec liserés d'or aux basques et aux manches !

Vers 1838, le marché du Temple était le champ ordinaire de ses spéculations. Plusieurs fois par semaine, il s'y rendait, le matin, à l'heure du déballage, avant l'arrivée des chalands, — c'est son beau-frère Steinheil qui le raconte, — et raflait tout ce qu'il trouvait de défroques du XVIIIe siècle, costumes ou fragments de costumes, financiers, bourgeois, gardes françaises. Pour fond de ménage, en se mariant, il avait apporté un trousseau de vieilles culottes courtes en ratine, de bas chinés, de souliers à boucles, de gilets longs, de vestes à poches, de chapeaux de feutre, de perruques. Ce qu'il ne rencontrait pas tout fait — les chemises, les jabots, les manchettes, — sa femme, sur les patrons qu'il dessinait, travaillait à le faire. Mais il arrivait que, lorsqu'il étudiait une gravure d'après Gravelot ou une eau-forte de Chodowiecki, le linge ne fournissait pas les mêmes plis que celui dont il avait revêtu son modèle; alors il se dépitait. Un jour, à la Bibliothèque, en feuilletant l'*Encyclopédie,* il constata, à l'article Lingère, qu'au temps de D'Alembert et de Diderot, la batiste se taillait non de droit fil, mais en biais ; de là des plis plus souples et plus fins : ce fut un triomphe.

Sa passion se développa avec ses ressources. Son tempérament servait très heureusement ses recherches. Il y portait, selon les cas, autant de patience diplomatique que d'impétuosité passionnée. Avisé que, dans une petite commune d'Indre-et-Loire, à Vernou, il existait des tapisseries de prix dans une église délabrée où l'on avait besoin d'argent pour faire des réparations urgentes, il part, arrive le soir, examine avec le curé à la lueur d'une chandelle les tapisseries et les achète deniers comptants. A Poissy, son serrurier, fils d'un postillon de Triel, Achille Dault, qui avait conduit la poste, possédait un harnachement complet qu'il ne pouvait se décider à vendre. Meissonier attendit l'heure favorable. Lorsqu'il entreprit le *Siège de Paris*, il n'eut de cesse qu'il se fût procuré la capote de Henri Regnault et la robe du frère Anselme. Comme les fureteurs de race, il avait le flair, et, avec le flair, les bonnes fortunes. C'est tandis qu'il était aux eaux d'Évian, dans un petit village, à Saint-Gingolph, qu'il trouva le modèle longtemps cherché de la berline dans laquelle il avait fait, avec les Ferriot, un voyage en Suisse. Une fois en face de l'objet convoité, il fallait qu'il en rétablît la fonction.

Il tenait à honneur d'avoir reconstitué, dans le *Postillon*, des détails absolument perdus : le portemanteau roulé dans une peau de biquè, l'étrier tenu par le chapelet, le cordon inclinant à gauche. Il se flattait de fabriquer, comme Michel-Ange, tous ses instruments de travail. Il était tour à tour tailleur, sellier, menuisier, ébéniste. Pour le *1814*, il commanda un harnachement absolument conforme à celui dont était revêtu ce jour-là le cheval de l'Empereur et il en dirigea lui-même l'agencement. Il avait fait exécuter sous ses yeux le carrosse de la *Visite au château* par un orfèvre, comme un bijou : tout s'engrenait, se montait, marchait, roulait sur sa table d'atelier ; les portières s'ouvraient : une merveille !

Ce trésor d'heureuses trouvailles et d'habiles restaurations n'était rien, pour ainsi dire, auprès de son musée militaire. Les armures, les coiffures, les costumes, de tous les âges et de toutes les formes, y étaient représentés. Il avait une collection d'armes blanches — hallebardes, rapières, épées courtes, épées longues, dagues, poignards — à défrayer une tirade de Victor Hugo, à équiper une compagnie de condottières.

Il l'avait transportée, en 1889, de Poissy à Paris, pour l'exposer aux Invalides, et tous les membres de la *Sabretache* — société dont il était le président — savaient qu'il la destinait à un musée dont il ne restait qu'à trouver le local (1). A chacune de ces armes était attachée son histoire. Meissonier en connaissait la date, l'usage, le maniement. Il eût été difficile de le tromper. Un ami lui avait réservé, comme surprise, un fragment d'armure trouvé dans un marais, aux environs de Metz, « débris unique au monde, d'une armure mérovingienne ». Au premier aspect, Meissonier démontra que le morceau venait de la cuirasse d'un piquier Louis XIII. Les conservateurs du Musée d'Artillerie rendaient hommage à la sûreté de ses connaissances techniques et comptaient avec son opinion.

(1) Par décret de novembre 1896, ce musée militaire vient d'être autorisé aux Invalides. — La collection d'armes de Meissonier va donc pouvoir y être installée.

Aussitôt qu'il commença à s'occuper de l'Empereur, il s'enquit de toutes les sources d'information. Bien avant l'épanouissement de la littérature napoléonienne, qui fleurit aujourd'hui, il savait tout ce qu'on pouvait savoir sur l'Empereur, ses habitudes, ses allures, ses goûts. N'est-ce pas lui qui nous a appris que Napoléon ne se gantait jamais que d'une main, qu'il mettait tous les jours une culotte fraîche de basin blanc, le tabac dont il faisait abus la salissant vite, qu'il portait des bottes larges, n'avait que des cra-

MODÈLE D'UN PETIT CARROSSE LOUIS XIII.
Exécuté d'après les dessins de Meissonier.

vaches élimées du bout et usées à force d'en battre sa botte; que, ne prenant jamais le temps de décrocher ses épaulettes, ses capotes étaient faites pour les recouvrir; qu'il se couchait dans l'obscurité, en lançant toutes ses affaires par la chambre, ses habits, sa montre même, et ne laissait allumer la lumière que lorsqu'il était entré au lit? Détails trop infimes pour l'historien, mais qui n'étaient pas inutiles au peintre. Comme M. Thiers, Meissonier avait beaucoup fait causer les vieux généraux survivants du grand état-major, et notamment le duc de Mortemart. Il recherchait surtout le témoignage des humbles et des obscurs, de ceux qui n'ont point d'intérêt à tromper, ni assez d'esprit pour le faire : le valet de chambre, Hubert, entre autres, et plus encore, un simple piqueur, Pillardeau — Pillardeau sur qui il revient tant de fois, qu'on s'étonne presque qu'il ne se soit pas amusé à le peindre. Il est vrai que la façon charmante dont il le décrit en diverses esquisses sans prétention constitue presque un portrait. On me permettra d'en réunir les traits essentiels.

« Ce Pillardeau, disait-il, était en somme étrange. Bien que foncièrement bête et absolument sans éducation, il a été pour moi un secours précieux, je dirai même le plus précieux. Il savait beaucoup de choses, il en parlait volontiers, et il n'était pas hâbleur; il disait franchement : « Ça, je ne sais pas, je « n'y étais pas, je ne l'ai pas vu ». Il avait été élevé dans la maison de Joseph, frère de l'Empereur, à Mortefontaine; il faisait partie des écuries. Il aurait voulu être soldat, ayant la passion de l'état militaire; sa mère ne voulut pas le laisser s'engager Mais il ne cessait de questionner les soldats sur les détails de leur existence et mettait souvent en note ce qu'il avait appris. Plus tard il a collectionné les uniformes, les armes, tous les objets militaires qu'il a pu se procurer. Il m'a prêté plus d'une fois des spécimens; il m'en a même légué quelques-uns. A sa mort, sa famille a fait une vente. Malheureusement je n'étais pas là. Pillardeau demeurait cependant dans les environs de Poissy, à Vernouillet. Je n'ai pas été averti et la collection a été dispersée....

« Il goûtait un plaisir extrême à se figurer qu'il avait été soldat et à le faire croire aux autres. L'institution de la médaille de Sainte-Hélène lui a porté un coup terrible. N'ayant pas le droit de la prendre, il ne pouvait plus, comme auparavant, revêtir l'uniforme, pour aller déposer sa couronne, le 5 mai, au pied de la colonne, avec les vieux débris. Mais il lui restait le plaisir d'endosser le costume d'un régiment dans lequel il avait d'anciens camarades, et il causait avec aplomb des campagnes auxquelles le régiment avait participé ! A Chantilly, qu'il habita avant de venir à Vernouillet, il s'était arrangé dans une mansarde une chambre militaire, la chambre d'un trompette de dragon logé chez l'habitant. Le mur était piqué d'images militaires, le lit fait militairement, les habits du trompette rangés en ordre sur le portemanteau, les armes astiquées et suspendues : il n'y avait qu'à étendre la main pour les prendre. Sur la table, un pain de munition en carton ; dans un coin de la

LE PEINTRE D'ENSEIGNES.
(Aquarelle, au Metropolitan Museum, New-York.)

chambre, classés et étiquetés comme dans un musée, tous les souvenirs qu'il possédait de la République et de l'Empire....

Il aimait à se donner du galon, à s'imaginer qu'il était officier de tel ou tel régiment ; et alors l'uniforme du régiment était là, avec le casque et tout le fourniment, comme si son ordonnance venait de le lui présenter. Il faisait habiller en soldats, avec d'anciens uniformes, son frère, ses neveux, pour les recevoir à sa table.... Il était vraiment curieux, cet homme, dans sa passion, et, comme tous les gens passionnés, il avait une susceptibilité extrême.... Pour le remercier, un certain jour de l'an, j'eus l'idée de lui envoyer une caisse pleine de victuailles choisies ; elle fut reçue par des injures. Je dus lui faire des excuses et lui dire : « Mais, mon cher Monsieur Pillardeau, entre amis, cela se fait ! »

o o o

Cependant ces documents, si habilement qu'ils soient recueillis, ne peuvent fournir que les éléments de la vie. C'est par les *études* que Meissonier créait la vie même. Il les aimait presque plus que ses tableaux, en raison des heures de travail béni qu'elles lui rappelaient. Elles étaient « sa chair et son sang ». Son idéal eût été de ne faire que des croquis, de prendre çà et là des notes vives et de les jeter sur la toile, « comme Pascal jetait sur le papier ses notes errantes », sans la fatigue de la structure du tableau. Après sa mort, on a recueilli en deux volumes un certain nombre de ces *études*. Elles attestent avec quelle ténacité tout ensemble et quelle ardeur il poursuivait ce qu'il voulait rendre. Il en est qui représentent le même sujet, repris trois ou quatre fois : la différence est dans un geste plus aisé, dans un rayon de lumière mieux dirigé, une expression de physionomie, un regard, un rien ; d'autres ont été achevées du premier coup ; d'autres enfin sont de simples ébauches : elles ont servi à arrêter une attitude, le mouvement d'une jambe de cheval, la pose d'un chien étendu à ses pieds, l'agencement d'un harnais, le galbe d'une figure, le profil d'un casque, les plis d'une culotte de peau ou d'une jambière. Son œil pénétrait, enveloppait et fixait tout ce qu'il saisissait. « Thiers parle de l'éclair des sabres, moi je le fais voir. » Mais pour « faire voir », quelle recherche, quelle conscience, quel scrupule ! Le souvenir le plus sûrement dessiné dans son esprit par une observation prolongée ne lui suffisait pas. Quand il dut préparer pour le *1807* un coin de champ labouré, il alla en pleine campagne relever un croquis de mottes de terre. On se racontait gaiement dans les ateliers que, pour peindre un soldat dans un carré de blé, il commençait par acheter le carré, puis qu'il allait chercher le soldat à la caserne : il ne s'en défendait point.

LA VEDETTE.
Tableau appartenant à S. A. R. Mgr le duc d'Aumale
Galerie de Chantilly).

Après la campagne d'Italie, il s'était proposé de faire une série d'études sur l'armée. Une de ces études existe : ce sont des soldats de ligne en campement, l'arme au bras ; le sergent-major fait l'appel avant le départ. Pour les autres, les modèles étaient arrêtés dans sa pensée. C'est la batterie de la garde, que commandait le général Mellinet, blessé à Magenta d'un éclat d'obus à la joue, qui lui avait fourni celui de l'artillerie.

La cavalerie devait avoir dans cette série la place d'honneur. Le cheval est devenu pour Meissonier, vers le milieu de sa vie, son étude de prédilection. Il en a renouvelé la science. De grands progrès avaient été accomplis par Gros, Géricault, Vernet; mais, comme l'a remarqué M. Delaborde, le cheval de Gros est un cheval épique, le coursier de la fable, Pégase. Vernet et Géricault ont ramené cette beauté idéale à une élégance plus exacte, mais sans se préoccuper suffisamment encore des conditions de la vie. Meissonier est le premier qui ait réussi à faire concourir au sentiment pittoresque l'intelligence scientifique de l'anatomie. Il n'ignorait pas que les anciens, les Assyriens notamment, connaissaient les mouvements du cheval. Mais il se flattait de les avoir retrouvés pour la première fois depuis eux. Les modernes, même les plus habiles, n'avaient fait, à son sens, que des chevaux de convention ; « et ces types arbitraires étaient si bien passés dans les mœurs de la peinture, le public y croyait de si bon cœur, qu'il lui avait fallu des années de lutte persévérante pour faire accepter la vérité ».

Il se tenait à l'affût de tous les travaux qui pouvaient contribuer à l'instruire. Jamais naturaliste, astronome ou physicien ne fut plus jaloux de ce qui s'imprimait dans les deux mondes. Dans l'été de 1879, un journal, la *Nature*, publia des mouvements de chevaux faits, disait-on, d'après des photographies obtenues en Amérique. On offrit à Meissonier plusieurs de ces modèles. A force de travail, il avait fini par se rendre exactement compte du pas du cheval, ce qui est, paraît-il, très délicat, et du trot, ce qui est plus facile. « Mais ce diable de galop, il avait beau l'observer avec toute l'attention dont il était capable, il n'arrivait pas à être satisfait ; il y avait même fourbu un cheval sans succès. Or voilà qu'un Américain avait trouvé ce secret ! » Sur ces entrefaites, vers l'automne de 1879, un marchand d'Amérique lui amène un certain M. Leland Stanford, ancien gouverneur de la Californie, qui lui demande de faire son portrait. Meissonier refuse. M. Stanford lui parle des photographies de mouvements de chevaux, en ajoutant qu'elles étaient faites par lui. Il y avait même dépensé cent mille dollars, racontait un ami qui l'accompagnait. Et encore celles qui étaient connues en Europe n'étaient-elles rien ; M. Stanford en possédait des centaines d'autres, bien autrement intéressantes : non seulement des mouvements de chevaux, mais des mouvements de bœufs, de cerfs, de chiens, d'hommes, combattant, luttant, faisant le saut périlleux, etc., etc. « Me voilà dans le ravissement ! Je n'avais plus affaire à un millionnaire, il était du bâtiment. Je lui promis son portrait. »

Mais, en cela comme en toute chose, les observations des autres, même saisies par l'appareil photographique, ne lui servaient que de contrôle. Elles ne le dispensaient point de l'étude personnelle. L'été, quand il habitait Poissy, il était un familier du champ de manœuvres de Saint-Germain. Parfois, lorsque lui apparaissait soudain un mouvement qu'il avait longtemps cherché, il revenait à franc étrier à son atelier pour le fixer sur sa toile, ou bien il empruntait la manchette de sa compagne et l'y dessinait à la volée. Mais comment surprendre dans sa mobilité fugitive tous les détails du travail des muscles ? Avec cette ingéniosité de moyens qui lui était naturelle, mais qu'avait développée l'intensité même de son esprit d'analyse, il organisa dans son parc de Poissy un petit chemin de fer longeant une piste ; et, assis sur un traîneau dont il précipitait ou modérait la marche à son gré, il suivait la course parallèle du cheval qu'un domestique montait. Ainsi était-il arrivé à décomposer et à noter « jusque dans leurs éclairs les allures les plus rapides et les plus complexes ». Ce que l'observation lui avait fait voir, la réflexion le complétait. D'un mouvement donné il tirait les conséquences. Être peintre, disait-il, c'est être habitué par métier à une logique rigoureuse, à trouver le comment et le pourquoi, à remonter des effets aux causes. La nature ne livre ses secrets qu'à ceux qui la serrent de près. Ce n'est pas assez de la regarder en l'admirant ; il faut la contraindre. « Je suis naïf, mais je suis en même temps comme une vrille qui perce les choses d'outre en outre. »

Tel Meissonnier se montrait dans l'*étude*, tel il restait dans l'exécution définitive, avec un besoin de vérité plus pressant encore. Il travaillait ayant ses croquis tout près de lui, à la portée du regard; mais le plus souvent il retournait directement au modèle, la

SAN GIORGIO — VENISE.
(Peinture.)

nature. Pour l'empêcher de consulter la nature, « il aurait fallu l'enfermer ». De cette première observation, traduite avec précision, qui aurait suffi à tant d'autres, il ne retenait en quelque sorte qu'une impression. Rarement il a pris un engagement sur une esquisse : il voulait s'appartenir. L'esprit préparé, mais libre, il recommençait sur de nouveaux frais. Et alors c'était véritablement une lutte qu'il engageait avec la nature, « son esclave favorite et nécessaire ». « Oui, mon esclave », répétait-il en appuyant sur le mot : « elle doit m'obéir; elle n'est pas une maîtresse ». C'était sa façon de traduire l'adage classique : *homo additus naturæ*.

Ainsi s'expliquent ses préférences pour les sujets qui mettaient sa pensée tout entière en action. Il eût été un délicieux paysagiste. Il a fait des vues exquises de Venise, d'Antibes, d'Évian,

OLIVIER DU PONTHEIL A ANTIBES.
(Aquarelle.)

de Poissy. Il goûtait profondément le charme pénétrant des bois et des eaux, les mystérieux silences de l'aube, ces heures divines où, dans une harmonie secrète, le ciel et la terre semblent s'unir de plus près et inviter l'homme à s'isoler des bruits du monde ; les splendeurs du soir le transportaient. « Ah ! la beauté du soleil couchant d'avril, avec ses tons rouges et le flamboiement du ciel sur lequel se détachent les toutes petites feuilles naissantes du chêne, comme des perles vertes !... Ah ! les éblouissements d'or de la forêt en octobre !... » Devant ces grands spectacles, ses yeux se mouillaient de larmes. « Quand il faudra partir, disait-il, après ceux que j'aime, ce que je regretterai le plus, ce sera non pas les villes, les musées, les œuvres de l'homme enfin, mais la nature du bon Dieu, les champs, les bois, les choses soi-disant inanimées qui, tant de fois, m'ont fait pleurer d'admiration. C'est si beau la lumière, c'est si beau la nature ! Admirer, c'est si bon, mon Dieu !... Heureux les paysagistes !... » Il sentait la nature en poète. Il en jouissait en peintre ; « car le peintre a de plus que le poète le plaisir de la pâte, les caresses du pinceau : c'est une sensation incomparable. »

PORTRAIT DE PAUL CHENAVARD.
(Musée de Lyon.)

Cependant ces vives sensations n'auraient pas indéfiniment soutenu son ardeur. Après avoir longtemps joui des aspects de la Suisse, il s'en était épris ; il ne voulait plus retourner aux lacs ni à la montagne. Ainsi des portraits. Ceux du docteur Lefèvre, de Chenavard, de Vanderbilt, du docteur Guyon, de Stanford, de Victor Lefranc, d'Alexandre Dumas, sont des chefs-d'œuvre. Meissonier estimait avec finesse qu'on ne peint bien que ceux qu'on connaît à fond ou qu'on aime ; et, confirmant la théorie par l'exemple, ses portraits sont tous, ou peu s'en faut — plus de quarante sur cinquante, — des œuvres d'amitié. Mais il croyait non moins judicieusement que si, après l'intimité de la pose comme après le commerce du voyage, deux amis, se connaissant mieux, doivent s'affectionner davantage, ils peuvent, par la même raison, se moins convenir et se brouiller. Dans un moment de détresse, il avait eu la pensée de se consacrer au portrait : il y fallait trop de sacrifice de soi-même ; ni son talent, ni son caractère n'aurait résisté à cette épreuve prolongée.

PORTRAIT DE VICTOR LEFRANC 1881.
(Appartenant à Mme veuve Victor Lefranc.)

Où il est vraiment à l'aise au contraire, c'est quand, après avoir longuement mûri un sujet — sujet de genre ou sujet d'histoire, — il attaque le tableau. Point de fond préparé d'avance. Point ou presque point d'esquisse ; il exécutait à même Point de contour : le relief tout de suite, par masse, comme le sculpteur ; il arrivait au contour par le modelé. Point de calcul d'aucune sorte, en un mot, de parti pris, de procédé : il obéissait à l'élan. « En face de la nature » — que de fois cette remarque revient sur ses lèvres sous les formes les plus diverses ! — « je suis comme un enfant, je ne sais rien d'avance, je la regarde, je l'écoute, elle m'enlève et me suggère comment je dois l'aborder et l'épouser. J'entame n'importe où... Je suis comme le chasseur qui tire sur ce qui s'enfuit ; je n'aime pas viser au branché.... Le crayon marche trop lentement à mon gré ; il me faut le pinceau qui fait sortir le point lumineux aussitôt.... Je peins comme le vent.... Un musicien emporté ne fait pas plus rapidement résonner ses touches. Je ne m'occupe que de l'intensité de l'expression. » On s'est demandé pourquoi la femme occupe si peu de place dans son œuvre ; il en a donné lui-même la raison : « Les tendresses du pinceau ne sont pas mon désir ni mon fait. »

Par un rare assemblage des qualités contraires, cette fougue n'avait d'égale que sa patience. Impétueux à l'attaque, il était lent dans l'achèvement. Il ne lui en coûtait pas de reconnaître qu'il n'était arrivé à cette rapidité de conception qu'après quarante ans de travail acharné ; bien plus, il s'en faisait gloire. S'il ne voulait point que l'effort parût dans l'œuvre la plus poussée, il ne concevait rien que l'effort n'eût consacré, rien qui ne méritât d'être bien fait. Il appliquait autrefois ce principe « même à cirer ses bottes », et nous avons vu qu'il excellait à ficeler les paquets. Il n'était rien, surtout, où, à son gré, l'on ne trouvât satisfaction à bien faire. Il disait au docteur Guyon : « J'entends parler de photographie ; mais, à en user, où serait le plaisir ? Il n'y a de choses réellement amusantes que celles qui donnent

Cheval de l'Empereur.
(Iéna 1806.)
Collection de Mme Meissonier.

énormément de mal. Ne seriez-vous pas bien ennuyé, en vérité, si, dans une opération délicate, votre instrument allait tout seul ? » « La peinture lâche est la peinture d'un lâche », écrivait Delacroix. « Le mieux est l'ennemi du bien est un dogme de paresseux », disait à son tour Meissonier. Il retouchait, il reprenait, il refondait. Le *1807* est resté quatorze ans sur le chevalet. Le soir, épuisé par le travail, il croyait avoir trouvé ce qu'il cherchait ; le lendemain, en rentrant dans son atelier, il effaçait tout. C'est ainsi qu'en travaillant vite, il n'avait pas l'air d'aller vite, parce qu'il recommençait éternellement. Ce qu'il avait tué d'hommes et de chevaux dans les *Dragons* pour arriver à la pose plus juste d'une jambe ou d'un bras ! « Il y a là deux ou trois tableaux l'un sur l'autre. » Il appelait certaines toiles ses « toiles de Pénélope ». Il avait l'à peu près en horreur. A cette exactitude impérieuse il était prêt à tout sacrifier, son repos, son plaisir, ses impatiences les plus légitimes. Au moment où les *Dragons* vont partir pour l'Exposition (1883), un doute lui vient : le numéro matricule qu'il leur a donné est-il juste ? Il suspend le transport jusqu'à ce qu'il ait vérifié et changé. Il avait été le premier à s'apercevoir que, dans le *Solferino*, le mouvement du cheval du premier plan, dont le cavalier regarde un cadavre, n'était pas absolument exact ; mais lorsqu'il l'avait fait, il ne « possédait » pas encore le cheval ! Une guêtre mal attachée offensait son regard. Il voulait qu'on pût passer le doigt dans ses brides. Cette touche impeccable désespérait les graveurs. « Mon cher confrère, lui écrivait Henriquel-Dupont, lorsqu'un graveur examine un tableau, il se demande d'abord ce qu'il pourrait supprimer : avec vous, je m'aperçois tout de suite qu'il est impossible de rien retrancher. »

Très attentif à la critique, Meissonier n'acceptait l'éloge que de lui-même. Il fallait qu'il fût content. Il ne livrait rien qu'il n'eût signé, et il ne signait point qu'il n'eût conduit jusqu'au degré d'achèvement dont il avait l'irrésistible sentiment. Ne se lassant, ne se rebutant de rien, « ayant des volontés féroces, acharnées, enragées », il faisait des journées de dix et douze heures, debout dans son atelier ou en plein air, l'été avec trente degrés de chaleur, les yeux brûlés par le soleil, l'hiver avec dix degrés de froid, les pieds dans la boue. « Je ne crois pas que jamais on puisse m'accuser d'avoir manqué de conscience », pouvait-il dire à bon droit. De tous les enseignements, celui-là n'est-il pas le plus utile et le plus beau?

CHEVAL AU TROT.
(Croquis à la plume.)

PRISONNIERS.
(Croquis à la plume.)

L'HOMME

IMAGE RELIGIEUSE.
(Jeunesse de Meissonier.)

« Plus j'approche de la fin de ma vie de travail, écrivait Meissonier à un ami, plus je me détache des choses qui n'ont pas pour objet la vérité ou le bien ; et si j'ai le souci de laisser le renom d'un peintre, j'ai bien plus encore celui de laisser le nom d'un homme. »

Cette préoccupation lui était familière. Les *Entretiens* en portent le témoignage à tous les âges et, pour ainsi dire, à tous les moments de sa vie. Il n'admettait pas que personne eût le droit de prendre l'existence en dilettante, de la passer comme en voyage, de refuser sa part de concours à la chose publique ; et il pouvait se rendre cette justice, qu'il n'avait jamais failli au devoir, dont il traçait si nettement la règle.

C'est à Poissy que s'est écoulée presque toute sa carrière. Il était comme prédestiné à l'habiter. Tout jeune, il l'avait traversé avec cent sous dans sa poche, un morceau de pain sous son bras, et sa boîte de couleurs à la main, pour aller, à Meulan, chez le sculpteur Marochetti; et, bien que le fumier fût alors en permanence dans les rues, l'aspect de la ville lui était resté comme un bon souvenir. Son père avait eu le dessein d'y acheter au bord de l'eau un terrain où il devait construire un entrepôt. Meissonier s'y établit lui-même en 1845, et il ne s'en détacha plus, même lorsqu'il eut son hôtel à Paris. Il avait acheté une maison qui faisait partie des dépendances de l'ancienne abbaye. Quand il entreprit de la rebâtir, il trouva sous le plancher de la chambre principale, dans une bouteille cachetée, un papier daté « du Monastère de Saint-Louis de Paris, 1679 ». Le moine n'était venu là, disait le papier, que « pour faire des réparations et rétablir le désordre, par ordre du Roy »; il priait ceux qui découvriraient le dépôt de faire dire des messes pour le repos de son âme.

Meissonier, qui n'avait pas manqué d'exécuter les intentions du moine, aimait le calme de cette retraite solitaire, et peu à peu, de cerisier en cerisier, de pré en pré, il en avait agrandi le domaine. Après son second mariage, il se transporta sur le quai, chez sa belle-mère, dans une maison bâtie, vingt ans auparavant, d'après ses plans, en face d'une perspective choisie: d'un côté, le pont avec le moulin de la Reine-Blanche et ses vieilles arches, sous lesquelles s'apercevaient la pointe des îles, les méandres de la Seine et les fonds de Médan; de l'autre, la libre campagne de Carrières, le grand ciel et l'horizon lumineux. La douce animation de ce paysage lui souriait (1). En 1882, le château des Carrières,

---

1. « Aujourd'hui vingt-cinq mai mil huit cent quatre-vingt-dix, me sentant bien faible... j'ai pensé à prendre mes dispositions.... Je désire être enterré dans le cimetière de Poissy, dans un terrain que celle que j'ai choisie pour être la compagne de mes derniers jours a acheté autrefois, au-dessous de la sépulture de son père Adolphe Bezanson. » (*Extrait du testament de Meissonier.*)

Champfleury, ayant été mis en vente, peu s'en fallut qu'il n'en devînt propriétaire : il le poussa jusqu'à cent soixante dix-huit mille francs ; c'était le prix auquel il avait arrêté ses prétentions : l'enchère le dépassa.

Il s'était aussi attaché à Poissy par le bien qu'il y faisait. « J'ai désiré être maire de ma commune, déclarait-il, et je l'ai été, parce que je croyais pouvoir rendre des services. » A trente-trois ans, la révolution de 1848 faillit l'engager dans la vie politique. Qu'avait-il à y gagner ? Il eût été bien embarrassé de le dire, comme il en a fait ultérieurement l'aveu. Mais il était, suivant l'expression du temps, un libéral. Tout jeune

TÊTE DE MOINE.
(Croquis à la plume.)

encore, et quand il gagnait sa vie au jour le jour, un éditeur royaliste lui avait proposé d'illustrer une *Histoire de la Vendée*. « Si j'avais vécu à ce moment-là, répondit-il, j'aurais combattu du côté des bleus : je ne saurais donc concevoir ou exprimer les choses dans votre sentiment ; je me tirerais bien peut-être de quelques épisodes comme celui du général Bonchamp faisant grâce aux prisonniers républicains ; mais pour le reste, non. » Plus tard on lui avait demandé, sans plus de succès, le dessin d'une médaille représentant Guizot à la tribune le jour où l'illustre chef du cabinet prononça le mot fameux : « Vos injures n'atteindront pas à la hauteur de mon dédain ». Il admirait le talent de l'orateur, il goûtait moins la politique de l'homme d'État. Il avait le sentiment de l'imminence d'une transformation sociale.

Il eût voulu sagement la préparer. C'était un lecteur du *National*, un client du Divan, où il retrouvait Chenavard, Hetzel, Francis Wey, Alfred de Musset, Armand Marrast.

Le lendemain du 24 Février, ses meilleurs amis, Dezé, Terrier, Marrast lui-même, le pressaient de se présenter à la députation. Il y était encouragé, presque poussé par Lamartine, qui le recommandait en ces termes : « homme de cœur, patriote dévoué, en même temps qu'artiste de génie ». Il se décida. C'est la seule candidature qu'il ait faite. Son concurrent, qui l'emporta, était un notaire de Poissy, M. Bezanson, son ami, le père de celle qu'il devait épouser en secondes noces.

Deux questions semblent alors l'avoir préoccupé entre toutes : l'entretien des cultes et la réforme de l'instruction publique. Nous avons vu la réserve qu'il professait dans les discussions métaphysiques ; sa politique religieuse était plus hardie, en principe au moins, et les idées qu'il exprimait sur ce point, en 1848, ne paraissent pas s'être modifiées dans la suite de sa vie. Il envisageait donc la question des cultes « à deux points de vue, le point de vue absolu et le point de vue pratique ». Il disait : « Au point de vue absolu, si l'on ne tient compte ni du temps ni du pays où nous vivons, si l'on fait abstraction des mœurs, des habitudes, des droits acquis, mon avis est que chaque citoyen doit payer son culte, et que le seul rôle de l'État doit être de concilier, par une surveillance protectrice de tous les droits, la liberté individuelle avec l'intérêt social. Mais si l'on considère que, par une tradition séculaire, le peuple est habitué à classer la pratique du culte au nombre des fonctions publiques, si l'on songe à ces quarante mille prêtres qui seraient brusquement privés des ressources que la société leur a garanties, on comprend la nécessité d'une transaction. J'accepte donc comme but la mise à exécution de cette maxime : que chacun paye son culte ; mais je crois qu'on ne doit arriver à ce but que par étapes bien ménagées. Sans vouloir rien préciser à cet égard, j'indiquerais un procédé souvent appliqué à des cas analogues, celui qui consiste à rayer du budget les traitements au fur et à mesure que la fonction se trouve supprimée par la mort ou par la retraite de ceux qui la remplissent. Mais cela même pourra paraître trop dur et j'admets très bien qu'on cherche encore d'autres ménagements.... »

En matière d'instruction publique, il se montrait plus radical. Ce n'est à rien moins qu'à une réforme de fond immédiate qu'il concluait (16 mai 1848) : « On m'a parlé de l'Université. Je croyais qu'elle était morte. Si elle ne l'est pas, elle est bien malade. C'était une assez pédante personne ; c'était surtout une aristocrate, abandonnant les enfants du peuple aux mains de quelques grossiers instituteurs, qu'elle ne payait que de dédains. Elle concentrait ses soins sur trois ou quatre cent mille privilégiés, mis au régime luxueux du grec et du latin. Étrangère à cette grande pensée de 1790, qui a proclamé les droits de tous à une éducation nationale, elle considérait comme contrebande tout système libéral et économique qui tendait à élargir le cercle restreint où elle s'enfermait. De là cet examen du baccalauréat et ce certificat d'études universitaires, qu'elle plaçait comme une ligne de douane à l'entrée des carrières publiques. Mais la révolution de Février a changé tout cela. Aujourd'hui c'est la nation entière qui appelle tous ses enfants à jouir des bienfaits de l'éducation, qui efface toutes les vaines distinctions écrites dans nos lois et qui les remplace par un vaste système d'égalité. Je voudrais pouvoir vous dérouler ce système tel que je le comprends ; je vous montrerais l'État plaçant dans chaque commune, à côté du maire, un instituteur donnant à tous les enfants une éducation élémentaire. A l'âge de douze ans, les enfants, ainsi préparés, seraient réunis au chef-lieu d'arrondissement, dans une grande école, où des maîtres bien choisis s'occuperaient, par un complément d'éducation générale, de leur développement physique, moral et intellectuel.... » Si le jugement sur l'Université est sévère, on ne peut méconnaître qu'il n'est pas dénué de justesse. Ajoutons que le plan qu'esquissait Meissonier ne manquait pas non plus, pour le temps, ni de portée ni d'ampleur, et qu'il s'inspirait d'un sentiment démocratique éclairé.

o o o

« Comme un homme qui ne peut rester en place lorsque dans son pays s'accomplissent de grandes choses », dès l'ouverture de la guerre d'Allemagne, Meissonier se rendit à Metz. L'état-major l'accueillit presque en avant-courrier de la victoire. Quelques jours étaient à peine écoulés qu'il jugeait la situation désespérée. Le lendemain de Forbach et de Wissembourg, il écrivait (1) (8 août 1870) :

« Ah ! quels jours cruels, quelle angoisse ! Qu'allons-nous devenir, mon Dieu ! Cette lettre est peut-être la dernière qui pourra vous parvenir ; demain sans doute nos communications avec Paris seront coupées, et nous serons enfermés dans Metz. Pauvre France, pauvre et chère patrie ! Avoir dans ses mains une armée si belle, si fière et si courageuse, à laquelle, bien conduite, rien n'aurait su résister, et la laisser massacrer par petites portions ! Nous étouffons tous ici ; rien ne saurait dépeindre notre rage et notre désespoir. Quand les minutes sont tout, rester dans l'irrésolution, pour parer à un échec en préparer un autre, faire couler sans profit et sans gloire le sang le plus pur et le meilleur de notre cher pays ! La liste des morts est si longue qu'on n'ose la faire connaître. Des régiments s'avancent et ne reviennent pas. Ah ! c'est une vraie science que la guerre ; et, quand, pendant de longues années, on a laissé son ennemi l'acquérir et qu'on l'a soi-même oubliée ou tenue en mépris, il faut rester philosophe et ne pas se lancer, ignorant que l'on est, dans de si terribles hasards... Ah oui ! je m'en souviendrai longtemps de ces jours de Metz et de ceux qui malheureusement vont

1. La lettre est adressée à Mlle E. Bezanson.

suivre ; car je ne vois pas que nous puissions sortir d'ici. Je voulais monter à cheval, gagner Verdun et Reims ou Soissons ; on me dit que c'est imprudent et que, bien sûr, déjà, ils ont des coureurs sur la route. Notre désastre est grand et paraît complet, à moins d'un miracle. Vous pensez bien que je n'ai rien fait, rien, absolument rien ; je ne peux même écrire, et c'est, même pour vous, un effort suprême que je fais. Adieu dans l'avenir les tableaux militaires. Ces pauvres dévoués sont cependant sublimes et mériteraient qu'un homme consacrât à les peindre son talent, si grand qu'il soit ; mais maintenant ce reflet de triomphe qui les illuminait n'y sera plus ! Dieu, que je souffre ! Et quelle joie doivent avoir ces sauvages ! Ah ! l'éternelle histoire des barbares qui ont un but, qui veulent à tout prix acquérir, et des raffinés qui ne désirent plus rien que de vivre en paix et de jouir de ce qu'ils ont.... Allons, n'en parlons plus.... Pardonnez-moi cette lettre si pleine de douleurs, je dirai presque de larmes ; mais je suis sûr que vous sentez les choses aussi nettement que moi. Demandez un miracle. J'entre quelquefois dans l'église et je prie bien avec ferveur.... Enfin je ferai peut-être demain un effort pour partir. Peut-être partirons-nous tous ; car, à chaque minute, on prend une résolution nouvelle. Ce matin on devait partir pour Châlons, ce qui, au dire de quelques-uns, était funeste. On a décidé de rester ; mais, ce soir, on changera peut-être encore d'avis.... Ah ! celui qui, par son incapacité, nous a mis dans ce désastre !... »

N'étant plus qu'une bouche inutile et pressé par tous les officiers de rentrer à Paris, où il pourrait servir à quelque chose, il prit le chemin du retour.

Parti, au point du jour, du ban Saint-Martin — où il avait trouvé un asile, chez de braves gens, — il portait un costume bizarre, de larges bottes militaires, une espèce de veste en étoffe grise, son manteau en sautoir, sa croix de commandeur au cou, et pas de bagages. Dans cet accoutrement, il est obligé à chaque étape de se faire reconnaître, en montrant le papier dont il s'est muni et qui le charge d'une mission. A Gravelotte, à Conflans, dans tous les villages qu'il traverse, on s'amasse autour de lui, on le menace du regard : il entend murmurer le mot d'espion. Il faut que les gendarmes, qui ont d'abord failli l'arrêter, le protègent. Les servantes des auberges où il est obligé de s'arrêter pour faire reposer son cheval, s'enfuient dès qu'elles lui ont servi ce qu'il demande. En d'autres temps, cette défiance l'eût humilié, exaspéré, mais il ne sent que sa douleur. Il a toujours Metz dans les yeux et dans l'âme. Et comme si ce n'était pas assez de ces amertumes profondes, les souvenirs de la campagne d'Italie lui reviennent à l'esprit. Il revoit les rues des villes et des villages pavoisées, les fenêtres tendues de tapisseries multicolores, le petit presbytère de Castiglione, où il était logé, rayonnant de lumière et de joie, le vieux prêtre souriant qui lui avait offert une tasse de café avant le départ, le bouquet d'œillets blancs et de verveine que la nièce avait accroché à sa boutonnière, tous ces hommages, petits et grands, rendus au vainqueur. A Verdun, il trouve, heureusement, un ancien camarade d'études avec lequel il s'était lié chez les Ferriot et un colonel de la garde dont le régiment avait tenu garnison à Saint-Germain. Pour gagner Châlons, il se jette dans un train de bestiaux, au fond d'un wagon, comme un sac, sur une botte de paille, étourdi par le désordre, par la mêlée confuse et vociférante des conscrits. Et quel étonnement de retrouver Paris si calme, alors qu'à moins de cinquante lieues tout respirait déjà le tumulte de l'invasion !...

Le jour même où il rentrait à Poissy, il apprenait la défaite de Borny et, deux jours après, la bataille de Gravelotte.

Il a toujours regretté de n'avoir pas tenu un journal du siège de Paris. Il avait eu d'abord l'intention de faire, à Poissy même, son devoir de citoyen. Il alla trouver Trochu. « Mon général, voici la position de Poissy : une maison centrale, et plus un seul soldat : donnez-moi la garde nationale et je réponds de tout. » Mais, contrôle fait, pas un fusil sérieux ne se trouvait dans là ville ; rien d'organisé ni d'organisable pour la défense. A l'approche de l'ennemi, il revoit Trochu. « Je ne peux plus rester là ; je le peux d'autant moins que les officiers prussiens voudront peut-être avoir des égards pour moi. Je suis libre, ma famille est en sûreté ; envoyez-moi l'ordre de quitter ce commandement où je n'ai rien à faire ; obligez-moi à rentrer à Paris. » Il n'avait pas alors de domicile à Paris. Il s'installa rue Saint-Georges, dans une chambre qu'on lui prêta.

Attaché comme lieutenant-colonel à l'état-major de la place, son rôle consistait surtout à inspecter les avant-postes et à y conduire les troupes. Un jour, vers la fin de décembre, il avait été envoyé à Arcueil-Cachan. « Ce jour-là, disent les *Entretiens*, j'ai vraiment vu pleuvoir la mort. Pendant un kilomètre, sur un terrain glissant de verglas, j'ai dû gagner seul la maison de Raspail ; j'avais laissé mon ordonnance à l'abri. Les obus labouraient le sol, le sifflement sinistre ne cessait pas. J'avançais lentement, mais sans hésiter. Quand j'arrivai, on me dit : « Colonel, depuis le bom-
« bardement, cet endroit est interdit ; il y a de ce côté un
« chemin couvert qu'on vous indiquera au retour. » Duval, un homme résolu, intelligent, dévoyé plus tard par la Commune, comme tant d'autres, et qui est mort, très crânement, fusillé, commandait le poste. Il prit mal la visite tout d'abord ; mais, aussitôt mon nom prononcé, il m'offrit le peu de liqueur qu'il eût, et me donna tous les renseignements que je devais rapporter. »

Meissonier était de ceux qui voulaient la lutte à outrance. Oubliant les périls qui pouvaient se produire à l'intérieur de Paris, il regrettait qu'on ne se servît pas davantage de la garde nationale. « Vous prenez un homme aux champs, allait-il répétant dans les bureaux de l'état-major, vous le façonnez en six mois, d'après vos déclarations, et vous n'avez pas confiance dans une élite qui est prête à aller jusqu'au bout ! » Lorsqu'il voit approcher le dénouement, il ne peut retenir un cri d'épouvante (dimanche 22 janvier 1871). Jusqu'à ce jour, croyant voir une lueur au fond du souterrain, il a marché. Si le soir, en se mettant à genoux, il priait Dieu de protéger ceux qu'il aime, à peine, dans le jour, recherchait-il leur pensée, dans la crainte de faiblir. « Aujourd'hui cette faible lueur a disparu : tout est noir. Le moment vient où nous allons être à la merci de ces sauvages !... » La mort de Henri Regnault, à Buzenval, l'atterra.

Il n'a jamais pardonné à l'Allemagne sa victoire et la façon dont elle en usa. Il l'avait jadis beaucoup étudiée, beaucoup aimée, dans Albert Dürer, Holbein, Goethe. Il conservait le souvenir d'une charmante apparition de la *Marguerite*, à Carlsbad, dont il était venu, seul, en voiturin, prendre les eaux : « la fille de la maison où il était descendu, une jeune fille aux tresses blondes, qui s'en allait, pieds nus, simple et délicieuse, chercher de l'eau à la fontaine ». — Toutes ces aimables images s'étaient évanouies derrière les Vosges, devenues limite de la France. Il ne voyait plus que « l'horreur de Saint-Cloud noirci, effondré, béant ». En aucune circonstance, depuis 1871, il ne consentit à recevoir Menzel et les autres peintres d'outre-Rhin. Heilbuth lui-même ne repassa le seuil de sa maison qu'après qu'il se fut fait naturaliser Français. Nommé à Vienne, à l'Exposition de 1873, vice-président du jury international, il demanda à ses confrères « de l'autoriser, à titre officiel et au nom de la France, à faire le sacrifice de serrer la main aux Allemands, comme aux autres membres du jury ». Quelques années après, la croix du Mérite de Prusse lui fut offerte : il la refusa. Ç'avait été une souffrance pour lui de savoir son tableau d'*Antibes* — celui où il est à cheval avec son fils sur la route — exposé à Munich. Quand, en 1881, Vanderbilt lui rapporta les *Renseignements*, rachetés à Berlin, il se jeta dans ses bras avec l'effusion d'un soulagement profond.

Cependant l'histoire lui avait appris que le monde ne change pas au gré d'une victoire; il savait que les exemples ne manquaient point de peuples, ayant perdu l'hégémonie, qui l'avaient retrouvée, parce qu'ils valaient par eux-mêmes. « Je prie Dieu souvent, disait-il, qu'il ne considère pas ce pays comme l'arbre de l'Évangile, qui, ne donnant pas de bons fruits, sera coupé et jeté au feu ; je le prie plus ardemment encore qu'il suscite en chacun de nous la force du salut. » Bien qu'il crût à l'action utile des grands hommes, il n'aimait pas les hommes sauveurs. Il professait pour M. Thiers une admiration très vive ; il était fier d'avoir été choisi, deux jours avant sa mort, pour faire son portrait : mais, en 1872, il se montrait presque aussi effrayé que rassuré de voir la France s'en remettre de sa destinée à ce vieillard de soixante-quinze ans. C'est de l'effort de tous qu'il attendait la fondation de tous. « Remettons-nous au travail, s'écriait-il en un mâle langage sur la tombe de Regnault ; le temps presse : nous n'avons pas une éternité pour nous refaire ! » Il considérait que le régime républicain devait s'établir sur une aristocratie intellectuelle, sortie de tous les rangs de la société, indépendante et respectée, qui pût se consacrer à le servir. « On parle beaucoup de la chose publique, remarquait-il non sans profondeur, et chacun ne pense qu'à soi. Tel aspire aux fonctions de conseiller municipal, qui gémit chaque jour de les exercer et qui regarde comme une perte de son temps ce qu'il en dépense pour tous. » Il remontait jusqu'aux sources hautes de l'esprit de dévoûment. « Autrefois on savait mourir ; aujourd'hui la vie humaine est devenue chose sacrée, et c'est ce sentiment qui engendre toutes les lâchetés. »

Pour lui, il était prêt à donner l'exemple. En 1880, on lui proposa un siège au Sénat. « Si vous me l'apportez, répondit-il, je le prendrai. Je n'ai jamais cru qu'un artiste dût se désintéresser de son pays. Tout ce qui touche la France me passionne. » Sur plus d'une question, il avait ses réflexions faites. En matière d'art, il eût aimé à défendre, à la tribune, le principe de la propriété artistique, comme il l'avait défendu dans la commission extraparlementaire chargée de l'examiner. Mais c'est à la politique générale qu'il eût entendu surtout apporter son concours.

« On est habitué à considérer les artistes comme impropres aux affaires : si l'on voulait réfléchir à ce qu'il faut de logique et de science pour faire un bon tableau ! » Il s'intéressait aux détails de l'organisation militaire et n'était pas sans inquiétude sur le système de la nation armée ; il le croyait moins efficace pour la protection du pays que celui d'une troupe aguerrie ; mais, l'armée territoriale une fois créée, il demanda, malgré son âge, à y prendre sa place. Sous le coup de l'action exercée par les Anglais en Égypte, il s'écriait : « Quel regret de n'avoir plus Gambetta, son patriotisme et sa volonté ! La France pouvait jouer un rôle admirable. Si notre flotte, après le bombardement d'Alexandrie, se fût rapprochée, nous descendions avec les Anglais et nous descendions en libérateurs. Où les événements vont-ils maintenant nous reléguer ? » Il n'était pas loin de considérer la perte de l'Égypte comme aussi grave pour notre influence dans le monde que la mutilation de l'Alsace-Lorraine.

La situation intérieure de la France n'était pas pour lui l'objet d'un moindre souci. Il ne manquait pas une occasion de prêcher l'esprit de concorde. A la veille des élections de 1887, sans avoir aucune prétention personnelle, il s'était fait ce programme qu'il recommandait par écrit ou de vive voix autour de lui : « En ce moment décisif, il faut regarder les choses de haut et faire taire tout esprit de secte ou de coterie. Notre honneur est d'affirmer, devant le pays qui nous écoute, l'amour d'une République généreuse, libérale, éclairée, étendant ses bras protecteurs à droite comme à gauche, couvrant d'un égal appui tous ceux qui la respectent et veulent loyalement la servir. Il faut que la logique des faits, bien comprise, entraîne la nation entière dans une seule volonté, celle de fonder cette République conservatrice, amie de toutes les libertés, jalouse de tous les progrès, plaçant les devoirs au-dessus des droits, repoussant le fanatisme, d'où qu'il vienne, et cette intolérance enragée qui, sous le nom de libre pensée, prétend enchaîner la pensée, garantissant la liberté de conscience, qui seule assure la dignité de l'homme, et ne patronnant aucune forme particulière de culte, mais n'admettant pas que l'État, sous le prétexte qu'il n'a pas de religion, empêche ceux qui le veulent d'en avoir une. Plus de défiance, plus de haine. L'heure est venue d'appeler des quatre coins de l'horizon les hommes de bien, les hommes sincères. »

Il n'a été ni sénateur, ni député. En dehors de toute idée de devoir, il ne lui aurait pas déplu de l'être. Il n'était pas indifférent aux distinctions, aux honneurs, aux grandes charges. Au temps de Michel-Ange et de Rubens, n'est-ce pas à eux que l'on confiait la défense et la représentation officielle de la patrie? Il lui eût semblé tout naturel d'être appelé à quelque haute mission. Il aurait eu du goût à la remplir et il l'eût remplie, à la façon des Médicis, fastueusement.

Mais ce qui témoigne de la sincérité de son zèle pour le bien public, c'est qu'il ne se prêtait pas avec moins d'empressement aux offices les plus modestes. Maire de Poissy, il ne dédaignait aucune des obligations de sa charge. Il discutait avec les agents des ponts et chaussées les questions d'alignement, visitait les écoles, prenait part aux examens du certificat d'études primaires. Il avait sa façon d'entendre l'enseignement de l'histoire et non la moins judicieuse. « On bourre les enfants de faits sans signification ; ils répondent sans broncher à la chronologie que j'ignore, les dates leur partent des lèvres comme par ressort; le fils de mon jardinier en sait plus long que moi : quant à l'impression des choses, à la morale des événements, bonsoir, plus rien : ils n'ont pas vu. Quel essor on pourrait donner aux intelligences en les faisant voir! Il n'y a pas de commune de France qui n'ait son souvenir héroïque intéressant à peindre et propre à citer en exemple. » Il demandait également que l'enseignement de la morale, fondé sur la notion de Dieu, eût un caractère essentiellement pratique et à la portée des consciences naissantes. Il était naturel qu'il considérât le dessin comme une des bases de l'instruction primaire : il y trouvait à la fois les éléments d'une langue commune aux intérêts des classes ouvrières et la matière d'une jouissance accessible à tous. Quand on construisit les écoles de Poissy, il en surveilla les plans.

Il croyait nécessaire « que les enfants eussent toujours, aussi bien dans l'ordre physique que dans l'ordre moral, l'aspect de l'équilibre et de la régularité, que les classes et les préaux offrissent à leur regard un ensemble de lignes pures et d'angles réguliers ».

Comme les enfants, les humbles l'attachaient. A Antibes, il apprend que la vieille mère Lucrèce, dont il faisait le portrait, est dans une misère profonde, et il lui constitue, séance tenante, une petite pension, qu'il lui a payée jusqu'à sa mort. A Poissy, un dimanche, on vendait sur saisie judiciaire le fond d'un vieux maréchal ferrant : il passe, s'enquiert, achète, rétablit le pauvre homme dans sa maréchalerie et, afin de le remettre à flot plus sûrement, il lui assure son loyer pour une année. Ces traits de bienfaisance obscure et de générosité de prime saut ne sont pas rares dans la vie de Meissonier. On le trouvait toujours prêt à payer de son crayon ou de son pinceau pour une œuvre de charité. Plus d'une fois, dans sa vieillesse, il forma le vœu d'acheter une ferme, bien loin, en pleine campagne, et de s'y retirer une partie de l'année. « On s'intéresserait aux pauvres gens, on causerait avec eux de leurs affaires, le soir, après la journée faite ; on les aimerait, on en serait aimé. »

o o o

Meissonier portait-il dans ses rapports avec ses confrères et ses égaux la même aménité d'abnégation, le même don de soi-même ? Ce que les *Entretiens* nous apprennent à ce sujet n'est pas ce qu'ils offrent psychologiquement de moins curieux. Meissonier s'est toujours ressenti de n'avoir passé par aucune école, de n'avoir fait partie d'aucun groupe ; toujours aussi, il a conservé ce fond de réserve ombrageuse, propre à ceux pour qui la vie, au début, a eu certaines inclémences. La moindre difficulté lui rappelait ses difficultés d'autrefois ; le moindre échec, tous ses échecs. Il ne s'aigrissait pas, il avait pour cela l'âme trop saine et trop haute, mais il se réfugiait en lui-même et se raidissait.

Il n'a jamais fréquenté les salons ; il n'en cherchait pas les succès ; il n'en avait pas l'esprit. Très pénétré du sentiment de sa valeur, il n'aimait point qu'on parût la méconnaître. S'il ne se fâchait pas qu'on lui tînt tête, pourvu que sous la résistance le respect se laissât voir, il avait, devant ce qu'il considérait comme une injustice ou une offense, des agressions de timide, les plus terribles des agressions. Ce qui n'eût été pour les autres qu'un manque d'égards, un oubli, devenait pour lui une blessure. Qu'après le succès de l'exposition de son cinquantenaire, personne, pas un ami, n'eût conçu la pensée de provoquer un banquet en son honneur, lui fut un vrai chagrin. Mais autant cette humeur vive et prompte s'échappait parfois en sorties violentes, en dédains blessants,

PORTRAIT DE MEISSONIER ; 1874.

autant les retours étaient d'une sincérité charmante. Alexandre Dumas, qui l'a pratiqué si longtemps, en a cité de touchants exemples. Chenavard, qui l'a connu toute sa vie, me disait qu'il était plus que qui que ce soit doux au conseil, même au reproche. Meissonier, qui savait bien « qu'on le faisait passer pour féroce », demandait seulement qu' « on le regardât de plus près sous cette peau de lion ».

C'est dans les heures apaisées que les *Entretiens* nous le montrent. Très dévoué, très fidèle à ses affections, il avait sur l'amitié des idées d'une délicatesse et d'une élévation que ni Cicéron ni Montaigne n'auraient désavouées. « J'aime assez mes amis pour désirer ne les voir faillir en rien. Je crois que je les aime même au point de désirer d'en être jaloux. Quand mon cher Terrien, dont le souvenir me revient si souvent, m'entretenait de tant de choses que j'ignorais. je n'étais pas jaloux de son savoir; mais quand il me parlait de ces questions qui touchent à l'âme, qui sont la science de la vie, que nous devrions tous comprendre de même et qu'il comprenait mieux que moi,

COSTUME DESSINÉ PAR MEISSONIER POUR L' « AVENTURIÈRE ».
(Collection d'Émile Augier.)

j'étais jaloux de lui, je lui en voulais de cette supériorité et je l'en aimais davantage. » Il avait remarqué finement que, « dans cet innombrable monde, ceux qui ont une fois contracté le vrai lien finissent toujours par se rapprocher : la vie disperse, mais les circonstances ramènent les unes aux autres, souvent, de bien loin les âmes nées sous un astre commun ».

Ce sont les mêmes noms qui lui reviennent sans cesse aux lèvres: Terrien, Dezé, Lireux, Boissard, John Lemoinne, Ponsard, Émile Augier. Terrien était sa conscience. Il avait toute sorte d'affinités morales avec Ponsard, « l'enfant chéri du malheur ». Il a vécu fraternellement, sous le même toit, dans la même chambre, avec Augier, « l'enfant chéri du bonheur »; il a presque collaboré à l'Aventurière, dont les costumes sont de sa main. La mort d'Augier fut un des deuils profonds de sa vieillesse. « Si vous saviez ce que j'éprouvais aujourd'hui en remontant les chemins de la Celle-

Saint-Cloud derrière son cercueil ! (27 octobre 1889.) Que de jours de jeunesse me remontaient au cœur !... Que de fois j'avais gravi ces sentiers avec joie, hâtant le pas de mon cheval pour arriver plus tôt rire avec lui ! Ah ! quel orgueil c'est pour moi de me souvenir ! Quand on le rencontrait : « Comment va Meisso-« nier ? » lui disait-on. De même qu'on me disait à moi : « Comment va « Émile ? »... C'était un homme si bon, si respecté de tous. Sa vie était faite d'honneur ; j'aime à sentir qu'il m'aimait profondément; je l'aimais bien. » Je me trouvais moi-même auprès de lui dans le petit cimetière de la Celle. Après que j'eus prononcé les paroles d'adieu au nom de l'Académie française, que je représentais, il vint à moi les larmes aux yeux et faillit éclater. Il n'aimait pas médiocrement ceux qu'il aimait.

COSTUME DESSINÉ PAR MEISSONIER POUR L'« AVENTURIÈRE »
(Collection d'Émile Augier.)

On juge plus sûrement un homme sur ce qu'il dit des autres, a écrit un moraliste, que sur ce que les autres disent de lui. Meissonier mérite, à ce titre, que les témoignages qu'il rend çà et là à ses contemporains soient recueillis. Bien qu'il ne se rattachât pas aux maîtres de la Restauration, il savait les apprécier. Le *Génie de la Guerre* de Rude « lui mettait la rage au cœur ». « C'avait été aussi un fier homme que le professeur Gros !

s'écriait-il devant les *Pestiférés de Jaffa*. Je crois que l'on ne peut rien rêver de plus heureux, comme mise en scène, comme ordonnance, que ce tableau-là. Quel geste que celui de l'Empereur, et la main est si belle ! Quand on pense que ces hommes-là servaient d'étalons dans les expositions ! » S'il estimait généralement que Paul Delaroche avait été porté trop haut, s'il critiquait surtout sa manière anecdotique et superficielle de comprendre l'histoire, il admirait sans réserve la *Mort du duc de Guise* et le puissant équilibre du tableau où le cadavre, couché de son long au pied du lit, fait à lui seul pendant à la troupe des conjurés qui se retirent. On ne sera pas surpris qu'il fût moins tendre pour Ingres. Pour peu qu'il lâchât la bride à sa passion, elle l'égarait : « Monsieur Ingres ! Quand donc, ô mon Dieu, en serons-nous délivrés ! » (1874.) Et le reste. Il prenait avec Delacroix sa revanche d'admiration. Il parlait de lui, vivant, comme on en devait parler après sa mort. Il déclarait qu'il ne connaissait pas de plus belle décoration que les plafonds de la bibliothèque de la Chambre des députés et ceux du Sénat. Pour la galerie d'Apollon, aucune expression n'égalait sa pensée. « Quelle admirable symphonie ! Tout le monde, en passant, devrait mettre chapeau bas. Pour moi, je n'y manque jamais. Je ne connais rien de pareil à cette personnification de la force brutale, stupide. Dans l'énorme monstre frappé par la lance, comme on sent que cette patte monstrueuse écraserait tout ! Quel rêve de génie que ces grands lointains qui font naître les rêves ! »

Très jaloux de l'honneur de l'Institut, il en défendait l'esprit ouvert et libéral. S'il louait l'État d'avoir rompu avec la tradition routinière en faisant à Delacroix des commandes pour le musée de Versailles, il pensait qu'une part du mérite de cette importante nouveauté revenait à l'Académie des Beaux-Arts, qui l'avait inspirée et soutenue. « Quand, il y a vingt-neuf ans, écrivait-il en 1890, j'avais l'honneur d'entrer dans la section de peinture, la majorité, en admettant dans son sein un peintre de genre qui n'avait que de petits bonshommes à son actif, rompait bien aussi avec la routine ; et depuis a-t-elle montré un goût si exclusif en appelant MM. Gérôme, Breton, Delaunay, Gaston Moreau, Henner ? »

Il avait l'œil sur l'avenir. Était-ce toujours avec confiance et sans regret du passé ? Il se demande parfois quelle pente nous entraîne. « Où allons-nous, mon Dieu ! Tout descend d'année en année. Les grands morts disparaissent de plus en plus dans l'horizon ; leur gloire s'enfonce au loin : ils n'ont pas de successeurs. L'intelligence, l'âme n'a rien à voir avec le commerce qu'on appelle aujourd'hui la peinture. Et les bourgeois achètent, et les peintres pullulent ! C'est une lapinière d'œuvres sans nom, éphémères comme leurs auteurs ! » La tristesse lui monte au cœur en face de cette génération, « sincère dans ses démolitions, mais impuissante à rendre même son terre à terre, abaissant tout, coupant la fleur divine et la foulant aux pieds ». Les expositions annuelles lui paraissaient peu favorables à l'éclosion du talent ; il aurait voulu qu'elles devinssent triennales. Mais si, dans ses épanchements familiers, des cris d'inquiétude lui échappent, il ne désespérait pas. Les théories soi-disant modernes du plein air ne le troublaient point ; il en ennoblissait les origines. « N'est-ce pas la supériorité de l'art des Grecs, disait-il à propos de la statuaire, qu'ils n'ont pas connu les jours préparés, et que chez eux tout se passe à la lumière, que tout est fait pour le jour libre ? » « Du plein air ! dira-t-il ailleurs. Quelle nouveauté ! J'en ai fait le premier. Dès 1843, à Saint-Ismier, je travaillais au soleil. » Je ne crois pas que rien ait égalé pour lui l'honneur de représenter l'art français devant le monde, en 1889, comme président du jury de l'Exposition universelle, et l'on sait comme il prit à cœur sa fonction.

Il a vu s'éteindre presque sous ses yeux, en pleine jeunesse, deux de ceux qui promettaient à l'avenir les plus vigoureux rejetons. On sait quel pénétrant hommage il rendit à Henri Regnault. Il avait rencontré à Antibes Carpeaux dévoré par le mal qui allait l'emporter. « Quel spectacle navrant, écrivait-il, que celui de ce

pauvre homme mourant tout seul, loin de sa femme et de ses enfants, n'ayant auprès de lui qu'un vieux praticien infirme ! Je l'ai vu hier encore; il était étendu sur les galets, au bord de la mer; je lui ai fait, en causant une heure avec lui, un bien grand plaisir, en me faisant à moi-même une bien grande peine. »
D'autres, heureusement, ne lui étaient pas moins chers, qu'il a suivis de plus près encore, et qui remplissaient ses espérances, Detaille, Tissot. Il aimait le tableau des *Ruines de la Cour des comptes* : « Deux malheureux, presque idiots de douleur et de misère, sont là, l'homme et la femme : l'invisible Christ s'est approché d'eux; il est radieusement couvert d'une chape d'or; mais il l'entr'ouvre devant les misérables pour les consoler, les encourager à souffrir, et il leur montre son corps ensanglanté de divin martyr. Tissot a de nobles rêves. C'est un épris d'idéal. »
Il a chéri Gemito entre tous peut-être. Il lui plaisait de voir « cette bonne nature amoureuse de l'art et de tout ce qui est grand, d'une gaieté si naïve, si confiante en elle-même, parce qu'elle ne comprenait pas le mal et ne voulait pas l'accepter ». Il se retrouvait en lui, avec son inexpérience et ses enthousiasmes de vingt ans. Mais Gemito s'endormait dans la paresse de sa rêverie. Meissonier le rappelait à lui-même, l'excitait. Rien ne fait mieux connaître le cœur comme l'esprit du maître que la lettre qu'il lui adressait quelque temps après son départ pour l'Italie.

« Mon cher Gemito,

« Vous aimant comme si vous étiez mon fils, laissez-moi vous dire que je suis un peu inquiet.... Êtes-vous sûr d'avoir bien fait tous les efforts qu'on attendait de vous ? Vous êtes-vous bien dit : J'ai rencontré des gens qui m'ont regardé comme un véritable artiste, dévoué à son art par-dessus tout, prêt à lui tout sacrifier, qui m'ont encouragé, aidé : je n'ai pas le droit de manquer à cette confiance ?... Un grand malheur vous est arrivé. (Gemito avait perdu une jeune femme qu'il aimait.) J'ai bien compris la douleur

PORTRAIT DE GEMITO FAISANT LA STATUETTE DE MEISSONIER DANS SON ATELIER DE PARIS.
(Appartient à Mme Gemito.)

dans laquelle il a dû vous plonger. Mais vous êtes jeune, vous êtes un artiste, et ceux-là seuls sont dignes de ce nom, qui, le cœur brisé et saignant, trouvent dans leur art une consolation, dans leur douleur une épuration, et, le dirai-je? une occasion de grandir..... »

CROQUIS A LA PLUME.

LE CHIEN MARCO, AQUARELLE (1890).
(Dernière aquarelle de Meissonier.)

LES DERNIÈRES ANNÉES

CROQUIS A LA PLUME.

Les dernières années de Meissonier furent illuminées par de grandes joies et assombries par de grandes tristesses.

Ses œuvres n'avaient plus de prix. Attendues par les amateurs des deux mondes, acquises avant d'être achevées, chaque fois qu'une circonstance en faisait sortir une des mains de celui qui l'avait possédée le premier, elle trouvait des enchérisseurs dans des conditions que n'avait connues jusque-là aucun artiste. « Quelle histoire que celle de mes *Cuirassiers* ! racontait-il (1880). Achetés d'abord deux cent cinquante mille francs, puis vendus à Bruxelles deux cent soixante-quinze mille, jeudi on offre au propriétaire cent mille francs de bénéfice pour les reprendre, et le lendemain on les emporte. Arrivés à Paris, à peine a-t-on ouvert la caisse où ils ont voyagé qu'un amateur survient, regarde et achète quatre cent mille francs au pied levé, avec ces paroles exquises : « Dites à M. Meissonier que cette œuvre reconquise à « la France ne sortira jamais de mes mains que pour entrer au « Louvre. » L'amateur, premier acquéreur, qui, pour avoir joui deux ans de cette œuvre, a gagné cent mille francs net, sans même lever le doigt, n'est pas à plaindre (1). » Ses amis l'avaient autrefois, jouant sur son nom, appelé « le Moissonneur, *Messor* ». Il a pu dire à un moment, sans forfanterie, que, s'il avait produit deux millions de tableaux par an, il en aurait aussitôt trouvé le placement.

Les noces d'or de son cinquantenaire furent un triomphe. Cent trente tableaux seulement y étaient réunis. « Mais il en avait au moins quatre cents par le monde. Ah! il avait bien pioché! » Hors de France, il était reconnu, non comme le chef de l'école française, aucune école française n'existant plus, mais comme le représentant le plus autorisé et le plus éclatant de notre peinture contemporaine. C'est lui qui, en 1875, au centenaire de Michel-Ange, avait, non sans une grande émotion, porté la parole, au nom de l'Institut, sur la grande place de Florence, aux pieds du *David*. Tout ce bruit qui se faisait autour de son nom lui caressait délicieusement l'oreille. C'est, sans aucun doute, du fond de l'âme que, dans un de ces élans qui étaient le charme de son esprit, il s'écriait : « La gloire ! je n'y tiens pas. J'ai autant de joie à admirer un Rembrandt qu'à me dire : c'est moi qui ai fait cela! Mon nom devrait rester inconnu, et je le saurais, que je n'en peindrais pas moins avec tout ce que je me sens dans le cœur. » Mais combien il était plus sincère encore lorsqu'il disait · « Il n'est pas d'artiste qui prendrait le pinceau, s'il pouvait penser qu'aucun être vivant ne verra son tableau ! Demandez à Émile

1. *Les Cuirassiers* (1805) appartiennent depuis 1889 à Mgr le duc d'Aumale et font partie de la galerie de Chantilly.

Augier s'il aurait fait une pièce, en pensant qu'elle n'aurait d'autre lecteur que lui-même. » Jamais il n'eut un sentiment plus vif du plein épanouissement de son talent et de son autorité. « J'aurai connu, disait-il dans ses épanchements intimes, la grande misère et le grand bien-être, les commencements obscurs et la fin en lumière. »

A embrasser l'ensemble des travaux de ses quinze dernières années, ce qui les distingue, c'est que l'inspiration s'élargit et s'élève. Entre-temps il revient aux sujets de genre : la *Chanteuse* a été un des plus aimables amusements de sa vieillesse. Il reprend ses sujets

MEISSONIER MEMBRE DE L'INSTITUT,
GRAND-CROIX DE LA LÉGION D'HONNEUR 1890.
(D'après Constant de Wahner.)

militaires : *1807*, *les Cuirassiers*, *les Dragons* qui lui ont dévoré « tant de beaux jours de soleil ». Mais les uns ne sont que l'achèvement de l'œuvre commencée, les autres une sorte d'intermède, « pour se faire sourire l'âme ». Sa pensée est plus haut. Ce sont les synthèses « dont elle a soif ». Les sujets épisodiques la fatiguent, les détails lui font horreur. Il avait conçu autrefois (1869) et il s'était épris à nouveau de l'idée de personnifier la « Poésie s'inspirant de la vie de l'humanité entière et la nourrissant de son miel divin ». « Ce serait le *Verbe* planant au-dessus du monde, l'enivrant de sa voix et recevant l'encens de tous les êtres! J'aurais là de beaux groupes à traiter, depuis l'offrande des amoureux jusqu'au laurier du guerrier à cheval, jusqu'au symbole de l'artiste, le peintre présentant sa palette, le statuaire, sa maquette. » Toutefois cette note elle-même n'avait plus autant de retentissement dans son cœur. La passion patriotique le remplissait. Il n'a jamais compris que les maîtres flamands, Rubens et Rembrandt, qui avaient vu leur pays rançonné, pillé, ravagé, eussent si peu conservé l'impression de ces épouvantables misères. Le général Faivre, en le félicitant de sa promotion à la dignité de grand-croix de la Légion d'honneur, s'étonnait que les moindres détails de la guerre de 1870 fussent restés si vivants dans son souvenir : « Je n'ai rien oublié, répondait-il, je n'oublierai rien. » Et trois de ses compositions les plus émouvantes, les *Ruines des Tuileries*, le *Projet de décoration du Panthéon*, l'esquisse du *Siège de Paris*, portent la marque de cette unique pensée.

En juin 1871, il allait à l'Institut avec Lefuel, l'architecte du Louvre. Il passait devant les Tuileries incendiées. Dans cette ruine lugubre, à travers laquelle apparaissait au loin, au-dessus de l'arc du Carrousel, le char de la Victoire, il fut subitement frappé d'apercevoir, rayonnants et intacts sur les murailles calcinées, les noms de Marengo et d'Austerlitz. « Vous ne voyez rien? dit-il à Lefuel. — Non. — Eh bien, moi, je vois mon tableau. Là-bas, c'est la Victoire qui s'en va sur son char et nous abandonne.... Si les deux noms conservés dans les cartouches eussent été Wagram et Leipzig, ce n'eût pas été la gloire incontestée, la vraie gloire. Austerlitz et Marengo restent étincelants dans l'histoire, comme dans l'effondrement du palais....

Gloria majorum per flammas usque superstes. »

1805.
A S. A. R. Mgr le duc d'Aumale (Galerie de Chantilly).

L'idée des mains criminelles dont cet effondrement était l'œuvre n'avait même pas traversé son esprit. Il ne voyait que le désastre national dont la guerre civile était, il est vrai, la conséquence cruelle, et avec le désastre, l'espoir de la revanche.

C'est la même passion qui lui suggéra le projet de décoration

ESQUISSE DE L'ALLÉGORIE DU POÈTE.

du Panthéon. Lorsque, dans la distribution des fresques qui devaient orner le monument, une place lui avait été réservée, il se proposait de traiter *Jeanne d'Arc* ou *Attila*. On lui avait offert *Sainte Geneviève et le ravitaillement miraculeux*, en lui indiquant la teneur même de la légende : « ... les bateaux chargés de pains qui remontaient la Seine, le rocher qui barrait le fleuve à Villeneuve-Saint-Georges et contre lequel la flottille allait se briser, lorsque, sainte Geneviève étendant le bras, la roche s'était changée en serpent ». « Il n'est pas possible de s'exalter sur de tels faits », dit-il, et il renonça au projet, mais sans renoncer à la place qui lui était attribuée. Après la guerre, comme il s'était remis à l'œuvre, le sujet lui apparut sous la figure de la France traînée par deux lions et guidant le monde dans les voies de la civilisation et de la paix, suivie de tous les peuples : l'Allemagne seule manquait au cortège. C'était encore la glorification de l'esprit français.

Mais l'idée, bien que flattant sa pensée, ne lui mettait pas le pinceau à la main. « La *Paix* ne m'enlève pas, écrivait-il. Le *Siège de Paris*, voilà le tableau à faire. Je veux jeter dedans toutes nos misères, tous nos héroïsmes, tous nos cœurs. Le siège nous a sauvés du déshonneur : il a permis d'organiser la résistance de la province ; il a fait un instant passer la panique dans le cœur de l'ennemi, on l'a vu à Versailles. Je ne veux pas mourir sans essayer de l'exprimer. » C'est à son retour à Poissy, tandis que sa maison était encore occupée par les Prussiens, que, prisonnier dans son atelier, il en arrêta la première conception. Il y était revenu avec une sorte d'ivresse en 1884. Elle le passionnait, l'obsédait, l'enfiévrait. Il se sentait — avec quel bonheur! — « vraiment soulevé par le Dieu. L'esquisse du *Siège* m'emporte. » Il ne lui avait pas fallu deux mois pour la faire et il en décrivait les lignes principales à grands traits. « La Ville de Paris en robe de brocart d'or, voilée d'un crêpe, la main appuyée à une stèle ; sur la stèle, la couronne murale ; au-dessous de la couronne, l'armoirie municipale, le vaisseau, contre lequel expire l'officier de marine ; çà et là des morts illustres, Franchetti, le général Renault, Dampierre, Néverlé ; ici les ambulanciers et un médecin ; là un garde national qui revient des avant-postes où il a fait ses huit jours de service et à qui sa femme désespérée tend le cadavre de son petit enfant mort de privations ; plus loin, Henri Regnault, la dernière victime.... Les morts sont étendus sur des palmes, et des couronnes jonchent la terre. D'un coin du ciel s'abat le spectre de la Famine avec l'aigle de Prusse qu'il porte sur le poing comme un fauconnier.... Quand j'aurai, si Dieu me prête vie, accompli cela, alors je me reposerai, ayant achevé ce que je voulais faire.... Qui sait ? ce tableau-là est peut-être celui qui sera un jour au Panthéon (1). » Il aurait voulu le graver lui-même.

Cette préoccupation patriotique l'avait ramené du même coup à la pensée, chère à sa jeunesse, d'intéresser à la morale les représentations de l'art. Il estimait que six de ses tableaux seulement, — *le Lit de mort*, — *la Barricade*, — le *1807*, apogée du triomphe, — le *1814*, envers lugubre de la victoire, — *la Prière ardente*, — *le Siège de Paris*, — répondaient à cette pensée, et il se reprochait de n'avoir pas été plus fidèle à ses serments. Était-ce le moment de « faire des bonshommes, de

POLICHINELLE.
(Aquarelle de la collection de Mme Dumas-d'Hauterive.)

s'amuser au vaudeville », quand, de toute part, au dedans comme au dehors, le drame grondait ? Polichinelle lui-même, qui jadis l'amusait tant et dont les aventures, très spirituellement peintes, égayaient les escaliers de sa maison de Poissy, lui était un objet de

---

(1) Il n'est pas sans intérêt de rapprocher cette conception définitive d'une idée entrevue par Meissonier, sans s'y arrêter. « La France blessée, ses armes brisées, voit avec désespoir les provinces que des soldats saxons et bavarois entraînent loin d'elle, malgré sa résistance. Les provinces se cramponnent à la France qui ne peut sauver Paris. »

scrupule. Ce rieur incorrigible, cet esprit fort qui tue sa femme, rosse le commissaire, insulte à toutes les lois divines et humaines, était-il bien traité comme il méritait de l'être? Meissonier voulait donner sa vraie fin : « Tandis que Polichinelle triomphe, ses victimes autour de lui, par derrière on aurait vu la Mort touchant enfin du doigt celui qui se moquait d'elle pour les autres, et lui faisant expier sa vie de coquineries sans pareilles. »

Comme il lisait un jour les *Mémoires* de Fleuranges, en quête, à son ordinaire, des grandes scènes de l'histoire nationale, l'idée de *François I*er *sacré chevalier par Bayard à la veille de Marignan* l'arrêta. Le naïf et pittoresque récit de l'historien chroniqueur, les personnages, depuis le trompette Christophe jusqu'au noble centenier, toute la ligne de la chevalerie, écuyers, hommes d'armes, maréchaux, offrait à son pinceau une riche matière, et la scène lui paraissait, en ces temps de défaillance morale, bonne à hausser les cœurs. « Au seuil de la tente, François Ier était agenouillé devant Bayard sur les deux genoux, la tête inclinée, comme s'il communiait. » A l'émotion du loyalisme militaire s'ajoutait celle de la pompe sainte. Plus que jamais Meissonier se plaisait dans l'expression du sentiment religieux. Il aurait voulu retourner à Venise, avant de mourir, pour faire une *Messe de Saint-Marc*. La *Madonna del Baccio* ne quittait pas, dans son atelier, la place préférée, celle où, durant les intervalles de repos, son regard allait instinctivement chercher les œuvres de prédilection.

o o o

Ces conceptions, qui réunissaient tout ce que Meissonier avait rêvé en sa vie de plus noble, auraient charmé autant qu'occupé sa vieillesse, si le travail qu'elles devaient lui coûter n'eût été en même temps la rançon nécessaire d'une trop brillante existence. Très simple dans sa vie personnelle, n'ayant aucun besoin, la richesse en elle-même ne le touchait pas. Il plaignait presque ces millionnaires, ces milliardaires, si riches, si riches, qu'on ne voyait plus

Bayard armant François Ier chevalier.
(ESQUISSE D'UN TABLEAU PROJETÉ.)
Collection de Mme Meissonier.

d'eux que leur argent. « L'argent ne donne pas de rang », et c'est du rang dans le monde intellectuel qu'il était jaloux. Mais, artiste jusqu'au fond de l'âme, il goûtait l'éclat de la vie artistique, et il y portait, comme en toute chose, sa fougue.

Il avait acheté sa maison de Poissy vingt-six mille francs; à force d'agrandissements, elle lui était revenue à près d'un million.

MESSE A LA CHAPELLE MIRACULEUSE.
(Saint-Marc, Venise.)

Après la guerre, au moment où le souvenir de l'occupation des Prussiens lui en rendait odieux le séjour, il avait acquis, à Paris, dans le quartier de la plaine Monceau, un terrain d'angle et fait construire un hôtel à la façon des maîtres florentins. De posséder était pour lui la moindre chose; il avait même, s'il faut l'en croire, « l'horreur de la propriété ». C'est le plaisir de bâtir et d'organiser qui l'emportait. Les charges encourues, sa probité scrupuleuse, une probité de commerçant, disaient ses créanciers, n'admettait point d'atermoiements. Il ne se plaignait de personne que de lui-même. « Moi qui aurais tant besoin d'être soulagé de toutes les préoccupations vulgaires, de ne vivre qu'entouré de belles choses et pour les belles choses, je travaille bourrelé d'inquiétudes, l'angoisse au cœur ! » Sans doute il aurait pu « négocier » ses études. Mais, outre la douleur qu'il aurait eue à s'en séparer, il en voulait léguer le trésor complet à la France. On lui avait bien proposé aussi de faire des panoramas, dont la recette, qui ne pouvait manquer d'être abondante, lui serait assurée; le sujet était laissé à son choix : l'Expédition d'Égypte, les Pyramides, Aboukir, ou telle autre toile dont l'idée lui sourirait. Mais il ne voulait pas aliéner sa liberté.

Encore si sa santé avait toujours soutenu son courage ! « Le grand art a besoin de vigueur physique non moins que d'intime tranquillité; il faut que l'artiste soit heureux, tout dans son œuvre dépendant du sentiment qu'il y apporte. » Touché, en 1875, d'une affection grave, Meissonier s'en était relevé, grâce à une opération habile et à l'énergie de son tempérament. Mais l'atteinte avait laissé des traces, et l'âge faisait sentir son poids. « Vouloir, c'est pouvoir », était sa maxime. Toute sa vie, il avait voulu. Et voilà que ses organes trahissaient sa volonté! Jusqu'en ses dernières années, son œil, cet œil si puissant, demeura intact. Sa main, pendant un temps, ne resta sûre qu'à la condition d'être maîtrisée. « Quand je la sens s'alourdir, disait-il en 1889, je frissonne en pensant aux outils dont le peintre ne peut se passer et qui risquent de faiblir, alors que sa conception n'a jamais été plus nette : quelle est amère la décadence de l'artiste! » Souvent dans les *Entretiens*, avec le cri de l'angoisse morale, le cri de la torture physique lui échappe : « Ah! l'atroce douleur de mon pouce droit! C'est un enfer! Si j'étais écrivain, je dicterais. Mais pour peindre !... Hier j'ai essayé d'un procédé nouveau : au lieu de pointes de feu, des applications de froid intense; il faut essayer de tout. » (Décembre 1887.) — Et la glace ne réussit pas mieux que le feu.

« Que je suis martyrisé! reprend-il, que je suis las! Mon âme est triste jusqu'à la mort. Ah! la santé! Ah! qu'il ferait bon, ayant fait son œuvre, de se reposer enfin, regardant tranquillement venir le terme, en face de l'œuvre divine, en repensant aux choses, en se faisant simplement, sans amertume, un traité de morale tiré de l'expérience de la vie! Que ces jours seraient doux! »

Si ces jours où son imagination se complaisait, dans les moments d'accalmie qui suivaient les crises, lui avaient été offerts, est-il bien sûr qu'il les aurait acceptés? Aurait-il jamais considéré son œuvre comme faite? Eût-il même accepté l'idée du repos? C'est le repos qui le tuait. « Les gens d'affaires quittent un métier qui les ennuie. Mais pour les artistes, l'heure du repos sonne toujours mal, le travail étant leur jouissance.... Il y a eu bien des choses dans ma vie, la gloire, l'amour; rien

POLICHINELLE.
(Dessin appartenant à M. le Dr Lereboullet.)

n'a valu et ne vaut l'irrésistible besoin du travail. Si mes amis m'ont entendu parfois gémir sur mon labeur acharné, ce n'est pas parce qu'il me fallait travailler, ils le savaient bien: c'est parce que je ne pouvais le faire, comme je l'aurais voulu, avec sérénité. » En aucun temps il n'avait eu l'esprit plus fier, le cœur plus ardent, la passion de son pinceau plus tenace.

Une autre passion le défendait contre les défaillances. Parmi les œuvres qui, à soixante-douze ans, le retenaient, comme autrefois, à son chevalet, malgré la douleur, jusqu'à la chute du jour, il n'en est pas qui lui ait coûté plus d'efforts que l'aquarelle de *1807*. Le tableau était parti en Amérique, pour n'en plus revenir. Meissonier voulait que l'Europe eût, elle aussi, avec l'aquarelle, sa toile originale, et par l'Europe il entendait la France. C'est à la France également qu'il réservait, pour en faire un musée, l'hôtel dont, au prix de tous les sacrifices, il a, jusqu'à son dernier souffle, réglé et surveillé dans le détail la construction somptueuse. Ce rêve de Mécène ne devait pas s'accomplir. Mais ce qu'une main pieuse a pu recueillir de son œuvre est dès aujourd'hui assuré aux grandes collections nationales; — et à ce legs s'ajoute un legs inaliénable, l'exemple d'une vie vouée tout entière à l'art.

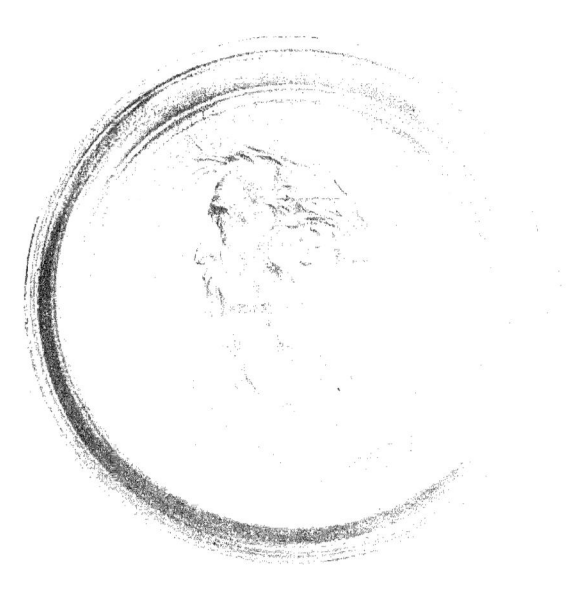

MEISSONIER
Médaillon de M. Chaplin, de l'Institut (1890)
(Musée du Luxembourg)
Ce médaillon a été agrandi pour la sépulture de Poissy.

SOUVENIRS ET ENTRETIENS.

LE PONT DE POISSY.

SOUVENIRS ET ENTRETIENS [1]

« Ma chère femme, seule tu m'as bien connu, seule tu pourras témoigner vraiment de moi, quand je n'y serai plus. »

OFFICIER
DE LA DEUXIÈME RÉPUBLIQUE.
Dessin à la plume.

Voilà bien longtemps que je pense constamment à mon art, j'y pensais bien avant même de commencer à le pratiquer, et aujourd'hui, quand je regarde ce passé si lointain, j'aime à me rappeler mes pensées d'alors.

Ces pensées qui me hantent, pour ainsi dire, je trouve quelquefois qu'elles sont bonnes et pourraient être utiles, que je devrais les fixer. J'ai tort de les laisser errer à l'aventure de nos

[1] Les pages qui suivent ont été extraites par les éditeurs, sous le contrôle de la veuve de l'artiste, des notes complètes qu'elle a rédigées et qu'elle laissera à la Bibliothèque de l'Institut.

entretiens. Je ne l'ai pas fait, pourquoi? Ah! pourquoi!... Mais, parce que rien n'est plus agréable que de caresser sa pensée, de se laisser bercer par elle, tandis qu'il n'est pas si aisé de l'habiller avec un vête-

ATELIER SALON DE MEISSONIER A PARIS.

ment qui lui aille et lui permette de se présenter décemment devant le monde. Non, ce n'est pas aisé, surtout pour les peintres.

On ne leur pardonne guère de parler de leur métier. On devrait cependant se persuader qu'ils l'ont appris — autrefois du moins on l'apprenait — et que, pour l'exercer, il est nécessaire d'avoir quelque pratique et quelque réflexion.

En ce temps, où tout le monde écrit, sculpte ou grave, il est plus difficile qu'on ne croit de parler au public des choses qu'on sait le mieux, autant du moins qu'on peut savoir.

Oui, dans l'atelier, avec des amis, il est bon de se laisser aller à parler librement; c'est un charme de leur dire sa pensée tout entière, sans en rien cacher, de la lire reflétée dans leurs yeux, si elle est bien comprise, et alors d'aller, d'aller toujours. Les objections vous donnent un renouvellement de force ; on se dépense en efforts généreux pour combattre ou convaincre ses contradicteurs ; en cet emballement — passez-moi le mot — on pourrait se croire presque éloquent. Mais il en va bien autrement quand on est seul devant son encrier, et qu'il faut peser les mots.

J'espère que mes élèves garderont, en l'affirmant, cette tradition d'honnêteté, de conscience, de vérité, que contient mon œuvre et que je leur ai toujours enseignée.

Le rêve qui nous berce et nous endort, qui nous éloigne de ce qui est

L'ADIEU AU CHEVALIER (ESQUISSE).
Hôtel Meissonier à Paris (Escalier conduisant à l'Atelier).

précis, fort et grand, nous l'avons tous, parce qu'il est facile, parce qu'il nous charme et nous enivre. Mais que le réveil est dur !...

Celui qui laisse une œuvre ici-bas, augmente le patrimoine glorieux de l'humanité.

L'œuvre est une chaîne spirituelle qui relie celui qui l'a créée à la postérité lointaine.

Travaillons pour ne pas nous en aller tout entier et pour que ceux qui suivront retrouvent l'âme de l'artiste dans son œuvre....

— Mon art avant tout et par-dessus tout.

Malgré le besoin que j'ai de profondes tendresses, j'étais de ceux qui peuvent marcher seuls dans la liberté du travail et de l'œuvre ; j'aurais pu ne pas me marier....

L'homme n'a pas besoin toujours d'une sensation amie à côté de lui. L'œuvre avant tout ! Que de fois on travaille avec l'angoisse au cœur ; on travaille pourtant.

L'homme doit élever la femme et modeler sa nature au début. Les natures se transforment et se modifient, selon le soin qu'on prend d'elles.

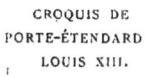

CROQUIS DE PORTE-ÉTENDARD LOUIS XIII.

... Les torts et les fautes de la femme viennent toujours de l'homme. C'est à l'homme de savoir occuper sa femme sans laisser le vide se faire ou le désir entrer dans son âme. Quand on a été aimé, on peut toujours l'être. C'est à la tendre vigilance de l'amour de s'exercer.

Tout homme peut se tenir ce discours : « Étant marié à une femme que j'ai aimée, si je cesse de l'aimer, c'est sa faute à elle ; si elle cesse de m'aimer, au contraire, c'est ma faute très certainement, et je ne peux m'en prendre qu'à moi ; elle m'appartenait, je pouvais tout faire pour elle : je suis coupable si elle me trahit. »

Il y a des gens qui doivent se marier, mais le véritable artiste, non : sa première maîtresse est la peinture ; elle étrangle nécessairement les autres.

La femme, la famille, l'intérieur ne doivent être pour lui qu'une facilité à marcher plus librement dans le champ des idées, débarrassé des préoccupations vulgaires, dont on prend soin pour lui.

On nous plaint quelquefois de travailler à l'excès, mais c'est la vie et le seul vrai bonheur, au contraire ; autant gémir sur quelqu'un qui mangerait des confitures !

Il y a eu bien des choses dans ma vie, la gloire, l'amour : rien n'a valu et ne vaut la profonde, l'ardente jouissance du travail.

Ah! on peut donner ce conseil : Ne mariez jamais votre fille à un artiste; c'est chercher son malheur.... L'artiste ne doit pas être empêtré des soins de la famille, il faut qu'il reste libre et tout aux nécessités de son œuvre.

Il faut que la femme qui épouse un artiste, sache qu'elle se voue au sacrifice. Une femme d'artiste ne doit pas comprendre la fidélité à la façon étroite des bourgeois. S'il y a des orages, des éclairs de passage dans le ciel conjugal, la sérénité, la bonne amitié, doivent reprendre comme devant. Si vous n'avez pas le courage de faire entrer ces choses-là par prévision dans votre budget matrimonial, n'épousez jamais un artiste! Ou alors, que ce soient deux célébrités qui s'associent, soyez une George Sand à côté de votre compagnon de travail et de talent.

LES AMATEURS DE PEINTURE.
(Tableau appartenant à M. Maximilien Beyer, Paris.)

Un artiste digne de ce nom doit faire son choix entre les deux genres de vie. S'il a vraiment de la moelle, si son art prime tout, passe avant tout, si la peinture est bien sa maîtresse, qu'il ne se marie pas, qu'il appartienne à l'art, il traversera toutes les passions, toutes les joies, sans s'y perdre. Mais si la femme domine sa volonté, et doit mécaniser l'art pour en tirer de l'argent, artiste de surface, qu'il se marie vite et devienne le mari et le père suivant la formule.

Mariez-vous de bonne heure, il vaut mieux que le père puisse être l'ami de son fils. Il n'est pas bon de se trouver vieux et affaibli quand les enfants deviennent hommes....

J'aime assez mes amis pour désirer ne les voir faillir en rien. Je crois que je les aime même au point de désirer d'en être jaloux. Quand mon cher Terrien, dont le souvenir me revient si souvent, me parlait de tant de choses qu'il savait et que j'ignorais, je n'étais pas jaloux de sa science; mais quand il me parlait de ces questions qui touchent à l'âme, qui sont la science de la vie, que nous devrions tous comprendre de même et qu'il comprenait mieux que moi, j'étais jaloux de lui, je lui en voulais de cette supériorité et je l'en aimais davantage !

Je suis toujours peiné quand je trouve mes amis en défaut, quand, les ayant tenus pour fiers et insensibles aux considérations que nous devrions tous trouver si bonnes pour notre dédain, je les vois faiblir. Je me dis tristement que je me suis trompé, et n'aimant les hommes que pour cette hauteur d'âme, je sens que mon amitié est morte.

Quel malheur que l'esprit moderne soit si plat! Croyez-vous qu'il l'ait jamais été autant? Sans doute il y a eu des siècles où l'on était plus ignorant, plus barbare, plus absurde! mais il y avait, çà et là, en compensation, quelque grand génie, tandis qu'aujourd'hui nous commençons à voir le nivellement des intelligences se faire très bas.

Je crois qu'on ne pourra pas m'accuser d'avoir manqué de conscience, de n'avoir pas écouté un avis juste, de n'avoir pas infatigablement poursuivi le mieux sans cesse.

Je connais des gens qui prétendent que l'opinion leur est indifférente, qu'ils n'ont pas de nerfs pour la critique. Cela n'est pas vrai. En tout cas, un véritable artiste n'échappe pas à la pointe de l'aiguillon; quand on a dépensé, sans compter, sincèrement, son âme et ses forces, sur une œuvre, c'est toujours une peine de la voir incomprise et décriée par le premier journaliste venu.

Aujourd'hui tel artiste s'inquiétera plus de ce qu'on dira de son œuvre, que de ce qu'en pensera un autre artiste.

Souvent la soi-disant impression raisonnée d'un critique est due à une rencontre de hasard. L'artiste aura bien accueilli le bourgeois ou le journaliste; alors il passe à l'état de fétiche: on l'a découvert, on le comprend !

Portrait de Meissonier.
(PREMIÈRE IDÉE DU GRAND PORTRAIT DE MEISSONIER DE 1889 PAR LUI-MÊME.)
Collection de Mme Meissonier.

Le bourgeois, le lecteur achète son opinion dans la feuille du jour où s'étale l'article du critique. Ils sont rares aujourd'hui, allez, ceux qui sentent et apprécient directement. Au temps des Michel-Ange et des Raphaël, c'était pour eux et en pensant à ce qu'ils diraient que travaillaient les artistes. Aujourd'hui c'est pour la presse et pour l'empâtement quotidien des abonnés....

Vous me parlez de la théorie du cours auquel vous venez d'assister, et des grands hommes tenus pour dangereux.

C'est une marque fatale de la décadence de cette époque, qu'une telle parole suivie d'un tel vœu !

Ces esprits nous mèneront à la *Beauce morale*, à cette plaine uniforme, vers laquelle le monde se pressera, quand la fin sera proche.

Ces gens-là ont horreur de tous les sommets, de l'ascendant du génie qui s'élève et domine; ils aiment mieux prudemment niveler tout, que d'avoir à s'incliner devant quelques-uns. Les géants font peur à ces nains !

L'infini de cette plaine sans borne aurait encore du moins la monotone grandeur de la mer, mais ce que nous avons est plus fatigant, c'est une succession interminable de misérables mamelons, qui dérobe toujours l'horizon.

Je me rappelle l'impression d'une ascension dans les Alpes, au-dessus du lac du Bourget : le terrain tourmenté ne conduit pas à la jouissance d'embrasser enfin l'espace. On gravit une pente, on croit saisir tout d'un de ses sommets; mais c'est un enchaînement irritant de petits monts, et jamais on ne touche à la cime souveraine, dominant l'ensemble.

La série des personnalités, des esprits égoïstes et mesquins d'aujourd'hui ressemble à ces Alpes; rien de véritablement grand, rien de puissant, pas de coup d'œil d'aigle mesurant les airs, pour s'y élancer ! Nous n'avons qu'un homme, et un homme de soixante-quinze ans (M. Thiers) !... On est rassuré et épouvanté de se sentir dans ces mains, qui peuvent manquer brusquement.

Oh ! s'il avait quarante ans, soupire-t-on; l'instinct de ce peuple de bourgeois se décèle là dedans; on pourrait redormir et tout remettre à la garde d'un seul : c'est le besoin dominant.

On parle beaucoup de la chose publique, et chacun ne pense qu'à son grain, parce qu'en effet il faut vivre. Des petits aux grands, c'est la même pente et nous sommes inconséquents, dès qu'il s'agit d'accorder la théorie et la pratique.

Tel aspire aux fonctions de conseiller municipal, qui gémit chaque jour de les exercer et qui regarde comme une perte de temps ce qu'il en dépense pour tous, au nom de tous.

Si l'Assemblée ne rentre pas à Paris, elle devrait siéger dans un

MEISSONIER, 1889.

Quimper-Corentin quelconque. Messieurs les députés ne seraient qu'en face des affaires, elles se traiteraient plus vite.

Cela est triste pour l'intelligence humaine, mais elle prend les aliments qu'on lui sert et s'en contente ; nous le voyons, hélas, tous les jours.

Quel beau rôle intelligent et délicat pourrait avoir un Président de la République, comprenant bien sa situation ! Quel salon il pourrait se faire avec les gloires de la France ! Comme il devrait s'intéresser ardemment aux sciences, aux arts, à toutes les nobles tentatives qui honorent un pays! Un Mécène au pouvoir, quel rêve pour un homme!

PORTRAIT DE Mme MEISSONIER, NÉE BEZANSON.

Quelle tristesse de constater que les grands rêves s'éteignent, qu'il n'y a plus d'originalité vraie, de croyance profonde.

Notre honneur est d'affirmer l'amour d'une République généreuse, libérale, éclairée, étendant ses bras protecteurs, à droite comme à gauche, et couvrant d'un égal appui tous ceux qui la respectent et veulent loyalement la servir.

Il faut que la logique des faits entraîne la nation tout entière dans une seule volonté, celle de fonder cette République conservatrice, amie de toutes les libertés, jalouse de tous les progrès, plaçant les devoirs au-dessus des droits, repoussant le fanatisme, d'où qu'il vienne, et cette intolérance enragée qui, sous le nom de libre-pensée, prétend enchaîner la pensée ; une République reconnaissant la liberté de conscience, qui seule assure la dignité de l'homme ; en protégeant aucune forme particulière de culte, mais n'admettant pas que l'idée de Dieu soit bannie publiquement et que l'État, sous le prétexte qu'il n'y a pas de religion d'État, empêche d'en avoir une.

Plus de défiance, plus de haine. L'heure est venue d'appeler des quatre coins de l'horizon les hommes sincères, pour se consacrer au bien.

Ces mandataires éclairés auront à veiller sur nos finances compromises par des mains imprévoyantes, à protéger l'agriculture, notre mère nourricière, à donner à nos magistrats mission de juger librement, regardant plus haut que le pouvoir qui les nomme ; ne communiquant qu'avec la justice éternelle et rendant leurs arrêts sans que les bruits de la politique, sans que les passions de gouvernement les émeuvent.

Au moment de ces élections (16 Mai), qui décideront de l'avenir du pays, il faut voir les choses de haut, avec sérénité, affirmer l'amour d'une République ouverte à tous, une République établissant pour tous des devoirs envers les autres, et non des droits sur les autres.

Oui, nous aspirons à tous les progrès possibles, nous réclamons la liberté de conscience, nous répudions cette intolérance qui, sous le nom de libre-pensée, est la négation de la liberté.

Nous voulons le respect de l'idée religieuse en dehors de toute profession de culte, et la liberté de la manifester.

Il nous faut des hommes qui offrent des garanties de leur amour du bien public. Il faut que ces hommes veillent sur nos finances dilapidées. Il faut que la magistrature soit au service de la justice, et non au service du pouvoir.

Le vrai régime républicain est fondé sur une aristocratie indépendante et intelligente, qui peut, comme en Angleterre, se consacrer toute aux devoirs patriotiques et aux fonctions civiques.

En France, nous sommes des travailleurs et des pauvres.

La presse avait jadis une réelle influence sur les idées. En 1848, on lisait avec passion le *National*. — On croyait réellement alors — ceux qui étaient de ce côté — à la corruption de la cour de Louis-Philippe ! — Comme on serait sage si l'on revivait avec l'expérience acquise !... Je n'avais rien à gagner, absolument rien, j'avais plutôt à perdre, en me jetant dans la révolution ; je me demande encore comment j'ai pu m'en mêler !

Les hommes providentiels se lèvent au moment où ils sont nécessaires. Nous en aurons peut-être, espérons-le, pour la France.

Voilà le mystère éclairci. La lettre du ministère m'annonçant une communication verbale personnelle, et me demandant de fixer un rendez-vous. J'ai répondu que tel jour on me trouverait dans mon atelier. Un secrétaire arrive ; c'était la proposition de l'ordre du *Mérite de Prusse* !... faite par l'ambassade d'Allemagne. On voulait savoir si j'accepterais. Le secrétaire n'a pu que constater mon refus. Ah oui ! depuis 1870, je refuse tout de l'Allemagne !

Quand on considère la vanité humaine et ce qu'elle nous offre tous les jours, que d'infiniment petits chez ceux qui s'imaginent être grands !

OFFICIER DE LA
PREMIÈRE RÉPUBLIQUE.
Croquis à la plume.

Voilà un homme comme Flaubert qui s'attache passionnément à l'étude de la bêtise humaine, qui en accumule les traits comme un trésor, et l'on me dit qu'il est malade lui-même de n'être pas assez décoré !

Ah ! ce retrait d'emploi m'indigne ! Dieu ! que les princes sont à plaindre de ne plus pouvoir servir leur pays dans la plus noble des carrières, celle des armes.

Il est déplorable qu'on veuille donner une couleur politique à l'enterrement national d'Hugo.

Il y a quelque chose de si noble à rendre un pareil hommage aux lettres ; tous ceux qui pensent et qui produisent devraient en être fiers.

Si je n'avais pas été peintre, mon rêve eût été d'être historien : je n'entrevois pas de chose plus intéressante à entreprendre que l'histoire. Je ne prise maintenant que cette sorte de lecture, j'en ai toujours eu la passion !

NAPOLÉON.
Croquis

Non, je ne crois pas que Napoléon eût éprouvé une jouissance à faire la guerre ; je l'abaisserais dans mon esprit en l'imaginant purement satisfait de son triomphe, le soir d'une bataille gagnée ; je suis persuadé que si, toutes ses troupes étant en position, et tout lui faisant présager la victoire, on était venu lui apporter les conditions consenties et son ultimatum exécuté, il eût été heureux de ne pas combattre.

Ce qui domine toute sa vie, c'est la haine de l'Anglais. Officier de marine et outillé pour la guerre navale, il eût aimé à poursuivre l'Anglais sur son élément. Ne le pouvant pas, il fit la guerre avec la Russie, la Prusse, déclara le blocus continental : tout cela pour frapper l'Anglais.

Imaginez-vous un chirurgien, quelque habile qu'il soit, qui ne souhaiterait pas supprimer du monde, s'il le pouvait, la maladie, la douleur et l'opération, et qui, ayant en face de lui un beau cas à traiter, opérerait son malade pour l'amour de l'art, quand il pourrait le guérir sans bistouri ?

Je crois Napoléon sincère quand il parlait de son rêve de voyage à travers une Europe pacifiée.

NAPOLÉON.
Collection de M. Chénacy, Paris.

Je crois aussi que jamais il n'eût pensé au divorce s'il avait eu des enfants de Joséphine ; mais il était trop nouveau pour adopter un héritier présomptif.

Le curé, dans son prône de dimanche, a eu tort de dire que Napoléon a été le destructeur de l'Église. N'est-ce pas lui qui en a rouvert les portes ? N'a-t-il pas montré la force qu'il lui reconnaissait en cherchant lui-même son acquiescement à l'ordre nouveau ?

Quel flair avait l'Empereur de la situation et de l'avenir, quand il mettait au-dessus de tout son titre de Protecteur de la ligue du Rhin ;

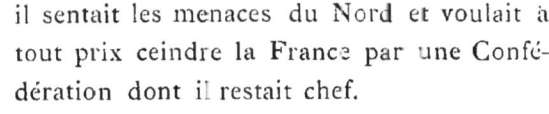

EAU-FORTE ORIGINALE POUR LES
« DEUX PERDRIX ».
Contes Rémois.

il sentait les menaces du Nord et voulait à tout prix ceindre la France par une Confédération dont il restait chef.

On lui reproche d'avoir lancé ses aiglons aux quatre coins de l'horizon, d'avoir donné tous les trônes à ses frères ! Quoi de plus naturel et de plus rationnel que d'avoir confiance dans les siens.

Chez certains historiens, il est d'usage de nos jours de contester le génie politique de l'Empereur : quel sens il avait pourtant de la situation et de l'avenir !

Il est de mode aujourd'hui, et depuis des années, de démolir le grand Empereur. Quel sauveur béni il serait pour nous, dans les circonstances où nous sommes ! L'instinct de ce pays est de chercher un maître et de lui remettre les guides....

Le coup d'État du 2 Décembre n'est pas, hélas ! le résultat d'une seule volonté, d'une seule audace, c'est l'œuvre de tous nos consentements, de toutes nos défaillances.

Connaissez-vous le roman d'Erckmann-Chatrian : *Histoire d'un Paysan*? Dieu ! que cela m'a paru ennuyeux ; que ce même procédé est fatigant ! Il y avait pourtant quelque chose de beau à faire avec ce titre. Faire l'histoire, la grande histoire de la République. Mais avec leurs petits moyens, toujours les mêmes, c'est écœurant ; comme une âme enthousiaste mêlant sa grande passion à ces grandes choses les dirait mieux qu'un vieux paysan !...

Quelle merveille que ce La Fontaine ! Le vers est adapté à la forme du conte, il s'en va suivant l'esprit de la chose. Quand j'illustrais les *Contes Rémois*, je cherchais à trouver un sujet qui ne fût pas le conte, je ne le rendais pas au moment psychologique.

Napoléon.
(ESQUISSE DE LA CIRE DU NAPOLÉON.)

Dieu ! que j'aimerais à illustrer La Fontaine !

Sans doute c'est une belle langue, mais c'est en somme un roman malsain. Sauf ce que dit à la fin l'abbé sur la vie qui peut être utile à la patrie, il n'y a rien d'élevé, rien qui puisse faire rêver une âme un peu haute. On n'y sent pas le souffle et l'ardeur d'un amour vrai.

LE BERCEAU.
Illustration des *Contes Rémois*.

L'homme n'y aime qu'à soulever les jupons parfumés qui le grisent ; jamais ces deux êtres ensemble n'ont à aucun moment un bout d'entretien intéressant. On se dit, après avoir lu : Qu'est-ce que j'ai appris et gagné dans la fréquentation de ce livre ? Il m'a fallu y vivre avec des êtres que je ne voudrais pas visiter, dans un monde ennuyeux, sans portée, que je fuirais. De la chair partout ; d'amour point. Il est clair que, le désir une fois assouvi, cela ne peut durer.... Le poète, une espèce de Musset, est très bien traité. Quant à ce pauvre raté de V..., il finira par épouser bourgeoisement, et il écrira des articles de revue.

En somme, ce roman ne dit rien, ne laisse rien, ne valait pas la peine d'être lu.

L'AVEU NAÏF.
Illustration des *Contes Rémois*.

Il y a des millionnaires ou des milliardaires

qui ont une puissance extraordinaire, soit ; mais eussent-ils toutes les qualités, elles sont absorbées par leur argent, comme une chandelle par le soleil. Ils pèsent d'un poids énorme dans toutes les affaires humaines, mais pas dans les choses intellectuelles pures.

Quand les Chaldéens, campant sous les étoiles, voyaient chaque jour le soleil se lever et se coucher à des points opposés, ils devaient se demander où il s'en allait....

Je m'incline, en fait de religion, devant la Providence aux voies impénétrables. Que sa volonté soit faite !

Les époques des créateurs ne sont pas celles des disséqueurs ; c'est quand on n'a plus eu de formes neuves qu'on s'est mis à collectionner passionnément et à fouiller dans le passé.

En voyant ce que les dragues du *Talisman* et du *Challenger* ont ramené du fond des mers, les merveilles qui jamais ne devaient voir le jour, arrachées à leurs profondeurs mystérieuses, bêtes étranges comme des fleurs, on peut répéter que plus on découvre de la création, plus le Créateur éclate et devient évident. Le hasard à travers les siècles ne fait pas ces chefs-d'œuvre-là.

D'autres deviennent athées en étudiant : j'arriverais à être extraordinairement religieux, après avoir vu au microscope la perfection de forme des êtres invisibles à l'œil nu.

Je ne veux pas sonder ces choses mystérieuses de la religion. Je crois en Dieu fermement et tout bonnement. Je n'ai pas voulu lire Renan et sa *Vie de Jésus*. J'aime mieux accepter sans comprendre ce qu'en somme on ne m'expliquera jamais. Dans toutes les religions, dans toutes les mythologies même, les dieux sont engendrés dans un mystère qui ne se rattache pas à la loi naturelle,... Minerve, les demi-dieux issus du commerce de Jupiter et d'une mortelle. Le mystère est l'essence vitale d'une religion ; il faut l'admettre comme le germe divin duquel sort tout le reste.

LES AMATEURS DE PEINTURE.
Collection de M. le baron Hottinguer.

Partout les créatures inconscientes pratiquent l'axiome : La force prime le droit. Tenez, ce grand chêne étouffe les autres. Ainsi de tout. Dans l'homme, seulement, nous trouvons l'idée divine de justice.

Je ne crois pas que l'on acquière la foi par la critique et la raison, parce qu'au seuil de toute religion la raison est soumise au mystère, c'est-à-dire à l'inexplicable.

Les stériles et les ratés n'inspirent guère de pitié ; ils prétendent n'avoir pas trouvé leurs circonstances : c'est qu'ils n'auraient pu répondre à aucune.

Il ne manque pas de gens qui ont la manie d'arranger la religion à leur guise.
Mais les prêtres doivent être soumis à la règle inflexible, comme des soldats ; pour peu qu'ils cèdent un instant, ils sont perdus. Souvent déjà ils sont débordés, malgré la digue derrière laquelle ils s'abritent ; s'ils enlèvent une pierre, l'eau passera.

Le célibat des prêtres, c'est une des beautés, une des forces du catholicisme, que je trouve de plus en plus admirable.
La liberté absolue du dévouement ! toujours ! partout ! L'Empereur, qui s'y connaissait, voulait le célibat de sa garde, pour qu'on fût toujours prêt à partir et à se sacrifier.

Quand on parle de l'enseignement moral et laïque à donner dans l'Université au nom de la conscience, je pense que la morale, étant d'essence divine, doit être enseignée aux hommes au nom de Dieu, sous n'importe quelle forme confessionnelle, mais par le sacerdoce....
J'ai là-dessus la confiance, la certitude d'un enfant, et j'espère bien avoir le temps, avant la mort, d'appeler un prêtre...

Les peuples ont besoin d'une raison sociale religieuse, et pour obtenir des sacrifices et de véritables sentiments fraternels, il faut revenir aux appels de l'idéal divin, qui, lui ouvrant le ciel, peut seul réconcilier ici-bas le pauvre avec le riche, et consoler ceux qui pleurent, par l'unique remède, un espoir.

Que la conception imparfaite de la Divinité, qui emplit tout mon être, soit considérée comme la paresse d'un esprit qui ne veut pas chercher philosophiquement la vérité, c'est trop fort ! Je me sens impuissant, comme tous les autres, à percer le mystère et je m'incline en croyant en Dieu.

Une force initiale a créé le mouvement du monde. Cette force, l'homme la cherchera toujours, sans la trouver jamais. J'admire les esprits qui acceptent cela tout tranquillement.

J'espère, et il est probable, que dans les moments qui précèdent la mort il y a perte de connaissance. Quand on aime, la mort est terrible.

M

Le maître est celui dont les œuvres ne font pas penser à celles des autres.

(*Au Louvre.*) Quelle différence de grandeur entre l'imagination et la conception des deux peuples. On sent dans le Sphinx égyptien la force immuable, la noblesse de l'éternité, tandis qu'au contraire les monstres gigantesques d'Assyrie frisent le ridicule. Quelle chose étonnante, l'*Homme dans un cube*, si vigoureusement indiqué avec presque rien !...

Les bas-reliefs puissants rapportés par Dieulafoy sont un spécimen unique. Ce sont, dans des séries de briques émaillées, des portraits du temps de Darius ; de grands archers d'une netteté de profil inouïe avec des détails merveilleux et des broderies charmantes jusque sur la courroie des carquois. Quelle fortune de les voir reconstitués au Louvre dans leur ensemble harmonieux !...

Giotto est d'une intensité d'expression! Il saisit les points principaux; de même que dans un croquis rapide nous mettons instinctivement l'accent, c'est avec cette naïveté-là que *Giotto* exécute.

Je mets bien au-dessus de la perfection de l'exécution l'intensité de la pensée rendue.

Les Vénitiens étaient trop heureux pour avoir ces sensations; mais la *Vierge de Murano*, elle, est terrible et poignante. Il y aurait la matière d'un joli travail à faire sur la transformation de Venise! D'abord les difficultés, la lutte incessante contre la mer, l'ennemie de tous les jours, la lagune. On les sent dans l'art. La conquête une fois faite, vient la période du luxe, du plaisir, de la jouissance. Ce n'est plus le moment de *Murano*, de cette grande Vierge, seule, sans enfant, les mains vides étendues, au milieu du ciel d'or de la mosaïque.

DÉCLARATION D'AMOUR.
Esquisse peinte.

L'école florentine est celle que j'aime par excellence. Quelle œuvre que celle de *Signorelli*. Il y a bien longtemps que j'ai envie d'aller à Orvieto.

J'aimerais à faire quelque chose sur les Médicis, au cœur de cette civilisation qu'ils ont créée, et dans leur cour d'artistes et de savants.

Giotto et *Rembrandt* se donnent la main, à travers les siècles. C'est la même émotion, sincère, profonde, devant la nature, sans les nobles entraves de l'antiquité.

Ce serait un sujet intéressant à traiter, que de se demander par quelles causes l'influence du goût et de l'ordonnance parfaite de Raphaël est arrivée forcément à substituer la beauté convenue des choses au sentiment dramatique tiré de la nature même. Si bien qu'on peut dire que plus le goût s'est perfectionné, plus le sentiment dramatique s'est émoussé.

Giotto, dans un sens, est bien moderne; il a poussé l'impression du

LE VIN DE CURÉ.
Tableau de la collection de M. Vernier, à Épernay.

pathétique, du sentiment, jusqu'à ses dernières limites; pas un moderne ne l'a égalé à cet égard.

Un tableau a son caractère particulier, que ne peut avoir aucune autre œuvre d'art.

Il forme à lui seul un tout, dont le caractère est d'être unique, dont la puissance est immédiate, perçue sans aucune aide.

De toutes les œuvres d'art, c'est du tableau seul que l'on peut dire que celui qui le possède est propriétaire d'une chose vraiment unique, qu'aucune reproduction ne peut remplacer, cette reproduction fût-elle faite par l'auteur lui-même.

Je voudrais bien savoir quel est le peintre qui soutiendrait qu'on pourrait faire une copie parfaite de l'*Antiope* du Corrège, de la *Joconde* de Léonard ou des *Syndics* de Rembrandt! Croyez-vous que la copie du *Martyre de saint Pierre*, du Titien, brûlée à Venise il y a quelques années, toute parfaite qu'elle soit, puisse remplacer le tableau de *San Giovanni e Paolo*?

Voilà une tête construite! Je suis en extase devant cette sanguine d'*André del Sarte*; j'aurais du plaisir, moi-même qui suis vieux, à me mettre devant et à essayer de la copier.

Ces jeunes gens ont au Louvre des quantités de chefs-d'œuvre qui sont du domaine public, des masses de têtes du Titien, de Léonard; en les copiant, ils se placeraient sur la bonne voie.

Aucun *Raphaël* ne nous fait éprouver l'émotion intense de *Giotto*; mais d'autre part rien ne peut égaler l'ivresse de beauté pure que donne Raphaël.

Raphaël n'était pas, à proprement parler, original; il a traversé tous les maîtres connus, en prenant à chacun ce qu'il avait de meilleur, comme l'abeille, pour en faire son divin miel.

Raphaël, c'est une harmonie suprême, faite de notes connues.

Michel-Ange, Rembrandt, voilà des originaux! Gemito, en en parlant, dans son ardente naïveté a trouvé, pour les caractériser, la meilleure et en même temps la plus étonnante de toutes les définitions. Il me disait que l'homme de la Sixtine « vous disait des choses que le père et la mère ne pouvaient vous apprendre ».

Admirable ce dessin de la *Psyché* de Raphaël, au Louvre. Il devrait être encadré de diamants! Quelle merveille, et quelle leçon!

C'est enlevé, sans la moindre hésitation. Le trait est à peine repincé — sur le ventre, — le crayon se joue librement avec la souplesse des tissus mêmes.

Entre la *Communion de saint Jérôme*, du Dominiquin, et la *Transfiguration*, de Raphaël à Rome, il faut être du métier pour voir combien l'un est peint difficilement et l'autre avec amour.

On peut dire que cette impression que l'on éprouve en face de ces admirables petits dessins (comme cette merveille de *Psyché*, du Louvre) on l'éprouve à Milan en grand devant le dessin cherché avec le même soin par Raphaël.

Quel enseignement pour un peintre, que ce dessin de Milan, quand on voit le maître du goût — si bien le maître, que jamais il n'a pu être surpassé, pas même atteint — corriger et recorriger, dans son œuvre, tous les contours avec cet amour passionné et scrupuleux! L'impression qu'on éprouve là, n'est plus l'impression même de la beauté de l'œuvre, l'admiration pour cette ordonnance magnifique et ce goût merveilleux du costume; mais ce qui touche en face de ce dessin, c'est qu'il semble qu'on soit en face de Raphaël lui-même : on le voit travailler, retoucher les contours, on vit dans son intimité, on voit chaque coup de crayon qu'il est en train de donner.

Dans la fresque, malgré l'habileté, la chaleur fait défaut, tandis que là, à l'*Ambrosienne*, on est ému jusqu'au fond de l'âme!...

Le sentiment de l'ordonnance de la forme prédomine chez les anciens. *Michel-Ange* est le premier des modernes, pour ainsi dire, qui fasse éclater l'âme.

Rembrandt n'a pas de ménagements, pas d'atténuations dans les choses les plus osées, mais rien d'indécent, tant il est sincère!

Ainsi dans *Putiphar*, la femme s'écarte tout entière sur le lit : tant pis, c'est bien ainsi que les choses ont dû se passer. Ainsi dans *Saül*, il se soulage carrément, pendant que David coupe un pan de son manteau : c'est la Bible pure. Ainsi, dans l'histoire de Tobie, qui lui a été chère entre toutes, l'impétuosité de sa vision éclate partout : le rouet est culbuté, le chat se sauve, tous les détails se jettent passionnément dans l'action. Si le dessin n'est pas serré partout, c'est pour conserver sa liberté plus grande.

Pensez encore à l'admirable *Christ au jardin des Oliviers*.
De même pour la couleur, *Rembrandt* s'en créait une admirable!

DEUX CAVALIERS LOUIS XIII, AU SOLEIL LEVANT.

Ce n'est pas le ton de la nature, c'est une nature, la sienne, qui est devenue vérité par son génie. Son âme inspire tout, emplit tout, déborde partout. Il tire des rayons d'une face ordinaire, parce qu'il la sonde jusqu'au fond de cette âme qu'il peint et dont la sienne s'empare.

Ah! quel homme! Delacroix aussi a eu de ces partis pris et de ces rêves divins.

Dans les portraits de *Rembrandt*, la touche est merveilleuse. Allez adorer les *Disciples d'Emmaüs* : l'intensité du sentiment vous remuera jusqu'aux entrailles : il n'y a pas besoin d'être peintre pour cela.

Le quatrième portrait de *Rembrandt* au Louvre, regardons-le; il s'y est représenté vieux, avec la palette à la main, après s'être étudié jeune, ardent, en pleine fleur! il n'a pas craint de se montrer tel quel, chargé des rides qui sont venues!

Avec un relief dont il est impossible de comprendre le procédé, tout dans ces œuvres-là plonge dans la lumière, dans l'air impalpable, qu'on sent trembler autour des figures.

Le *Doreur* de *Rembrandt* est le portrait le plus extraordinaire de ceux qu'il a peints, celui qu'il a fait, je ne dirai pas avec le plus grand amour du modèle, puisque celui de *Saskia* existe, mais bien certainement celui dans lequel il s'est le plus efforcé de rendre la vie même. Ah! comme il y a réussi! Ne croit-on pas que, comme la chair, la peinture de cet admirable portrait céderait sous le doigt, et, si par malheur on le blessait, ne craindrait-on pas de voir le sang jaillir? Dieu! que c'est beau, et quel regret de ne pouvoir l'acheter pour le Louvre!

LE RIEUR.
Collection de M. Chauchard.

... Si j'étais un homme riche, je donnerais un million, n'importe quoi, pour cette tête du *Doreur*, de *Rembrandt*, que je voudrais garder à la France!

— Avec la *Psyché* du Louvre, je crois que cela constitue les deux meilleures études que puisse faire un peintre....

Quelle pâte merveilleuse, et limpide, coulante ; c'est le sang même, sous la chair.... On dirait qu'il va jaillir en la piquant ; qu'on mette à côté une figure humaine, c'est aussi vivant que la nature même ; Dieu ! que c'est beau !

Je ne puis parler que de ces maîtres incomparables qui, chaque fois, ont placé leur idéal plus haut, semblables au voyageur qui, un sommet atteint, veut en gravir un autre.

Mais quelle satisfaction de penser qu'on les a toujours aimés passionnément ! Quel bonheur de sentir que l'âge, qui refroidit tout, n'a pas diminué cet amour. Si je vous racontais les heures passées devant ce magicien qui s'appelle *Rembrandt* ! Si je vous disais que, quelque grande que soit votre admiration pour un tableau comme celui des *Syndics d'Amsterdam*, vous ne pouvez pas encore le comprendre tout entier, qu'il faut être peintre, pour entrer dans sa chair vivante, pour jouir jusqu'au fond, en s'enivrant chaque fois davantage d'une pareille communion. Non, ils ne sont pas morts, ces Syndics ! ils respirent, ils vont se lever, parler : on les entend.

Dire qu'on pouvait offrir à certains de nos millionnaires le *Doreur*, le plus beau des Rembrandt ! et qu'on le laisse partir en Amérique, à la vente du fils de Morny. Il y a deux ou trois ans, dans la période heureuse de mes affaires, je l'aurais pris aussitôt, pour la France....

Je mets *Rembrandt* en tête des modernes et au-dessus de tous. *Le Corrège*, seul, par moments, a peint comme lui (voyez l'*Antiope*, la tête de sainte Catherine dans l'autre tableau). *Rembrandt* n'a pas cherché la beauté plastique comme les Italiens, mais il découvrait les âmes, il les comprenait et les transfigurait dans sa lumière merveilleuse. La *Maîtresse du Titien* est plus belle que la *Saskia* de Rembrandt, et cependant j'aime bien mieux la dernière.

Vous allez voir le portrait du *Doreur*, un pur chef-d'œuvre ! une merveille ! Comme coloriste, je mets *Rembrandt* au-dessus du Titien, de Véronèse, au-dessus de tous. *Rembrandt* ne laisse jamais, comme chez eux, l'attention s'éparpiller ; il la concentre, il l'appelle, on ne peut lui échapper. Pensez au jeune homme du Louvre, à ses propres portraits heureux, avant celui de la vieillesse et de toutes les ruines, si profondément, si douloureusement triste ! On sent que *Rembrandt* était bon ; il aimait vraiment les pauvres gens, il les peignait, il les rendait dans leur misère.

Il y a quelque chose de fin, de bon, de spirituel, de sensuel, dans sa figure radieuse de vie au Louvre, qui vous attache à lui en le regardant.

Le ciel de Hollande a des qualités charmantes, qu'a bien rarement le nôtre à Paris. Nous n'avons pas ces grands nuages blancs, continus, immobiles ; les nôtres sont fragmentés par le vent.

On peut arriver à bien copier les Italiens, mais *Rembrandt* jamais !

Quelqu'un me demandait si on pouvait se tromper sur soi-même en face d'une copie de son œuvre : jamais. J'ai le souvenir de tous les dessins que j'ai faits, mais je suis peut-être le peintre le plus impossible à copier, car je n'ai pas de méthode, de procédé identique comme X.... et X.... qui dessinent régulièrement, en sachant d'avance où ils vont et comment ils peindront toujours. En face de la nature, moi, je ne sais rien d'avance, je la regarde, je l'écoute, elle m'emporte et me suggère ce qu'il faut faire, comment je dois l'attaquer et l'épouser ; aussi j'entame n'importe où, et presque tous mes dessins (même sans parler des *béquets* des panneaux peints) ont des rallonges de papier collé dans un sens ou dans l'autre.

En vente, que de fois n'a-t-on pas dit : « C'est un ƎM : il a des *béquets* ».

Toute mon œuvre montre que je tiens à rendre l'homme avant tout ; j'aimerais cent fois mieux avoir fait les *Disciples d'Emmaüs* que l'*Antiope*. L'homme est plus beau que la femme. Les tendresses du pinceau ne sont pas mon désir, ni mon fait. Voyez donc la virilité de Michel-Ange....

Fromentin se trompe au sujet du portrait du bourgmestre Sixte. Sixte, lié comme il l'était avec *Rembrandt*, entrait chez lui chaque jour; il venait de lui serrer la main et, s'en allant, se retournait sur le seuil de la porte, quand Rembrandt, saisi par son attitude, lui crie : « Ne bougez pas! » et fait cette admirable chose, tout d'un jet, sans

CROQUIS A LA PLUME.

y revenir. Les négligences dans les mains l'indiquent elles-mêmes.

Quand on parle de parties médiocrement traitées en face de telles œuvres, on ne juge que relativement à la hauteur de l'homme lui-même, de *Rembrandt*.

Au Louvre, le dernier portrait à gauche, admirable! Tout y est vivant, tout parle, le regard finit par vous entrer jusqu'au fond! Les ailes du nez se détachent d'une façon merveilleuse, c'est presque la même couleur que celle de la joue, et cependant elle s'enlève dessus.

L'œil est noyé dans une ombre transparente. Les cheveux volent. Quelle liberté! quelle puissance! Allez, cet homme ne savait pas en commençant comment il procéderait. L'exécution arrivait avec amour et sans effort devant la nature, tandis que *Rubens*, lui, savait d'avance comment il s'y prendrait, et quelle serait la marche de son œuvre.

Dans le *Portrait d'Homme* de *Rembrandt*, au Louvre — toujours relativement — il y a plus de parti pris, moins de souplesse et de liberté. Les cheveux sont lourds. On sent que le vent ne les soulèverait pas; c'était un

ESQUISSE POUR L'« ARRIVÉE DES HÔTES AU CHÂTEAU ».

modèle qui posait, tandis qu'en se peignant lui-même, tout lui appartenait profondément, l'âme cachée sous le visage, comme les lignes extérieures.

Comment voulez-vous que *Rembrandt* n'ait pas aimé les pauvres, lui qui en a fait sentir toute la misère? J'ai pour Rembrandt une passion violente. Ce que je donnerais... pour posséder le *Doreur*!

Il est arrivé là à une chose si vivante! On dirait qu'en piquant l'homme, le sang va sortir! Comme on doit regretter de ne pas avoir gardé ce chef-d'œuvre en France! Maintenant qu'il est en Amérique, c'est fini, on ne le reverra plus; et il est unique dans la vie de Rembrandt.

Par une fantaisie bizarre, la perspective est souvent intervertie à une certaine époque.

A Padoue, l'ensemble manque, ce sont des figures faites une à une, plutôt sans grande préoccupation du sujet.... Qu'il est beau! ce geste de l'homme à l'écu; geste familier certainement, à cette époque, la main reposant sur l'écu, à terre, devant lui (car dans l'une et l'autre fresque on le retrouve).... La statue de *Donatello* de Florence, qui est admirable, représente donc le geste familier de l'époque....

Au Louvre, dans cette *Sainte Catherine* du *Corrège* — hors l'emmanchement de l'épaule et du cou de la Vierge — tout est admirable! Quelle chose exquise que cette gaucherie délicieuse de l'enfant, auquel on dit en souriant : « Allons, mets-le!.... » et qui ne sait comment enfiler l'anneau au doigt mignon de Catherine agenouillée....

(Il est évident qu'il y a trop de distance du nez à l'œil dans le visage de la vierge.)

Je n'ai pas compris tout de suite, dans ma jeunesse, l'exquise beauté du *Corrège*; j'avais été entraîné d'abord vers les Allemands et Albert Dürer.

Quand le roi Louis-Philippe donna des fêtes au Louvre, dans le Salon Carré et la galerie de Rubens (c'était dans cette galerie qu'était alors l'*Antiope*): sous la lumière qui l'éclairait le soir, je tombai en adoration! Ce fut comme un chemin de Damas.... Deux fois je suis allé à Dresde : mais rien n'est beau comme notre *Antiope* du Louvre.

La figure de la sainte, dans le *Mariage de sainte Catherine*, est exquise aussi.

La facture du *Corrège*, c'est l'amour! Les autres ne donnent pas l'envie de passer la main sur la peau, comme sur la douce pulpe des *Corrège*, peints avec tant d'amour!

Quelle magnifique ordonnance dans les *Noces de Cana*, de *Véronèse*! (Une des figures là-bas, à gauche, ressemble extraordinairement à mon père....)

Cavalier Louis XIII.
(CROQUIS POUR LE TABLEAU « L'ARRIVÉE DES HOTES AU CHATEAU ».)
(Crayon rehaussé de gouache.)

Tout s'en va autour de nous aujourd'hui. Ah! qu'on voudrait pressentir dans l'art une gloire nouvelle !... L'anecdote du *Titien* me revient souvent en mémoire. On dit que, voyant passer *Véronèse*, il salua le premier le jeune homme, en lui disant, devant sa confusion : « Je salue en vous la peinture de l'avenir.... »

Véronèse! quelle œuvre naturelle, ample, sereine! C'est comme un large fleuve qui coule sans obstacle.

Le Titien est plus recherché, plus raffiné, mais quelle manière de présenter les choses !

Sans doute les peintres italiens, *Véronèse* et les autres, ne s'inquiétaient pas, pour leurs scènes bibliques, des recherches archaïques de notre époque et de la fameuse couleur locale ; mais ils avaient (du moins on peut le supposer d'après leurs œuvres) le sentiment que, l'Écriture Sainte s'appliquant à tous les temps, on pouvait, en adoptant un costume toujours le même pour les figures consacrées par la tradition, les environner de la foule contemporaine du peintre même. C'est à quoi ils n'ont jamais manqué. Dans les *Noces de Cana*, ce sont bien des seigneurs amis de *Véronèse*, mais le Christ a toujours sa même robe, la Vierge aussi, ainsi que les Apôtres.... On se dit aussitôt : les voilà !... on ne peut s'y tromper. Personne ne déroge à cette tradition....

A l'Exposition de la galerie Nareskine, vous verrez le célèbre *Terburg* qui a été gravé et un délicieux *Peter de Hooge*. Ce n'est rien comme composition, mais c'est adorable de ton. On sent que *Terburg* a pris plaisir à mettre çà et là tel personnage sous cette lumière exquise.

Il y a des gris d'une finesse, d'un charme merveilleux....

Dans la *Mise au tombeau* du *Titien*, au Louvre, les deux figures de femmes sont sublimes! mais pourquoi avoir escamoté la difficulté suprême, en noyant dans l'ombre la figure du Christ ?

Il cesse d'être l'intérêt capital, à côté de la magnifique draperie rouge. C'est une faute que ce morceau superbe, à cette place ; l'attention, dans une pareille composition, ne doit pas s'éparpiller sur un détail éclatant. La note morale dominante doit seule être saisie; il faut savoir sacrifier des beautés partielles à la beauté de l'ensemble.

Est-ce assez ridicule comme idée, cet admirable *Giorgione* ? ces femmes nues en pleine campagne, devant des joueurs de flûte ! Si aujourd'hui on s'avisait de faire un tableau ainsi conçu, on vous rirait au nez.

Ces gens-là avaient peut-être tant de génie parce qu'ils n'avaient pas tant d'esprit !

Ah ! ce tableau de la *Trinité* de *Rubens* à Anvers ! pour un peu, vous savez que je le trouverais ridicule.

Fut-il assez heureux, cet homme-là ! Entre les corporations et les églises, c'était à qui aurait le plus beau Rubens !

Aujourd'hui l'esprit critique, cet esprit critique dont parle Fromentin, est notre pire ennemi. Nous en sommes tous plus ou moins pénétrés ou touchés. Et c'est la mort de l'œuvre. Il arrête l'élan naturel, et avec lui l'imagination ne sert plus à rien. Que Rubens fut heureux ! A quoi servons-nous maintenant ?

Les *Brauwer*, de Munich, sont plus amusants que les Teniers, je vous le disais quand nous étions devant eux. *Brauwer* est excessivement spirituel dans sa trivialité. Quelle gaieté, quelle bonne humeur dans le gros aubergiste, et dans la scène de celui qui saigne, vous rappelez-vous ?... La pantomime, l'expression sont chez lui toujours justes. Ces gens-là vivent au cabaret comme *Brauwer* lui-même, et on voit qu'ils ont de la satisfaction à s'y trouver.

Dans le *Canaletto* du Louvre, cet étonnant effet de la perspective qui marche et se déplace avec nous, je ne puis te l'expliquer. Il est dû à la justesse rigoureuse des lignes. Vois le tableau de *Saint-Pierre*, à côté; même effet. Dans certains portraits tu verras les yeux te suivre, regarde la *Femme de Véronèse*. Quelle noblesse et quelle allure dans ces Rubens, malgré l'attitude familière et humaine de l'Olympe! Ah! cette figure de la reine!...

La *Joconde*, c'est la perfection du modèle!

Notre Salon Carré du Louvre serait complet si nous y avions la *Madone de saint Sixte*, une des *Vénus* du Titien de Florence, *la Guerre et la Paix* de Rubens, de Florence (ou le *Saint Jacques* d'Anvers), et un *Albert Dürer*. Alors nous n'aurions rien, absolument rien à souhaiter.

Je crains tout ce que fait pressentir de fâcheux

CROQUIS SUR UN EN-TÊTE DE LETTRE.

remaniements au Louvre le discours de Castagnary. Quelle honte! et quelle indignation! pour tous les amateurs des arts, si on arrachait jamais de la cimaise du Salon Carré (le plus bel ensemble de l'Europe) les immortels que nous y adorons.

J'aurais à copier ce Claude Lorrain du Louvre, que je deviendrais fou! Tout disparaît, dans la jouissance intense du *faire* de l'artiste. On est véritablement dans ce pays enchanté, cédant à l'ivresse des yeux!

Quelle merveilleuse couleur opaline. Il semble, tant la mer est fluide, que les vagues changent sous le regard.

Les figures (qui ne sont pas de lui, du reste) n'entrent pas dans l'atmosphère de la même façon ; seuls les deux hommes, qui luttent, y plongent.

Claude peignait de souvenir, vraisemblablement avec des croquis.

Il emportait la lumière dans son âme, et reproduisait librement son impression idéale. De là sans doute l'incomparable séduction de son œuvre : c'est la nature filtrée par son génie. L'eau tremblante sur laquelle s'allonge l'ombre transparente, quelle merveille !

Rembrandt ! Claude Lorrain ! le Corrège ! le Titien ! rejetons éclatants d'une même souche. On ne sent jamais chez eux la ligne précise, sèche et ferme du dessin. Il est difficile, vois-tu, d'expliquer à un profane en quoi consiste expressément ce qu'on appelle l'*exécution*. C'est en comparant les œuvres mêmes, qu'on peut arriver à comprendre, en se rendant compte des différences de facture.

Ainsi cette femme de *Clouet* est bien exécutée, mais sans charme ; c'est bien une bague réelle qu'elle porte, mais sa bague orne un doigt incertain, qui n'est pas dessiné ; il y a des détails fort bien traités, mais qui sont parfaitement ennuyeux.

On voit que *Jean Bellin* a été poursuivi par le mouvement des draperies de l'antiquité. Il a dû faire ses figures avec des maquettes, sans la nature, car le dessin est absolument illogique. Si on déshabillait les deux saints, de Saint-Zacharie, à Venise, par exemple, on trouverait entre leurs jambes un écart à faire passer un navire. Le manteau du saint, en rouge, ne se modèle pas sur un corps réel. Voyez, il n'y a qu'un grand pli au milieu ; l'espace nu jusqu'à la bordure du manteau aurait gagné à des plis vivants. Si la Vierge se levait, elle aurait un buste de poupée et des jambes de géante...

Malgré cela, on est étourdi par l'incomparable effet produit. C'est à se demander si ces erreurs mêmes ne constituent pas cet effet. Mais non, tout aurait gagné à un meilleur dessin.

C'est peut-être le plus beau des *Jean Bellin*. Depuis qu'on fait de la peinture, on n'a jamais traité l'architecture aussi admirablement. Regardez les valeurs de tons, la perspective du fond, la finesse des effets,... cette bande de marbre ; et quel espace,... quel air entre l'autel et le mur ! La délicieuse figure que celle de Magdeleine, avec sa robe de brocart bleu et or !...

On a eu raison de dire que *Michel-Ange* faisait de la sculpture en peinture, et de la peinture en sculpture....

Il y a dans ses statues des effets d'ombre nécessaires, voulus, dont la suppression changerait le caractère de l'œuvre. (Hélas! le *Pensieroso* est en pendule, à mon cercle!...)

Les Grecs ne connaissaient pas les jours préparés : chez eux, tout se passe en pleine lumière, tout est fait pour la lumière libre....

Dans quelque lumière qu'on le place, le *Pensieroso* médite toujours, gravement assis sur un tombeau ; dans sa méditation profonde, insondable, il semble revenir de l'ombre éternelle....

Cette *Partie de plaisir* de *Lancret* est bien dessinée ; ce *Greuze* est mal dessiné ; mais quelle exécution délicieuse....

Entre la *Maîtresse du Titien* et la *Femme de Rembrandt*, l'une est parfaitement belle, l'autre parfaitement laide : c'est pourtant la dernière qu'on préfère....

En 1875, à Rome, je me disais, en face de la *Transfiguration de Raphaël* et de la *Communion de saint Jérôme*, qu'un peintre seul pouvait bien sentir, deviner et toucher du doigt pour ainsi dire la différence et l'espace qui séparent un maître d'un élève.

Dans le *Dominiquin*, les draperies sont lourdes, gauches, péniblement peintes, sauf la chape, qui a posé toute seule dans sa rigidité pour ainsi dire.

Les Bolonais ont tous été des élèves et l'on ne comprend plus l'engouement de toute une époque pour les *Guido Reni* et le *Dominiquin* (relisez l'enthousiasme du président Debrosses).

C'est une chose extraordinaire, mais que 1870 explique un peu pour nous, qu'il ne se trouve pas dans les peintres de cette époque si troublée trace de la guerre....

Rembrandt, Terburg, Metzu, Teniers, personne de leur temps ne peint la guerre, alors qu'on s'égorgeait comme des sauvages.

Rubens aussi avait dû voir des atrocités ; il avait été conçu en prison ; Anvers, devenu sa patrie, n'était pas le lieu de sa naissance ! Et point de souvenir de guerre chez lui. Mais qu'a donné sous ce rapport chez nous l'Année terrible ?

Qu'arrivait-il dans leur âme d'artistes, aux hommes d'autrefois, quand ils reproduisaient des choses si peu exactes, si peu réelles ? Étaient-ils incapables, ou faisaient-ils volontairement abstraction complète de la vérité ?

Quant aux portraits, posez-vous bien la question, chère amie, et vous verrez que vous aimeriez mieux savoir quelle était la personnalité de la *Joconde* ou de l'*Homme* du *Titien*, que vous aimez tant, que ce savoir le nom du peintre, l'un des deux, l'auteur ou l'individu, devant rester inconnu. Lorsque vous regardez la Vénus de Milo, que vous importe d'ignorer le nom de celui qui l'a faite, et quel a été son admirable modèle ? Il est certain que j'aime mieux savoir que ce portrait est celui de *César Borgia,* que de savoir le nom de son peintre.

L'*Hercule* de *Gros* était une vieille chose d'école. Il revenait, dans sa vieillesse, sacrifier à de faux dieux, auxquels il ne croyait pas : comme on lui fit cruellement sentir qu'il n'était plus qu'une ruine, il s'est tué.... Je le vois encore confusément, ce mauvais tableau, hélas !

Ç'avait été un fier homme que ce père *Gros* ! Je crois qu'on ne peut rien trouver de plus beau, comme mise en scène, comme ordonnance, que les *Pestiférés de Jaffa.* Quel geste que celui de l'Empereur ! Et la main est si belle !... Quand on pense que ces hommes-là servaient d'*étalon* dans les expositions, et qu'aujourd'hui il faut comparer avec MM. XX.... Tonnerre ! c'est drôle.

Étude pour les Évangélistes.

(SANGUINE.)
(Musée du Luxembourg.)

Castagnary est mort, heureusement pour nous ; c'était un sectaire. Il m'avait en abomination parce que, autrefois, après la guerre, j'avais empêché son ami Courbet d'être admis au Salon, quand il offrit au jury ses *Pommes rouges* signées en vermillon SAINTE-PÉLAGIE.

J'avais mon opinion faite sur Courbet ; je ne parle pas seulement de la destruction de la colonne Vendôme ; mais quel homme que celui qui, tremblant après la chose faite, reniait ses opinions et ses actes, et disait piteusement : *Cessez les poursuites judiciaires ! je payerai la colonne.*

Je voulais dans ma jeunesse copier un portrait du Titien. Plus je m'approchais, moins il existait quelque chose,... et bien des choses de Vollon sont un peu comme cela. *Vollon* a voulu, plus que *Rousseau* ; il a abordé des figures, il a fait quelquefois des ciels légers, flottants, charmants ; il y a plus de tempérament chez lui, il y a une *vibration*, une diablerie étonnante. Il est difficile au reste de comparer ces deux hommes. Rousseau est plus parfait si vous voulez, mais l'autre étonne davantage, on se dit quelquefois : « Faut-il qu'il ait des procédés bizarres ! » Quand on jongle avec la touche comme Vollon, et qu'on réussit, cela devient extraordinaire. Mais il faut à Rousseau la chose inanimée, immobile, morte. Aussitôt qu'il rencontre un peu de nature vivante, non pas seulement animale, mais un peu de mouvement, c'est fini. Des feuilles encore suspendues à l'arbre, toutes frissonnantes, il n'y est plus ; c'est pour cela que malgré sa perfection il sera toujours secondaire.

J'étais très jeune, en 1833, j'allais voir rue Vivienne un tableau de *Chenavard*, la *Convention*, qui me frappa d'admiration. La scène avait l'air d'avoir été vue ; elle était vécue. Chenavard avait connu nombre de Conventionnels, qui existaient encore à cette époque. Il avait eu par eux des détails authentiques, qui donnaient à son œuvre une réalité saisissante ; je désirais, dès lors, ardemment le connaître. Je lui fus présenté à Lyon, où j'étais cet hiver-là, à son retour d'Italie. Chenavard passait pour un décourageur, pour un démolisseur : c'était, et c'est toujours, un excellent homme, de plus en plus philosophe, qui a beaucoup vu, beaucoup lu, beaucoup réfléchi. Il a connu et fréquenté les hommes les plus célèbres de son temps. Rossini était intimement lié avec lui ; il en conte une foule d'anecdotes amusantes. Thiers,

Mignet, Delacroix et bien d'autres vinrent avec lui, à Poissy, faire des parties de boules chez moi.

Quand j'habitais le quai Bourbon, 15, Chenavard dînait souvent à ma petite table. Un soir, je lui montrai un tableau en train, il s'agissait du *Jésus-Christ devant les Apôtres,* toile qui est aujourd'hui chez je ne sais qui; Chenavard resta longtemps à regarder, sans rien dire. Je lui contais mes projets, ce que je voulais faire. Il ne disait toujours rien. Puis il fit le tour de mon atelier, examinant attentivement. Le *Joueur de contrebasse* l'arrêta plus que le reste. Sa revue faite, il revint devant mes *Apôtres* et se mit à les démolir. « Voyons, vous n'avez pas la prétention, dit-il, de refaire ces choses-là mieux que Raphaël, n'est-ce pas?... Eh bien, alors, pourquoi redire moins bien ce qui a été dit ? » Et me conduisant devant le *Joueur de contrebasse :* « A la bonne heure, voilà qui est original et excellent! »

Je compris. « Maintenant allons chez *Gleyre,* voulez-vous ? » Et nous sortîmes ensemble. Il était très lié avec Gleyre, et me présenta. A tout ce que lui montra Gleyre, *Enfant prodigue,* cartons de ceci et de cela,... Chenavard disait : « Parfait », il approuvait, il louait tout : j'étais bien surpris ! En descendant l'escalier, je lui dis : « Mais est-ce que vraiment vous trouvez tout cela si bon ? — M'avez-vous entendu, répondit-il, louer quelque chose particulièrement, et une chose plus qu'une autre? Rien n'est donc hors de pair; rien n'est remarquable là dedans. » Je compris alors, mieux encore, ce que valait son approbation si vive pour le *Joueur de contrebasse,* après sa critique du *Jésus-Christ.*

Les *Palladio,* les *Bramante* ont fait comme tout le monde alors, en s'emparant des trésors de l'antiquité, en transplantant dans leurs monuments les colonnes des vieux temples. On ne tenait pas à ce passé; on n'était pas encore antiquaire et critique. Vous parlez des dilapidations de la Renaissance. Mais que dites-vous d'Ingres, qui, chez le duc de Luynes, gratte tout bonnement sur les murailles l'œuvre de Gleyre, qui lui déplaisait?

Ingres était stérile, il avait des réminiscences pour ses tableaux, mais en face de la nature, quels beaux dessins il a faits ; ses études, le dos nu de la femme, au Louvre, c'est beau ça, c'est superbe !

Les premières œuvres de *Ricard* sont plus fermes et n'ont pas ce caractère nébuleux qui caractérise les dernières surtout. La fatigue devient extrême à regarder, c'est un tel parti pris ! — Le sentiment a tellement voulu s'affiner que souvent on ne le comprend plus. La *Sabatier* est le type souriant de la maîtresse accomplie.

Elle avait le grand talent de grouper autour d'elle des hommes éminents et de se constituer un salon où l'on venait avec un plaisir extrême. Nature légère, fine et bonne, souriante et intelligente, admirablement organisée, apte à tout, elle adorait la lumière, la gaieté, le soleil. Il y en avait en elle aussi. C'était pour l'homme préoccupé, fatigué, un repos et un délassement exquis, que de la retrouver toujours la même, toujours égale, véritable oubli des soucis de la vie, dont elle vous déchargeait aimablement.

Le peintre dont nous parlons a un certain sentiment, si vous voulez, mais je ne l'aime pas beaucoup. Certains artistes aujourd'hui ne se donnent pas seulement la peine de regarder les choses; celui-là n'a pas même été au bord de l'eau, faire un dessin et voir un bateau. L'aspect de son tableau n'est pas désagréable, mais c'est banal et poncif. Ah ! ces messieurs crient beaucoup après le poncif des vieux maîtres, mais, patatras ! aussitôt que dans leur petit monde un d'eux paraît, on accepte son poncif gris et on le couronne.

Beaucoup de gens qui, autrefois, avaient des réputations, ne sont plus aujourd'hui que des ballons crevés. Il est si difficile de bien peindre ! Rien n'est plus difficile à administrer qu'une réputation : c'est plus difficile que de la faire. Tous ces jeunes gens, au premier succès, croient que c'est arrivé,... mais va te faire lanlaire.

A l'Exposition des..., quel talent dépensé souvent pour rendre une imbécillité; les figures ont l'air de prismes, les rayons s'y promènent et font aux femmes des cheveux lilas. Quelle chose bizarre que ce parti pris de l'absurde et cette perversion du sentiment !

Dans l'Exposition triennale qui va se faire, le nombre des tableaux sera restreint : mais les artistes admis pourront en envoyer autant qu'ils le voudront ; je puis en mettre dix, si je veux. Le principe de ces sortes d'expositions est excellent. Sous l'Empire, quand Maurice Richard était aux Beaux-Arts, je l'ai appuyé dans la commission dont j'étais membre : j'avais fait un travail sur la question. On ne peut pas empêcher — c'est un malheur — les expositions annuelles; mais, pour prévenir les encombrements de médiocrités, il est bon d'avoir la porte étroite de l'Exposition triennale. On ne devrait avoir place à la Triennale qu'à la condition d'avoir paru au Salon dans les trois années antérieures. On donnerait ainsi un attrait aux Expositions annuelles.

Quant à la Triennale, on a tort d'y admettre les œuvres déjà exposées, il ne faudrait accepter que les œuvres neuves. On garderait pour les Expositions universelles, qui auraient lieu tous les dix ans, l'ensemble de l'œuvre.

Quoi qu'il en soit, je le répète, il est excellent d'avoir des Triennales.

Le dernier jury était composé de quatorze peintres membres de l'Institut, auxquels on adjoignit quatorze autres membres choisis par l'État : c'était donc une exposition de l'État. L'État est d'autant plus en droit de se montrer difficile alors, qu'il peut dire aux mécontents : « Allez à l'Exposition annuelle ordinaire, il y aura là cinq cents tableaux choisis parmi les meilleurs, et on ne refusera pas quatre ou cinq tableaux du même artiste, s'ils sont bons. »

Au mois de septembre il n'y a plus personne à Paris : il vaudrait mieux que la Triennale eût lieu en mai aux Champs-Élysées. L'Exposition annuelle serait avancée ou reculée tous les trois ans; au pis aller, l'année de la Triennale il pourrait ne pas y avoir de Salon.

L'impression devient de plus en plus terrible en regardant le *Décapité* de *Henri Regnault*. Jamais on ne refera le *luisant* du cou du décapité. Il y a là des qualités étonnantes.

Je viens de voir un tableau bête et inepte. Rien n'était plus facile

LE JOUEUR DE FLUTE.
Tableau de la collection de M. Théry, Paris.

cependant à regarder et à faire. C'est agaçant de voir des choses si simples posées tout de travers. Il faut n'avoir jamais vu travailler. Est-ce qu'un ouvrier a jamais tenu son fil à plomb ainsi ?...

Si j'avais eu à faire le tableau du *Chantier* de X..., quel feu, quelle activité j'aurais mis là dedans ! Rien n'était plus facile, dans tous les cas, que de voir comment les ouvriers tiennent et manient leurs outils, et l'auteur ne s'est pas même donné la peine de regarder !

UN OUVRIER
(Crayon à la mine de plomb.)

J'aurais laissé à mes élèves le sentiment de la vérité, le respect de la chose vue.

Il est de mode aujourd'hui de parler beaucoup de *réalisme* et de *plein air*.

Il y a quelque chose dans les *Aïeux* de *Fritel*, une grande idée réellement, j'aurais plaisir à le lui dire ; j'aurais mis plus de lumière là, j'aurais établi dans une sorte de gloire la chevauchée terrible des ancêtres...

X... commettre une pareille erreur! Dans un tableau dont le sujet est si connu, la *Mort de Néron*, prendre un personnage accessoire pour le personnage principal, et de celui-ci faire une figure épisodique, « l'homme qui boit », c'est prendre le Pirée pour un homme ; c'est *Néron* qui boit : « *Hæc sunt, inquit, Neronis decocta* ».

Tout dans le texte latin est raconté avec tant de détails expressifs que le récit en est palpitant de vie. Tout est décrit, jusqu'à l'habillement de Néron : *Ut erat nudo pede atque tunicatus, pænulam obsoleti coloris superinduit : adopertoque capite et ante faciem obtento sudario equum inscendit, quatuor solum comitantibus.*

On le voit épouvanté par la terre qui tremble et par l'éclair qui brille, poursuivi par les cris des soldats : *Et adversa et Galbæ prospera*.

LE VIOLONCELLISTE.
Tableau de la collection de M. Kraff.

Un cadavre jeté sur la route effraye son cheval, son visage se découvre à ce moment et un prétorien qui le reconnaît ajoute par son salut à sa terreur. Tout y est certes et l'élément dramatique ne fait pas défaut. Ils arrivent à un sentier, qu'ils prennent pour éviter le grand chemin. Là ils doivent laisser leurs chevaux, ils marchent péniblement parmi les arbrisseaux, les ronces et les roseaux. *Ut ad diverticulum ventum est, dimissis equis, inter fruticeta ac vepres, per arundineti semitam ægre.*

Ce ne sont pas seulement les personnages qui sont décrits, c'est le paysage, et le peintre, ayant une si belle occasion de ne pas peindre des chevaux, aurait dû certes en profiter. Néron s'arrête un moment devant l'entrée secrète de la villa, il boit dans une flaque d'eau, non à même, mais en puisant avec sa main, ce que le peintre aurait dû savoir encore.

La Mort de Néron.... Où l'histoire si connue, si saisissante, de la fuite de Néron, telle que Suétone en donne le détail, est absolument faussée, où le personnage principal, Néron, est à peine entrevu dans l'ombre, si bien qu'à quelques pas on ne verrait d'abord que l'escalier éclairé par la lune et la lumière du festin en haut, par l'entre-bâillement des rideaux. Une nuit de lune ! quand on sait que Néron s'enfuit à la lueur des éclairs, la face voilée, sur le cheval de l'affranchi, dans la maison duquel il allait s'égorger en se pleurant comme artiste !

Je vous apporte mon rapport sur l'envoi de Rome de X..., pensionnaire, etc.

« *Une vision de saint François d'Assise.* » Dans ce tableau la figure décharnée, ardente, intelligente, de saint François est absolument remarquable. Son jeune compagnon, étendu sur la paille, continue à dormir, et lui se soulève et regarde fixement, passionnément, la sereine et charmante figure, transfigurée par le soleil, d'un berger adolescent, qui entre dans l'étable, en jouant de la *zampogna*.

La figure du jeune frère, dont la vulgarité est en opposition avec celle du saint, est excellente ; il est impossible de dormir de meilleur cœur et plus innocemment.

Les moutons, qui vont boire à l'auge, sont bien rendus, et l'endroit où se passe la scène est franchement choisi. Tout est à sa place, dans un sens tout moderne, tout réaliste, sans trivialité.

FAC-SIMILÉ D'UN DESSIN ILLUSTRANT LES « FEMMES ET L'ÉPÉE » DE É. DE BEAUMONT.
(Collection de M. David King (junior) États-Unis.)

Mais est-ce bien en ce sens qu'il fallait traiter la figure de saint François d'Assise? Et convenait-il de représenter ce saint si profondément, si absolument croyant, comme le jouet d'une hallucination ? L'expression que lui a donnée X..., si saisissante, si impressionnante qu'elle soit, est-elle bien celle qu'il fallait lui donner ? Il semble que dans l'expression de ce saint, dont la vie, dit la légende, n'était qu'une longue extase, l'étonnement ne doit pas trouver place, et qu'il ne peut y avoir que le ravissement et l'adoration !

Il faut qu'on sente, dans l'envoi des élèves de Rome, le résultat des fortes études qu'ils vont chercher en Italie. Certains de ces jeunes gens ne semblent pas être émus par la netteté, la beauté, la fermeté de la nature au milieu de laquelle ils vivent. On dirait qu'ils ne la regardent pas, qu'ils ont les yeux tournés d'un autre côté ; ils paraissent plus préoccupés de saisir la manière dont tel ou tel peintre a interprété la nature, que d'interpréter eux-mêmes la nature avec sincérité et de la *manière* qui leur soit propre.

Que de peintres s'attachent au *procédé* so-disant habile, au lieu de s'attacher scrupuleusement à l'étude de la nature !

On devrait dire aux jeunes gens : « Pénétrez-vous bien de ceci, et l'ayez toujours présent à l'esprit. Toute œuvre d'art, plastique ou musicale, est l'expression d'un *sentiment* que vous voulez faire partager à celui qui regarde ou l'entend : si vous n'éprouvez pas vous-même ce sentiment, comment pensez-vous le faire éprouver aux autres ? Si vous composez plus avec votre esprit qu'avec votre cœur, vous serez regardés, entendus avec curiosité, plus qu'avec émotion ; car vous ne serez pas dans la vérité. Mais si vous vous pénétrez de votre sujet, si vous l'aimez, vous le comprendrez, vous vous mettrez à la place de vos personnages, vous penserez, vous agirez comme eux ; de ce sentiment vrai jaillira la vérité du geste, de l'expression plastique ou musicale. Voilà tout le secret, il n'est pas bien difficile à trouver. Peut-être l'est-il un peu plus à mettre en pratique. Pour composer avec son cœur, il faut en avoir, et je crains bien qu'on ait plus souvent de l'esprit. Ayez donc toujours beaucoup de cœur. Je vous assure que vous aurez toujours assez d'esprit.... » Et patati... patata.... Il faudrait toujours parler dans ce sens, sans grand espoir d'agir sur l'esprit des jeunes triomphateurs que nous couronnons à l'Institut ; mais il n'y a rien de plus agréable que de dire des choses justes, même quand on sait qu'elles ne seront pas écoutées ; et dans nos solennités, sous la coupole, c'est bien le cas.

En prenant saint François pour sujet, X... a imaginé une sorte d'apparition dont il n'est question nulle part dans sa vie, et, voulant concilier le *surnaturel* et la *réalité*, il a fait que cette apparition ne peut inspirer au spectateur le même sentiment qu'au personnage du tableau. Pour celui-ci, c'est une apparition *divine*; pour celui-là, ce n'est qu'un berger... et l'auréole qui, pour le saint, est la marque du surnaturel, pour le spectateur n'est autre chose que le rayon de soleil qui, se jouant dans les cheveux blonds, les illumine....

Le peintre a rencontré là, dans son interprétation, un écueil qu'il n'a pu éviter, et, n'ayant pas osé aborder franchement son sujet, dans un sens ou dans l'autre, il est resté indécis, sans satisfaire pleinement ni le sentiment religieux, ni le sentiment contraire, flottant en quelque sorte entre un tableau de genre et un tableau de style.

Il faut se garder de ces interprétations doubles. L'artiste doit entraîner avec lui, dans le même sentiment, celui qui regarde son œuvre et il ne lui est pas permis de la faire de telle sorte qu'on puisse se demander dans quel sens elle a été conçue. Comme nous venons de le dire, par cette auréole, que les peintres ne mettent jamais qu'aux figures divines ou saintes, le miracle est affirmé, en même temps que tout le reste du tableau semble le démentir.

Certes le sujet était beau. Peu de figures sont aussi pleinement intéressantes que celle de saint François d'Assise ; il est vraiment adorable par sa pureté, sa simplicité dans son ardente foi !

Le peintre ne pouvait douter de cette foi ; il devait connaître cet amour intense de la Divinité, qui, chez le saint, s'épandait sur toutes les créatures et lui faisait appeler les oiseaux : « mes frères ! » de même qu'il disait : « mon frère le loup ! » au loup qui faisait la terreur d'Engubbio.

Si le peintre avait représenté le saint, en extase, devant une apparition *divine* et non *douteuse*, il eût composé en maître.

Croire à son *sujet* et l'aimer, est la première condition pour composer ainsi ; autrement on se condamne à ne créer que des œuvres secondaires et qui ne peuvent passionner celui qui regarde.

On ne doit pas oublier que la copie des élèves de l'école de Rome est exigée surtout comme une étude profonde d'un sujet : celui qui choisit ainsi un maître, qui le recherche, parce qu'il l'aime, doit, en l'étudiant, le pénétrer et s'efforcer de surprendre ses secrets.

Il y a des peintres qui traversent l'Orient, qui s'y plongent sans cesse sans que le soleil et la lumière ardente pénètrent leur œuvre.

Le *Soir de la Vie* est peint à la diable; mais que l'idée est touchante et profonde ! Le sentiment moderne y est mêlé de la plus heureuse façon au sentiment antique, et tout y est à la fois noble et familier : en un mot, original. La jeune femme à l'enfant est raphaëlesque, et le groupe des vieux époux lassés par les ans, qui regardent s'allumer les étoiles au ciel, appuyés fidèlement l'un contre l'autre, est émouvant dans sa sérénité triste. On se sent l'âme prise.

Le *Saint Louis* de X... est figuré par un crétin. C'était pourtant un roi vaillant que celui qui, de sa nef, sauta le premier dans la mer pour se jeter sur les Sarrasins.

Mais le petit *Saint Louis* de Z..., auquel nous avons donné une bourse de voyage, est d'un heureux sentiment.

Ce tableau est de la folie pure. Même le paysage est d'un manqué, d'un bête ! Qui est-ce qui ne ferait pas cela ? J'ai fini par découvrir la construction du paysage. Les critiques s'y sont trompés, comme tout le monde ; Judith paraît être en dehors du rempart !... Mais elle est *sur* le rempart même ; il l'a indiqué par un bout d'échelle, qu'elle va prendre pour aller chez Holopherne. On s'explique cela par des bouts de constructions. Vous êtes sur la ville même ; c'est ce qui vous fait comprendre la taille de cette figure de Judith.

Hier je disais au Salon, à Bastien-Lepage : « Je ne voulais pas vous faire entendre une chose banale, en l'air,... et c'est pour cela que je ne vous ai pas répondu l'autre jour ; vous êtes sincère, chercheur, on peut vous parler. » (Il a le malheur, chère amie, d'être entouré de gens qui le perdent.) Je lui racontai ce que je disais du *Charette*....

« Quand on compose, il faut, comme le veut la vieille école, s'arranger de façon que le personnage important

ÉCHEVINS.
Reproduction d'une sanguine de Perles, d'après Meissonier.

du drame soit le personnage important du tableau. Ainsi Charette (contre lequel, par parenthèse, j'aurais combattu) enlevé à moitié mort de la lutte est une figure admirable, émouvante. Et vous me le montrez de *dos*! Et c'est un modèle... que vous me montrez tenant son chapeau comme on ne le tenait pas alors! » On peut travailler beaucoup et composer un tableau tout de travers.... On ne sait plus mettre en scène ; il faut se placer au point pour son tableau. La bêtise des jeunes gens de ce temps-ci, c'est qu'ils ne savent pas circonscrire ce qu'on doit voir et mettre un tableau dans la toile.

On peut avancer hardiment, sans crainte d'être contredit, qu'un tableau qui obtient le prix en loge est toujours inférieur à ceux déjà produits par l'auteur, ou à ce que ses études laissent préjuger de lui.

Laissez donc l'évolution de la pensée se faire librement, dans un cercle indiqué d'avance ; spécifiez que les logistes n'aient à se préoccuper que d'un *auteur*, qu'ils aient à peindre des personnages, non comme le veut la vérité historique d'aujourd'hui, mais comme l'auteur dont le texte est choisi les a peints lui-même ; qu'ils n'aient à représenter les événements que d'après lui et son texte.

On peut quelquefois préjuger les tendances d'un homme d'après le maître qu'il s'est choisi ; ainsi un élève de M. Delaroche voit toujours un peu, comme lui, le côté épisodique des choses ; son esprit n'élargit rien, il ne comprend et ne saisit jamais le point culminant, dominant, du sujet ; c'est toujours le petit côté qui l'attire.... Il ne voit pas, au lieu de rendre l'*âme* de celui qu'il représente.

Tissot a de nobles rêves, c'est un épris d'idéal ! Il est tout aux sujets religieux maintenant, il va et vient en Palestine, sur les lieux mêmes des faits mémorables.

Je trouve saisissant son tableau des *Ruines de la Cour des Comptes*. Deux malheureux, presque idiots de douleur et de misère, sont là, l'homme et la femme. L'invisible Christ s'est approché d'eux, il est radieusement couvert d'une chape d'or, mais il l'entr'ouvre devant les misérables... et comme pour les consoler, les encourager à souffrir et à supporter, il leur montre son corps ensanglanté de divin martyr.

Le protestantisme n'est point favorable aux arts. Vois ce qu'a produit l'Allemagne. Quelle impuissance, quelle accumulation de choses pour ne rien dire ! Kaulbach et autres ! Souviens-toi des cartons de l'Exposition à Munich, on est en pleine inondation d'idées ! A Berlin les murs de l'escalier sont couverts de figures gigantesques qui n'ont pas de sens. Nous sommes plus francs ici et ne trompons personne. Le vin n'est pas fameux toujours, c'est de la piquette souvent, mais on la sert pour ce qu'elle est.

Quand j'ai revu l'autre jour le *Meurtre de l'évêque de Liège* de *Delacroix*, il ne m'a plus impressionné comme autrefois. Il n'y a pas de foule, ni de têtes, l'une derrière l'autre, regardant ardemment ; personne ne se hausse pour voir avidement la chose, pas de bousculades ; chacun a comme son petit vasistas, pour voir commodément ce qui se passe.

Les antithèses, à la mode aujourd'hui, me semblent mauvaises en peinture. Tout doit concourir dans le tableau à l'impression générale.

Le ciel doit s'harmoniser avec les idées, la nature s'accorder avec l'homme. Cela se produit de soi-même dans bien des cas.

⁂

Quelle admirable symphonie que ce *Delacroix* (*Plafond de la Galerie d'Apollon au Louvre*) ! Comme on devrait mettre chapeau bas en passant ! Je n'y manque jamais, vous le savez ; jamais nous ne sommes passés là sans nous arrêter. Je ne connais rien de pareil à cette personnification de la force brutale, stupide, par cet énorme monstre frappé par la lance ; comme on sent que cette patte monstrueuse écraserait tout ! Quel rêve de génie que ces grands lointains qui font naître les rêves !

Delacroix a peint ses lions, ses tigres avec leurs passions. Quant à sa *Médée*, elle est inimitable ; il y a là dedans, comme facture, des choses extraordinaires, qui font penser au Corrège.

Delacroix a eu souvent besoin des autres pour imaginer ; il n'a pas toujours inventé directement lui-même. Il lui fallait un texte, comme Shakespeare.

Jamais *Delacroix* n'a été en Orient. Et quelle couleur, quelle foule ! quel rêve de génie !... *l'Entrée des Croisés*.

⁂

Quels grands aspects calmes et mystérieux il y a dans ce Versailles. En remontant l'immense escalier, marche à marche, le château émerge lentement, il grandit, il s'enlève sur le ciel. Je pensais que, si j'étais ici, j'aurais fait de cela un tableau.

⁂

Autant les autres bas-reliefs de l'Arc de Triomphe sont stupides et lourds, autant celui de *Rude* est admirable par l'emportement et la belle ordonnance.... Ah ! ce *Génie de la Guerre* ! quelle rage il met au cœur ! comme il vous enlève !

J'étais bien jeune quand j'ai vu Marochetti travailler de l'autre côté à la *Paix*.

Je me rappelle qu'un matin je suis passé là avec un ami, allant à pied jusqu'à Vaux près de Meulan, chez Marochetti même, où était sa propriété; j'avais 5 francs dans ma poche, du pain et ma boîte de couleurs à la main. C'est ainsi que pour la première fois je traversai Poissy, et sans me douter, certes, que je viendrais un jour m'y établir.

Poissy n'avait guère alors l'aspect d'aujourd'hui : le fumier était dans les rues.

Les profils, chez *Carpeaux*, sont toujours élégants. L'*Europe* a la mauvaise place à l'ombre.... On éprouve l'ennui de sentir le bassin trop étroit pour les chevaux; ils auraient dû piaffer dans l'eau — on pouvait le faire.

APRÈS LE DÉJEUNER.
(Tableau de la collection de M. le baron Springer, à Vienne.)

Il me plaisait de voir chez *Gemito* cette bonne nature amoureuse de l'art et de tout ce qui est grand, d'une gaieté si naïve, si confiante en elle-même, parce qu'elle ne comprenait pas le mal et ne voulait pas l'accepter. Je l'aimais parce que je trouvais qu'il me ressemblait, que j'étais comme lui autrefois, que les pensées qu'il avait, les choses qu'il disait, je les avais pensées et dites, quand j'étais très jeune. Et je me rappelais cette lettre qu'alors j'écrivais à mon père, quand je ne connaissais rien de la vie, que j'aimais déjà les arts et que je rêvais d'être peintre : « Donne-moi trois cents francs et tu n'entendras plus parler de moi que plus tard. »

Il me demandait : « Que vas-tu faire ? — Aller à Naples, où je vivrai comme les lazzarone, et je trouverai bien là quelque peintre qui me prendra à son service. »

L'église de Saint-Pierre-de-Montrouge, de *Vaudremer*, est une merveille de proportion et d'harmonie; j'en ai été frappé encore l'autre jour en y entrant.

Le tableau de *Mackart* est figé. Pourquoi ? Pour qu'un tableau soit palpitant, ait de la vie, il faut qu'on sente dans le moment choisi et exprimé par le peintre toute l'âme antérieure des personnages.

C'est ce que Rembrandt, ce génie dont je voudrais, tant je l'adore, baiser pieusement les pieds, a toujours merveilleusement compris. Rien d'indifférent dans son œuvre; tout concourt à l'action. Dans les *Disciples d'Emmaüs*, auxquels nous reviendrons toujours, la figure de l'enfant qui apporte le plat, et qui semblerait accessoire, est une note de plus. On sent que la vérité l'a saisi et qu'il en a eu soudain la vision.

BUSTE DE MEISSONIER.
(Bronze de Saint-Marceaux exécuté du vivant de Meissonier. Commandé en marbre par l'État pour l'Institut.)

Les tendances de la peinture moderne sont déplorables à tous égards. L'absence d'idées est remarquable ; mais dans cette nullité d'invention, les procédés et les effets sont quelquefois étonnants. Bien des peintres aujourd'hui sont des virtuoses du pinceau, ce ne sont pas des compositeurs.

Le siècle qui s'avance est composé surtout de *restaurateurs* — l'érudition en architecture est profonde — et de critiques en littérature, c'est-à-dire de ceux qui vivent de la substance des autres et qui n'existeraient pas sans les créateurs dont ils parlent. On reprend, on restaure, on commente, on analyse, on ne produit plus de grandes œuvres comme aux temps de foi. Aujourd'hui les cathédrales ne surgiraient plus des âmes. Beaucoup de science, de talent, de facture ; peu ou point d'idées.

Quel admirable buste j'ai vu hier soir au Cercle ; je n'en finissais plus de regarder cette figure de femme attrayante et profonde ; je ne pouvais quitter le dialogue muet échangé avec elle ; j'ai été ce matin embrasser *Saint-Marceaux*, le jeune auteur, et lui dire mon enthousiasme.

M

L'ARTISTE doit rester dans son atelier, où il est roi. Qu'a-t-il à faire dans le monde, où, sans tenir à lui, on se pare de sa présence, quand il est célèbre, en le servant aux invités. La conversation de salon ne peut être la plupart du temps qu'un vol de mouches çà et là ; constamment interrompue, sans développement possible, la pensée même des personnes qui se mêlent de causer d'art est souvent déjà loin du sujet avant la réponse.

Il faut laisser dire sans s'inquiéter de rien, quand on a sa conscience pour soi. Un homme en train de monter ne doit pas s'inquiéter de l'aboiement des roquets enragés au bas de l'échelle.

Il faut toujours et quand même se présenter au public en toilette.

La vérité dans l'art, on doit la chercher toujours ! mais, hélas ! on ne peut la trouver toujours....

Elle n'est pas dans le domaine infini des spéculations de la pensée, elle est dans le cœur : c'est de là qu'elle doit sortir. Ces simples mots

L'Attente.
(Léguée par testament de l'auteur au musée du Luxembourg.)

en art résument tout. En parlant des maîtres, il faut dire simplement aux jeunes gens : aimez-les, et ils vous aimeront et vous le feront voir en vous rendant forts.

La plus haute expression religieuse a été trouvée ; la mine a été exploitée, fouillée en tous sens. C'est ailleurs qu'il faut maintenant chercher d'autres filons, dans le domaine historique : il faut ouvrir la route et marcher ; l'avenir est là.

Chacun court à la débandade ; les tableaux sont pleins d'anachronismes, parce que l'artiste travaille au hasard, avec un livre, à lire des documents pêle-mêle. L'on se dit, par exemple, un jour : « Tiens, je vais faire un tableau Louis XIII », on fouille un peu à la Bibliothèque, et on bâcle la chose. Est-ce ainsi qu'il faut marcher ? Ne faut-il pas au préalable faire une étude de l'époque choisie ? L'histoire et la peinture sont deux sœurs qui s'affirment l'une par l'autre et se soutiennent.

L'artiste, ainsi préparé, entre au cœur de la place, s'identifie avec les choses, s'incarne avec les êtres ; il a vécu dans l'époque, il en rêve.... Que de nuits Napoléon a traversé mon sommeil !...

Si chacun fouillait ardemment et consciencieusement à la place choisie, quel trésor de vérité on apporterait à la masse ! à quelle œuvre magnifique, puissante et solide, on se consacrerait tous, selon ses forces !

Au lieu d'avoir le spectacle d'un concert, d'une harmonie, d'une confrérie de peintres enfin, c'est un chaos, où chacun patauge.

L'homme autrefois avait le respect de lui-même ; il soignait son allure et y pensait, et n'avait alors qu'à s'arrêter dans un mouvement familier pour être compris et saisi par l'artiste ; dans les tableaux du temps, l'heureux geste, l'attitude harmonieuse ne sont pas une pose recherchée en passant dans l'atelier du peintre ; ils sont naturels à l'époque, une part du bon vieux temps ! Qu'il mérite bien ce titre, à mon sens ! Mes habitudes et mon caractère sont d'un autre siècle....

Nous faisons des efforts pour croire; c'est en vain pour le plus grand nombre. Hélas! la foi est morte. Aujourd'hui la seule chose qui reste à faire à la peinture, c'est de montrer au peuple, dans leur exactitude, les choses historiques. Versailles aurait dû être une série de jalons plantés pour l'Histoire de France : tel fait significatif bien en lumière et tel autre de moindre conséquence à sa vraie place, dans l'ombre. Si une commission avait fait un choix judicieux d'épisodes, on serait entré là, à Versailles, dans l'histoire nationale, en la vivant. Supposez qu'on ait formé une école de peinture comme nous avons l'École des chartes, quel incomparable musée! Point de recherches archaïques; une simple représentation des choses marquant les étapes de l'humanité française. Voilà le paysan du temps de Vauban; et voilà nos paysans d'aujourd'hui dans leur bien-être relatif et dans leur coin de champ bien à eux!

Ces visions exactes des époques manquent absolument.

Le rôle de la peinture est de venir en aide à l'histoire. Thiers parle de l'éclair des sabres! Et cet éclair, le peintre le grave dans la pensée.

Nous avons passé et repassé dans la campagne sans remarquer le paysan au travail. Millet vient, et il nous montre la pauvre bête de somme attachée à la glèbe, son labeur effroyable, incessant, et cela nous reste aux entrailles. De même pour les paysages.

Puisque nous ne pouvons plus rien exprimer, en fait de sentiment religieux, ne croyant plus à rien, si j'étais ministre des Beaux-Arts, je voudrais donner l'impulsion à la peinture historique.

Chenavard avait proposé de décorer ainsi le cloître des Invalides, mais c'eût été une synthèse trop forte et dont les esprits élevés auraient seuls tiré le profit. On bourre les enfants de faits et de dates, qui n'ont pour eux aucune signification; ils répondent sans broncher à des chronologies que j'ignore; le fils de mon jardinier m'étonne quand je l'interroge, les dates partent comme par un ressort; mais, quant à l'impression des choses, à la philosophie des faits, bonsoir, plus rien; *il ne voit pas.*

Quel essor on pourrait donner aux âmes avec une direction bien entendue dans ce sens. Il n'y a pas de commune en France qui n'ait son fait héroïque ou intéressant à faire vivre. Et quel avenir pour les

ATELIER DE MEISSONIER A PARIS.

artistes, quelle mine à exploiter ! Comme cela obligerait les jeunes gens à travailler !

Je plains les gens qui ne connaissent pas assez les époques pour se les représenter de pied en cap en lisant l'histoire.

Les *Récits des Temps mérovingiens* d'Augustin Thierry vivent pour moi. En lisant les *Tragédies* de Shakespeare, je puis esquisser la taverne de Falstaff. Je vois de même le Pont au Change sous Henri IV avec son plancher et ses boutiques. Les faits et les choses prennent alors un relief saisissant !

Quelle belle chose il y avait à faire à Versailles !

Chaque peintre au préalable aurait dû fournir ses preuves, soumettre une esquisse, démontrer qu'il possédait à fond l'époque choisie par lui. On aurait eu alors un véritable monument national.

Les grands faits de l'histoire de France sont incontestables et désignés d'avance. Il fallait alors ménager la place selon l'importance du sujet, n'en pas affecter une grande à un épisode obscur, et une petite à une scène mémorable ; cela sans souci pour la dynastie régnante, la question étant placée plus haut.

Il fallait qu'en entrant, on eût trouvé d'abord, dans une série d'enchaînements réguliers, l'histoire de la vie même de nos aïeux, les transformations successives par lesquelles l'homme d'autrefois était devenu l'homme d'aujourd'hui ; et cela, pour chaque étage social : laboureur, bourgeois, soldat.

Le plus clair de tous les livres eût été alors ouvert devant tous. Le manque des connaissances historiques fait qu'un Zamacoïs, par exemple, dans son tableau du *Fou de cour*, fait s'incliner profondément devant le nain un chevalier du Saint-Esprit : ce qui est aussi monstrueux, aussi impossible qu'il le serait de représenter aujourd'hui un grand-croix de la Légion d'honneur se courbant devant un mendiant.

Je voudrais que dans les collèges la base de l'éducation fût le dessin : c'est la langue universelle et celle qui peut tout exprimer. Un trait même informe nous donne une idée plus exacte des choses que la phrase la plus harmonieuse. Le dessin, c'est la vérité absolue, et partout on devrait enseigner la plus merveilleuse de toutes les langues.

Aujourd'hui l'histoire a quitté le domaine des faits arides, des dates sèches, pour faire revivre par le détail la physionomie des siècles. La peinture suit une route parallèle. Quelle double jouissance pour le peintre qui lit une page d'histoire! Pour moi qui ai étudié à leurs dates l'architecture, le costume, les coutumes, quand on me raconte un fait historique, je le vois en chair et en os; la scène se reconstitue soudain sous mes yeux telle qu'elle fut. Tout se passe réellement, immédiatement, sous mes yeux; j'entre en scène d'emblée, je vois les gens, sous leurs armes, ou dans leurs vêtements, avec les figures qu'ils avaient alors; c'est une incarnation ardente, involontaire, qui me donne d'autres sensations qu'à vous. Leurs maisons, leurs meubles, leurs habitudes, tout m'est familier et connu, j'entre dans leurs sentiments, je les comprends; l'assimilation est rapide, profonde, ineffaçable. Ce qui s'inscrit à peine en lisant, dans d'autres esprits, se grave à jamais sur les nôtres, quand nous sommes véritablement préparés, et l'œuvre germe d'un bon sol.

Les choses, à Versailles, prennent un aspect saisissant. Quand on pense, en face des grandes lignes du château, aux foules enivrées du monarque qui ont passé là, aux seigneurs désertant à l'envi leurs propres domaines pour venir manger leurs revenus aux pieds du roi, s'estimant heureux d'habiter dans les combles, pourvu que ce fût au palais !

Il y a une question qui se pose et qu'il serait profondément intéressant de discuter.

On peut dire que l'art, au début, n'est qu'une manifestation des choses que l'artiste a dans l'âme; l'art naïf, plein d'inexpérience, rend alors la passion, et l'expression domine tout. Et plus cette émotion diminue, plus l'art atteint sa perfection et la belle ordonnance.

Quel problème! L'art doit-il avoir pour but d'émouvoir les passions? ou doit-il se préoccuper surtout de nous mettre en face du beau absolu?

De son vivant, l'homme ne doit laisser voir que des choses achevées. Le peintre fait des tableaux en y mettant tout ce qu'il peut y mettre, il ne doit pas livrer au public les moyens, les études, qui lui servent pour faire son œuvre. Après la mort, hélas! c'est autre chose; on fait alors ce qu'on veut sans prendre souci trop souvent de sa volonté.

Le poète a beau célébrer son sujet en vers, la vie est toujours incomplète, tandis que, par le génie du peintre, c'est l'âme tout entière qui continue à vibrer dans les yeux aimés.

Le mystérieux sourire... ne s'évanouit plus, il demeure....

Une physionomie où l'âme transpire vaut mieux que tout....

Le nu est ce qu'il y a de plus beau au monde....

Les esprits sont divers, les études différentes, les procédés sont dissemblables et personnels. Avec les concours, quoique les entraves soient les mêmes pour tous, a-t-on la juste mesure de chacun ?... On peut avancer hardiment, sans crainte d'être contredit, qu'un tableau qui obtient le prix en loge est toujours inférieur à ceux déjà produits par l'auteur, ou à ce que ses études laissent préjuger de lui.

Laissez donc l'évolution de la pensée se faire librement, dans un cercle indiqué d'avance. Spécifiez les études : que les logistes n'aient à se préoccuper que d'un seul auteur, celui qu'on leur donne ; qu'ils aient à peindre leurs personnages, non comme le voudrait peut-être la vérité historique d'aujourd'hui, mais comme l'auteur dont le texte est choisi pour les inspirer les a peints lui-même ; qu'ils n'aient à représenter les événements que d'après lui.

Il faut, en exécutant, qu'on sente son rêve supérieur à toute expression réalisée.

C'est douloureux de se dire qu'on a trop vécu, puisqu'on ne voit pas monter d'âmes supérieures à l'horizon artistique ; aujourd'hui les dieux s'en vont ; on ne les comprend plus ; on s'en moque. Une tristesse infinie monte au cœur en face de cette génération, sincère dans ses démolitions, c'est possible, mais impuissante à rendre même son terre à terre, abaissant tout, coupant la fleur divine et la foulant aux pieds.

LE LISEUR BLANC.
(Tableau de la collection de M. Chauchard.)

Ce siècle-ci n'aura rien en propre, il emprunte tout aux autres siècles qui ont été, eux, exclusifs et personnels.

Jamais, au XVIe siècle, on n'aurait eu l'idée de construire un hôtel qui n'eût pas été du style de l'époque, de même au temps de Louis XIII et de Louis XIV. Autrefois on fourrait au galetas tous les meubles d'une autre époque; on inventait un art personnel. Aujourd'hui on pêche à droite, à gauche, en arrière, selon la fantaisie du propriétaire et de l'architecte; nous n'avons pas d'architecture : c'est le siècle des gares de chemins de fer et des Halles centrales, c'est l'âge du fer employé partout.

L'homme autrefois avait le respect de lui-même....

Dans les tableaux du temps, l'heureux geste, l'attitude harmonieuse, ne sont pas une pose, recherchée en passant, devant l'artiste. L'homme soignait son allure, il y pensait, il n'avait dès lors qu'à s'arrêter dans un mouvement ordinaire, pour être compris par le peintre; on parle du bon vieux temps : qu'il mérite bien ce titre à mon sens ! **Ma** maison et mon caractère sont d'un autre âge. Presque jamais dans les tableaux anciens vous ne verrez un individu les jambes croisées, comme on le fait constamment aujourd'hui.

Pourquoi le fait, aujourd'hui si simple, de copier fidèlement les objets qu'on a devant les yeux, a-t-il été si longtemps, pour les artistes, une chose dont on ne paraissait pas se douter ?...

Il ne semble pas, cependant, que ce soit par suite d'une volonté absolue de ne pas copier la nature, puisqu'on rencontre toujours, dans les œuvres de ceux mêmes qui s'en sont le plus éloignés, des gestes, des expressions, des détails de toutes sortes qui montrent qu'ils l'ont consultée ; et que, de plus en plus, on peut constater et suivre, pour ainsi dire pas à pas, les efforts qui ont été faits pour s'en approcher davantage. Dans les plus anciens monuments de l'art, qu'il s'agisse de sculpture, de mosaïque, de vitraux ou de fresques, si barbares qu'ils nous paraissent, on trouve toujours l'empreinte de la nature : l'observation est naïve, familière même. Est-ce à dire qu'elle est identique à la nôtre? Non; ce qui nous préoccupe, ce que nous cherchons à rendre, c'est avant tout la saillie des choses, leur vérité, leur vie.... Nous voulons presque que le marbre puisse céder sous le doigt comme de la chair ! nous voulons que l'on puisse croire que c'est le sang, bien plus que la couleur, qui donne à certaines peintures leur admirable ton.

Mais peut-on penser que Léonard, le *Titien*, le *Corrège* et *Rembrandt*, ces divins magiciens, n'aient pas eu, eux aussi, avant toute chose, cette volonté de lutter avec la nature, pour lui arracher le secret de la vie, et ne sont-ils pas sortis de cette lutte presque vainqueurs ?

Quel est celui d'entre nous qui, troublé par cet incomparable portrait appelé on ne sait pourquoi le *Doreur*, et que nous n'avons pas su garder en France, n'ait pensé qu'en piquant la toile, il en sortirait une goutte de sang ? La vérité est que les premiers artistes, qui bégayent encore, ne songeaient qu'au drame. Plus j'ai vu les œuvres de ces maîtres, plus j'ai eu la conviction profonde qu'ils ont été pénétrés de leur sujet, entraînés par lui, qu'ils ont cherché à faire entrer dans l'âme des spectateurs l'émotion qui était dans leur propre cœur, toute palpitante, naïve, brutale, incorrecte, si l'on veut, mais si saisissante que jamais personne n'a pu les égaler.

Quel effet devaient donc produire ces peintures alors que ceux sous les yeux desquels elles étaient placées croyaient sincèrement aux choses qu'elles représentaient quand elles nous troublent et nous émeuvent à ce point — nous qui n'avons plus cette foi ?

Les historiens ont trop négligé, dans leurs récits, l'influence des œuvres d'art sur l'âme des contemporains. A certaines époques, elles étaient l'expression si fidèle des sentiments humains, qu'ils auraient pu trouver là des sources d'informations bien précises, sur ce que nous appelons aujourd'hui les états d'âme.

Souvent d'un paysage ordinaire à première vue il se dégage à certaines heures une poésie exquise, un sentiment de calme profond, délicieux. On sent qu'être là vous ferait du bien, vous détendrait l'âme ; on a la sensation d'un épanouissement dans la nature. Les paysagistes sont des gens heureux....

Nul artiste ne peindrait s'il savait ne jamais montrer son œuvre, s'il savait qu'aucun être vivant ne la verra jamais.

LA SEINE A POISSY : MEISSONIER A CHEVAL DANS LE LOINTAIN.
(Tableau de la collection de M. X...)

L'artiste souffre mort et passion quand il ne peut rendre ce qu'il sent, quand il constate son impuissance et se trouve au-dessous de son sentiment intérieur dans l'expression réalisée.

Être en face du beau, c'est un ébranlement enivrant de tout l'être. L'artiste, ce créateur, connaît seul ces profondes jouissances de la conception et de l'enfantement !

Quelle joie inexprimable, de recaresser la ligne et la nature dans un élan d'admiration, dans une ardeur de vérité !

Il faut savoir porter — ce qui est rare — un costume avec l'aisance et la désinvolture du temps. Il faut savoir se draper dans un manteau de velours,

GENTILHOMME
LOUIS XIII.

porter la cape et l'épée, coiffer la toque, de façon qu'elle ait un air XVIe siècle : c'est sur la tête qu'elle prend son caractère.

Que de fois j'ai dit à ces jeunes gens qui peignent avec un talent extrême des choses inutiles : « Nous n'avons pas d'autres raisons

LE TOURNEBRIDE.
(Tableau de la collection de M. Chauchard, Paris.)

d'être que d'apprendre aux autres à regarder et à admirer, à voir ce qui est beau, ce qui est élégant. Ainsi, un tel... est un peintre bête, mais un chercheur : il a peint dans sa vie des morceaux inimitables, mais rien que des morceaux. » Rome est nécessaire pour y apprendre le style, la noblesse et la beauté.

Le musée des copies peut être excellent pour les artistes, pour ceux qui savent. Une copie même médiocre donne l'idée du tableau mieux que la gravure, parce que la tonalité des couleurs s'y retrouve ; on imagine la touche du maître, à côté du mal rendu du copiste. C'est ce qui m'arrive. La mauvaise copie du tableau des *Lances*, par Regnault, m'intéresse quand même, car je possède assez Vélasquez pour imaginer son exécution dans la gamme des tons indiqués.

C'est un bonheur de travailler en plein air, et les paysagistes tranquilles sont des gens bien heureux ; ils ne sont pas nerveux comme nous autres....

Que de gens ont une facture extrêmement habile! mais il leur manque une chose suprême, qui ne s'apprend jamais, un je ne sais quoi qui fait que jamais ils ne sauront composer ; pas plus que ne sera jamais habillée la femme qui subit sa couturière, sans la diriger....

Pour nous tous, artistes, chaque étude nous redonne le sentiment heureux dans lequel on l'a faite. C'est à toi que je pense en faisant ce tableau. C'est nous qui sommes là sous d'autres formes.

Les voyages ne sont bons que pour ceux qui courent afin de tuer le temps, ou pour les écrivains et les poètes qui se servent de ce qu'ils voient en passant. On dit que Lamartine faisait ses vers à cheval; mais un peintre ne peut voyager sans s'arrêter. Comment faire une œuvre si l'on ne repose quelque part sa pensée?

Nous avons tous des procédés différents, mais aucun de nous ne devrait se lancer à la légère dans l'exécution d'un tableau sans y avoir longuement réfléchi, sans avoir, pour le composer, accumulé tous les documents autour du sujet choisi, sans avoir, pour le peindre, rassemblé toutes les ressources matérielles, en déplorant l'insuffisance des uns et des autres....

M.... me montrait un jour sa composition, un *Samson*, un géant, assis tristement près de la meule que deux Philistins craintifs touchent de loin avec une gaule.... « Vous comprenez, lui dis-je, que vous êtes à

Les amateurs de peinture.
A S. A. R. Mgr le duc d'Aumale (Galerie de Chantilly).

côté du vrai texte. Sa vertu, sa force étaient dans sa chevelure ; une fois celle-ci coupée, Samson réduit en servitude, Samson n'est plus un géant, c'est un homme ordinaire, avec lequel des lâches jouent par dérision, comme on le ferait avec un lion aux ongles rognés. Il fallait changer vos Philistins en enfants. De loin alors, ils osent toucher Samson du bout d'une gaule, comme ils le feraient avec un molosse énorme. Vous me dites, mon cher, que vous voulez faire de la peinture réaliste. Mais vous ne savez pas composer, vous autres, jeunes gens. Pour bien composer, il faut méditer longuement son sujet, l'examiner dans tous les sens et en saisir, comme on disait pendant le siège, l'instant psychologique, c'est-à-dire le point culminant, celui qui fera la dominante du tableau, celui où les sentiments et l'action atteindront leur apogée dramatique.

CROQUIS A LA PLUME.

« Vous traitez par exemple la mort de *Virginie*. Vous me montrez vos popines de marchands de vin ; vos boutiques de bouchers sont exactes certes, mais j'y vois trop de choses. Songez qu'Appius n'est entré là que pour saisir le couteau, dans un éclair, et vous me le représentez, lui, le personnage actif principal, le héros, caché par la foule qui ne me laisse voir que son bras armé, non son visage, tandis que Virginie, morte, est seule étendue dans un coin.

« Quant aux femmes qui sont là, ne sentez-vous pas d'abord qu'en voyant la jeune fille frappée, elles ne doivent s'occuper que d'elle, voir éperdument s'il n'y a aucun moyen de la ranimer, de la secourir, de la sauver, tandis que les hommes, eux, écoutent les paroles vengeresses d'Appius! Que leur font, à elles, en ce moment, le patriotisme et le reste!... Virginie est blessée à mort! Tout est là pour elles, évidemment, et vous me laissez voir le cadavre abandonné. C'est impossible. Quant au défenseur de Virginie, à son fiancé, il se tord les mains de désespoir : cela n'est pas vrai non plus. Il doit voler à elle, essayer passionnément de la sauver, fuir aussi, puis, la sentant *morte*,... courir à son père. Et

FUMEUR.
(Tableau de la collection de M. Chauchard.)

quant à celui-ci, le héros de l'action, lui qui a dû, apprenant l'outrage, embrasser étroitement sa fille adorée et lui dire : « Je te tue pour te sauver l'honneur », et la frapper brusquement en même temps ; songez-y donc, il doit tenir encore dans son bras ce corps sanglant de son enfant et lever de l'autre le couteau rouge de sang en faisant appel aux Romains contre le tyran ! Voilà la vraie scène.... Virginie est absolument passive, ne l'oubliez pas. Ce n'est pas elle qui agit, elle est subordonnée à ce qu'elle subit. Ah ! si son père lui eût dit : « Il faut mourir », qu'elle se fût frappée elle-même, ou qu'elle eût volontairement présenté au fer sa poitrine, c'eût été différent, elle agissait, elle faisait acte de volonté ; mais là, je le répète, elle ne consent pas, elle subit... »

Il faut toujours dégager le côté dominant de son sujet ; c'est une invariable règle. On est bien forcé de parler de soi pour se faire mieux comprendre....

Dans le *1807*, l'Empereur est immobile au second plan ; le torrent d'hommes passe,... mais c'est lui, l'immobile,... qu'on voit d'abord cependant et qui domine toute la scène.

Dans le *1814*, pour obtenir l'effet, je me suis placé à trois pas de l'Empereur. La décroissance se faisait alors brusquement, et la figure de l'Empereur grandissait. Si je m'étais placé plus loin, tout était perdu; le terrain étudié, vu immédiatement, tout rend l'effet plus saisissant.

M. Delaroche a rencontré l'équilibre de la composition et a dégagé l'effet dominant dans son tableau si bien composé de la *Mort du duc de Guise*. Le côté passif, celui de l'assassiné, balance l'autre cepen-

LE DÉCAMÉRON.
(Tableau de la collection de lady Wallace, Londres.)

dant par l'importance du grand mort qui faisait trembler le roi de France et qui, seul, étendu d'un côté, le remplit en face du groupe....

Il y a des peintres, et c'est bien amusant, qui possèdent des *procédés* toujours les mêmes; ils savent d'avance parfaitement comment ils traiteront telles ou telles choses; c'est à même, devant la nature, que je trouve la facture appropriée à l'objet.

Les *Edelinck*, les vieux graveurs d'autrefois, ceux-là savaient à fond leur métier, ils avaient une base d'éducation solide. Aujourd'hui les

PAYSAGE.
(Croquis au bois.)

jeunes gens entreprennent sans vergogne les choses les plus difficiles sans savoir dessiner ; ils ne doutent de rien.

Il y a des jours où l'on ne peut rien goûter.... d'autres où tout vous enivre. En fait d'art, tout dépend de la disposition intime que nous apportons devant ces choses.

Si nous sommes véritablement amoureux de notre art, plus nous deviendrons habiles, moins nous produirons, car plus nous deviendrons difficiles.

Jamais je n'hésite à gratter des journées entières de travail et à recommencer pour me satisfaire, pour tâcher de faire mieux ! Ah ! ce mieux, qu'on sent en dedans, et sans lequel un véritable

PAYSAGE
(Croquis au lavis.)

artiste n'est jamais content de soi....

Les autres peuvent approuver, admirer : cela n'est rien, à côté du sentiment qu'on a de ce qui doit être fait.

Je demandais l'autre jour au docteur G... si, dans la science médicale, le même cas se présentait que dans l'art. Y a-t-il rupture de chaînons dans la science acquise? « Non! » me répondit-il.

Est-ce donc par impuissance? est-ce de parti pris que certains peintres, d'une certaine période fort longue, qui avaient sous les yeux l'antiquité et la nature, semblent avoir tout oublié de la science

LE PETIT HOMME ROUGE.
(Tableau appartenant à MM. Arnold et Tripp, Paris.)

acquise, et recommencent, en tâtonnant, comme des enfants, pour revenir lentement, laborieusement, à la réalité qu'ils avaient sous les yeux? Je laisse de côté les gestes hiératiques des Vierges byzantines. Souvenez-vous de Murano! L'ascétisme chrétien supprimant l'épanouissement des chairs! Par quels motifs ces peintres, si habiles, ont-ils mis ce long temps à revenir à la nature?

Que Notre-Dame était donc admirable! Comme les bas-reliefs, autour du chœur, étaient beaux avant d'être peinturlurés! L'or, mainterant, empêche d'en saisir le dessin, le modelé ; il cache la structure et la physionomie des personnages. Voyez ce tapis algérien : il donne une sensation confuse de la couleur, mais on n'a pas, en le regardant, la sensation de la vraie beauté de l'ordonnance.

On peut dire que Raphaël est le maître du *pli* et de *l'ajustement*. Eh bien, imaginez une de ses belles draperies bariolée de couleurs ! Voilà pourquoi cela me gêne et m'ennuie de voir les statues peintes de Notre-Dame !

CROQUIS A LA PLUME.

En peinture il faut éviter les sujets littéraires. La chose représentée, l'action, le drame choisi doit émouvoir et frapper l'âme immédiatement, sans le secours d'aucune légende explicative.

Qu'on ne me parle pas de ces œuvres d'art qui échappent, dit-on, à la connaissance du public, et qui ne sont faites que pour les initiés aux jugements académiques !... J'ai toujours combattu ce principe, prétendant avoir mon sentiment sur la musique, tout en ne connaissant pas la technique, comme le musicien, lui, peut avoir le sien sur la peinture, etc. Les cinq classes de l'Institut sont justement appelées à un vote commun. Eh quoi ! un peintre, un musicien ne composeraient que pour leurs semblables ! Allons donc ! Je veux revenir cent et cent fois à l'œuvre qui m'aura parlé ; mais je ne tiens pas à étudier péniblement les choses obscures, si leur sens ne m'est pas révélé tout d'abord.

Je me rappellerai toujours l'effet extraordinaire, saisissant, que me produisit dans l'*Africaine* le chant des violons à l'unisson....

« Quelle ânerie ! m'ont dit depuis des musiciens. Quoi de plus simple ? » Fort bien ; mais il fallait trouver ce prodigieux effet si simple.

On entre d'emblée dans les chefs-d'œuvre : dans les *Huguenots*, par exemple. Tandis que certains maîtres de l'école allemande vous disent : « Promenez-vous dans les ténèbres, la lumière se fera peu à peu », moi, je la demande tout de suite.

SUR LA TERRASSE.
(Tableau de la collection de M. Bernheim jeune, expert.)

Quand je suis un motif musical, il se dessine dans mon âme, il éveille des formes, des paysages. Ainsi, en entendant la *Symphonie en la* de Beethoven, ma préférée, ma passion, je voyais un paysage de Grèce souriant au soleil, des bassins d'eau transparente au-dessus desquels volaient des libellules, où des nymphes se baignaient se tenant la main.

Nous prenions souvent du hachich à l'hôtel Pimodan, chez Boissard, à l'île Saint-Louis. Nous le prenions à jeun, ayant reconnu l'inconvénient de manger auparavant. Je me rappelle ce que, dans cet état, me faisait toujours éprouver la musique. Il me semblait voir réellement chaque son, sous la forme de pointes de feu qui faisaient, en s'assemblant, des dessins symétriques parfaitement réguliers, d'une belle ordonnance. C'était à se croire dans un jardin de Le Nôtre, et je me disais intérieurement avec désespoir : « Dans cette ivresse, je n'aurai donc jamais d'imagination!... Toujours cette régularité, ce rythme. » Je fermais les fenêtres pour ne pas m'élancer, parce que j'avais toujours la sensation délicieuse de l'évanouissement de la matière et de la pesanteur.... Et les pointes de feu dansaient en cadence, toujours et toujours, jusqu'à ce qu'il se produisît sans doute un haut-le-cœur, qui les faisait évanouir et éclater en l'air comme un bouquet triomphant de feu d'artifice!

Le fond de la nature se révèle, même, dans cet état d'excitation artificielle. J'ai besoin en toute chose de l'harmonie, de l'accord parfait; jamais je ne me lasse de les chercher....

J'aime à bien faire, à faire de mon mieux tout ce que j'entreprends, petites comme grandes choses.

Restons chacun dans notre domaine; il est assez vaste toujours pour que nous n'ayons pas à en sortir. Si l'homme de lettres veut faire un paysage aussi bien que nous, il se f... dedans. Je ne peux, peintre, représenter qu'un fait, qu'une chose accomplie. Aujourd'hui, dans la *Revue*, je trouve un article où il y a confusion de mots; on y parle de la « plasticité des sons ». Je défie la musique de dessiner la *Lecture chez Diderot*, par exemple!... L'homme de lettres, c'est évident, va m'en faire la description, mais sur la description la plus minutieuse du monde on imaginera toujours autre chose que le tableau réel. Seulement moi, peintre, je ne peux pas représenter le *Qu'il mourût!* de Corneille! Je peux en représenter les *conséquences*, Horace fuyant, etc., mais je ne peux pas représenter le mot si laconique, si héroïque....

Quand j'entends une symphonie de Beethoven, comme celle de ce soir (la *Symphonie héroïque*), la construction en est si parfaite qu'elle éveille dans ma pensée d'harmonieuses lignes, et les sons se dessinent réellement devant moi dans leur symétrique beauté...

Dans toute symphonie il me semble que les arabesques variées, et les

La Confidence.
Collection de M. Chauchard.

détours même enchanteurs, ne font qu'enflammer le désir de retrouver la mélodie centrale qu'on sent revenir dans un voluptueux apaisement. Tout l'être satisfait est caressé alors par la reprise attendue.

Il est difficile de classer les arts et de leur assigner des rangs secondaires ou supérieurs. Mais il est évident que la musique agit plus sur les sens. On y voit ce qu'on veut;... on peut même entraîner ses amis dans son impression. Un mouvement changé, et la symphonie change de caractère. Après avoir, des années, pleuré aux accents profonds et navrants de la *Symphonie en la*, on découvre que Beethoven en voulait faire une chose gaie, et en effet, en pressant le mouvement, on obtient une tout autre impression. Gluck a dit qu'on pourrait danser sur « *J'ai perdu mon Eurydice* ». Dans les arts plastiques il n'en va pas de même : on enferme sa pensée inaliénable, inchangeable désormais, dans une forme éternelle, qui ne peut être interprétée différemment.

Qu'on est bien, dans l'ombre d'une baignoire, pour jouir profondément de Beethoven, rien ne trouble l'émotion.... Ah! cette *Symphonie en la*! ma passion toujours, depuis que je l'ai entendue ici, il y a bien longtemps, pour la première fois! C'est celle que je veux dans l'église après ma mort... (1). Quels accents fatals, pénétrants, dans cet *andante* inexorable, déchirant comme la marche du destin, qui vous prend l'âme! Et plus loin, dans les joies brillantes et capricieuses du gai finale, des impressions de jeunesse me reviennent. Ce soir, comme autrefois, quand je l'entends, les sons heureux amènent devant moi les paysages charmants de mon enfance, de ma jeunesse, dans le Dauphiné,... à Grenoble.... Sous la musique, je revois l'eau claire des ruisseaux bondissants, les bouquets de saules, dans le soleil étincelant... et la bande errante, légère, des demoiselles bleues, aux longs corsages, aux ailes transparentes... volant çà et là sur les eaux....

Quels admirables fragments de Pergolèse nous venons d'entendre!...

(1) Elle fut exécutée aux obsèques de Meissonier à la Madeleine (3 février 1891).

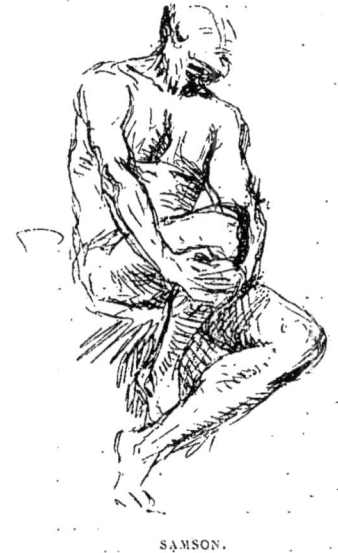

SAMSON.
(Croquis à la plume.)

Et ce vieux Bach! comme la sereine et profonde beauté nous emporte haut!...

Pour entendre de la musique, il faut que je prenne l'habitude de ne pas penser dès qu'on me lit un *libretto* : la musique qui allait me saisir m'ennuie, parce qu'elle ne correspond plus à mon sentiment, à ce qu'elle allait me faire rêver.

Dans tous les paradis imaginés vous ne voyez jamais les anges que chanter et faire de la musique, et jamais peindre, ce qui demanderait de la réflexion et de la logique. Depuis des éternités, on est allé trop loin, en voulant tout faire rendre à la musique. Berlioz était de ceux-là. Qu'elle donne un sentiment général, d'extase, de tristesse, etc., mais ne spécifiez pas trop. Dans le paroxysme suprême, un sentiment est toujours inexprimable ; je ne peux donc me mettre à le chanter. Concevez-vous un être sous le coup d'une grande émotion, s'arrêtant pour s'analyser et faire un discours? La musique ne peut exprimer que des états d'âme; quand elle veut entrer dans le détail, elle sort de son objet. Si vous voulez arriver à dire que par le son je vois tel ou tel bonhomme, je ne vous suis plus : bonsoir. Un art ne doit pas empiéter sur l'autre.

« Quand je compose un opéra, disait Gluck, j'oublie tout, je me mets à la place de mes personnages et mon cœur me dit ce qu'ils doivent chanter.... »

Jamais je ne signe un tableau tant que la chose n'est pas finie selon mon âme.

Demandez à la Bibliothèque l'œuvre de Chodowiecki; il n'y a pas de livre sur l'époque qui vous en dira autant; il s'est peint avec sa famille. La dédicace est caractéristique : « Dédié à son père par son très humble serviteur et fils ».

Je l'ai beaucoup aimé et étudié. Il était d'une naïveté étonnante et charmante. C'est un homme que j'aime encore beaucoup; ce n'est pas un maître nécessaire à connaître, c'est pourquoi je ne t'en ai pas parlé jusqu'ici; mais il m'a plu et amusé. A le feuilleter on

LE PEINTRE.
(Esquisse.)

en apprend plus qu'en vingt volumes. C'est le portrait fidèle de tout un temps, ce sont de petites images qui tiennent très peu de place.

Que de fois je l'ai dit : si habile peintre qu'on puisse être pour la technique du métier, il y a autre chose que cela dans l'art, autre chose dont beaucoup de jeunes gens ne se doutent pas.

Certes je suis bien sensible au dessin et à la couleur, cependant je crois que je suis plus sensible encore peut-être à la forme.

Plus on fait petit, plus il faut hardiment accuser le *relief*; plus on fait grand, plus il faut le noyer, l'atténuer. Les deux partis sont nécessaires absolument; si on traitait une figure grande comme nature, comme un de ces bonshommes, ce serait insupportable.

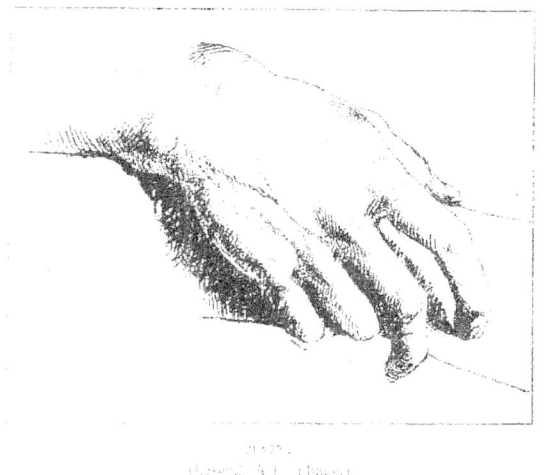

Je ne suis content, en faisant une main, que lorsque je sens vraiment que c'est de la chair; je m'acharne après jusqu'à ce que je la sente sous mon pinceau. J'aime mieux reprendre la main de temps en temps : aussitôt qu'elle pose, elle perd son joli ton, la circulation est gênée.

Il faut enlever ces portraits, ne pas les laisser traîner, car on ne les retrouve plus : l'être change et se modifie.... Après les séances en tête-à-tête d'un portrait, il en arrive comme dans un voyage fait ensemble : on se brouille ou on s'aime davantage....

Regardez : la poussière monte comme une muraille, où les ombres portées de nos chevaux se dressent en courant.

L'ombre portée est une chose absolument légère qui va passer : il la faut transparente, pas trop accentuée.

J'avais bien fini, à force de travail, par me rendre exactement compte du pas, ce qui est très délicat, et du trot, qui est plus facile.

Mais pour ce diable de galop, j'avais beau l'observer avec toute l'attention dont j'étais capable, je n'étais jamais satisfait de mes études; j'y avais même fourbu un cheval sans succès. Un Américain avait trouvé le moyen d'arriver à cette certitude. Les spécimens que j'avais sous les yeux, n'étaient pas complets, mais on promettait autre chose et on devait dire comment avaient été obtenues ces épreuves, m'en donner, pour ainsi dire, la clef.

Sur ces entrefaites, vers l'automne, je ne sais plus quel marchand américain amène dans mon atelier M. Leland-Starford, ancien gouverneur de la Californie, avec sa femme. Il me demande de faire

Étude de main.
(SANGUINE.)
Collection de Mme Meissonier.

son portrait. Mon premier mouvement est naturellement de refuser ; mais il me parle des photographies de mouvements de chevaux, en ajoutant qu'elles étaient faites par lui : il y avait même dépensé cent mille dollars, disait un ami qui l'accompagnait. Et celles qui avaient fait le voyage d'Europe, n'étaient rien ; il en avait des centaines d'autres, bien autrement intéressantes, non seulement des mouvements de chevaux, mais des mouvements de bœufs, de cerfs, de chiens, d'hommes, des épreuves les représentant combattant, luttant, faisant le saut périlleux, etc., etc. : j'acceptai alors de faire le portrait.

EAU-FORTE ORIGINALE.

Se bien garder, pour l'opération si délicate du dévernissage, d'employer de l'esprit-de-vin ou une essence quelconque ; ne recourir qu'au léger et patient frottement du doigt....

Je n'aime pas qu'on me souligne les choses, elles doivent vous saisir d'elles-mêmes. J'aime la netteté, la brièveté de la pensée, sous l'harmonie de la forme.

Par moments, je n'aime plus la peinture à l'huile ; rien n'est agréable comme l'aquarelle ; la gouache se reprend comme on veut ; les blancs ne changent pas, on est sûr de ce que l'on fait ; pour le *1807* j'ai commencé par faire le ciel, que je vais simplifier maintenant, en atténuant les bleus, trop vifs.... Si je manque le ciel, le tableau fini, me disais-je, il n'y aura plus moyen de le reprendre : j'ai donc commencé par là.

L'artiste doit triompher de l'insuffisance des matériaux. Quand je faisais les dessins de la *Chaumière indienne*, jamais les bois qu'on m'envoyait ne convenaient à la nature du sujet, et je faisais un tour de force pour vaincre la difficulté. Ainsi, dans l'escorte du docteur, où il me fallait caractériser l'état, le métier, de chaque personnage, charpentier, etc., je n'avais pas de hauteur, et c'est cela qui précisément m'a suggéré une chose charmante, dans la composition.

PORTRAIT D'ENFANT.
(Dessin appartenant à M. Bottu.)

N'abordez un sujet que lorsque vous l'aurez vécu, que lorsque vous connaîtrez le mobile de vos personnages, que lorsque vous serez imprégné de leur vie.

On ne décide jamais un fond d'avance; il n'y a pas de parti pris à cet égard, on sent naturellement, instinctivement, ce qu'il faut mettre pour entrer en harmonie avec la figure.

Non, non, c'est une erreur de penser que la misère est nécessaire aux vocations; la difficulté matérielle de bien des années d'existence, par la résistance de mon père à la mienne, m'a jeté, quoi qu'on en dise, en dehors de ma voie, et m'a fait perdre un temps précieux qui a mis en retard toute ma vie.

SOUVENIRS ET ENTRETIENS

LE CABINET DE TRAVAIL.
(D'après de la collection de M. le baron Springer, Vienne.)

Les bonshommes que j'ai faits, chère amie, ne sont pas l'expression de ma nature, vous le sentez, vous qui me connaissez à fond ; elle s'est résignée à les faire, voilà tout, mais en rêvant autre chose. Voyez le sens de mes premiers essais, le *Siège de Calais*, l'expression du courage civique ; *Pierre l'Ermite prêchant la croisade,* enflammant les âmes.

Je crois pouvoir sentir et exprimer la dominante s'échappant des groupes multiples, et lui attribuer ce qu'elle réclame, toutes relations justement gardées avec l'ensemble. Dans un sujet ordinaire même, ce qui fait le charme exquis des petites choses, c'est leur intime et profonde harmonie : tout est en place, le détail matériel comme l'expression, comme le geste ; tout doit être enveloppé d'une atmosphère homogène dont le spectateur est pénétré... Jamais il ne faut rechercher l'effet seul, car on peut être ébloui une première fois ; mais l'impression diminue à chaque rencontre ; l'émotion, l'intérêt ne subsistent pas ; on le voit trop souvent. Pourquoi enfler, hors de son cadre, un sujet ordinaire de la vie habituelle ? Une paysanne de nos jours n'est pas une figure grecque. Si vous cherchez à lui en donner faussement l'allure, cela nous agace ; débarrassez-la de son vêtement alors et repassez-lui un peplum. C'est la manière de voir le sujet qui constitue l'artiste.

Tout doit être en place, l'expression comme le geste, comme le moindre détail matériel : le spectateur est alors enveloppé de tous côtés par une atmosphère homogène, dont tout est imprégné.

Tenez, à propos de ce *Siège de Calais,* le moment le plus pathétique n'est pas, selon moi, celui qu'on a toujours représenté : les six bourgeois, la corde au cou, se jetant aux pieds du roi et la reine Philippine intercédant... Le sentiment de cette intervention connue diminue le sacrifice. La grandeur héroïque de l'acte civique est bien autrement émouvante, comme je le concevais. Les vaillants citoyens, la corde au cou, se rendent sur la place publique pour annoncer leur résolution. Les femmes, les enfants, la ville tout entière, embrassent leurs genoux en sanglotant. On les adore, on les pleure, on les bénit. Ils partent. Le sacrifice est là, dans son paroxysme le plus poignant, au milieu de ces adieux déchirants de toute une population. Plus tard la scène est déjà refroidie....

Un modèle, c'est un mannequin intelligent, nous en altérons le type au besoin, nous le changeons par le vêtement.

Le Peintre d'enseignes.
Collection de Lady Wallace (Londres).

Oh ! quelle joie de peindre, quand on est bien en train, avec un bon modèle.

Je n'emplis pas un contour, je procède comme un sculpteur, en cherchant le *relief*.
Il est difficile d'écrire nettement un contour sans sécheresse.

La facture des portraits est absolument différente, selon la nature du modèle : chacune convient au tempérament de l'homme.
Oh ! cet angle de l'œil, jour de Dieu ! qu'il est difficile à peindre !
Se servir également des deux mains, serait bien utile ; on devrait y habituer les enfants. Souvent on a un mouvement à chercher d'après soi-même.
C'est ainsi que je suis parvenu à dessiner au besoin de la main gauche en faisant mon portrait....

Quand on peint, il faut qu'on s'oublie en face de l'œuvre ; qu'on ne sache jamais, en la regardant une fois finie, si c'est de la peinture ;... qu'on puisse passer la main comme sous cette selle.

Je disais ce matin à X... : « Prends garde, le relief, la saillie en peinture ne doivent pas se faire avec des empâtements, mais par la juxtaposition des tons l'un près de l'autre. »
Quelle difficulté de saisir au vol les mouvements d'enfants quand on fait leur portrait ! Surtout on ne peut imaginer comme le grenu de la toile rend malaisées les extrêmes délicatesses de touche. Les panneaux de bois ont un fond si doux, si uni. Ce grain de la toile est vraiment insupportable pour obtenir ce que je veux, comme fraîcheur de ton.
Il y a des choses qu'il ne faut pas pousser et auxquelles il faut laisser la fleur de l'ébauche. Je ne ferai rien de mieux que cette

esquisse-là, parce que ce tableau a été fait avec emportement. Un matin j'ai pris de la craie en face de mon cheval, et voilà.

On ne peut concevoir quel plaisir c'est de modeler avec une bonne cire. On sent la forme naître sous les doigts. C'est une ivresse immédiate de créateur....

Je suis toujours très embarrassé pour apprendre le dessin aux autres. J'ai perdu l'habitude de dessiner un contour, parce qu'en peignant je mets tout de suite le relief par masse.

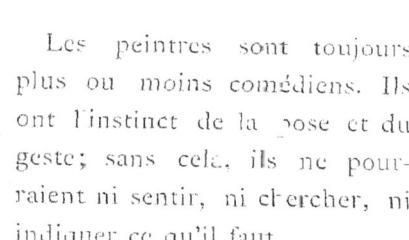

DUROC.
(Maquette pour *Castiglione*, 1706.)

Les peintres sont toujours plus ou moins comédiens. Ils ont l'instinct de la pose et du geste; sans cela, ils ne pourraient ni sentir, ni chercher, ni indiquer ce qu'il faut.

On est venu me demander d'envoyer des dessins et des croquis à l'Exposition des Beaux-Arts. J'écris à Gérôme ceci : « Ce n'est pas un caprice qui m'a fait hier refermer mon pauvre carton, qu'avant-hier je vous avais livré si complètement. J'ai toujours eu cette sévère pensée, que ce que l'on doit montrer de son vivant, c'est l'œuvre faite, et non la manière dont on l'a faite. Ce n'est pas sans avoir beaucoup hésité, que je me suis décidé.... Mais vous me pressiez, et comme j'ai peine à vous refuser, je vous remettrais, pour en user ainsi qu'il vous plairait, tous ces bouts de croquis faits sur n'importe quoi, avec n'importe quoi.... »

« Docteur, le mouvement de votre corps s'est modifié insensiblement; c'est forcé avec un portrait. — Pour un tableau, c'est la même chose :

PORTRAIT DE M. LE PROFESSEUR GUYON.

un modèle ne me donne pas du premier coup ce qu'il faut, et je recommence jusqu'à ce que la pose soit réussie. »

J'ai toujours été frappé d'une chose (lue sous cette forme, je ne sais où), que le ridicule était séparé du goût par l'épaisseur d'un cheveu. Rien de plus vrai.

Avec mon pinceau tenu bien horizontal, je vois comme si j'avais des carreaux; je vois de combien la figure dépasse la ligne des objets....

Souvent on ne comprend pas que la peinture en petit nous est prescrite par la nature elle-même, pour ainsi dire. Regardez dans le cadre d'un tableau : la personne humaine se trouve mise naturellement au carreau; en réalité, à quelque distance, nous ne voyons jamais les choses que réduites.

Si j'ai peint dans ces proportions, c'est avec l'impression de dessiner au crayon, d'après nature; mais, avec le crayon, le travail ne va pas assez vite : je gagne du temps pour étudier les figures en les peignant.

Quand il faut indiquer sans la nature, au contraire, je suis l'homme du crayon; c'est parce que j'arrive au contour par le modelé, toujours, comme un statuaire; avec ce procédé-là, le trait me gêne en peignant.

Je disais à X... : « Prends garde, tu vas faire mince, sec, et tomber dans le défaut de l'école de ..., sans avoir son talent. Dans ce portrait, tu te préoccupes du détail que tu tiens, en oubliant l'ensemble; tu regardes la valeur à mettre là ou là, sans souci de l'accord général, du milieu.

« Il faut voir et sentir le tout en traitant la partie. Autrement gare aux duretés et aux dissonances. Rien n'est plus enveloppé comme il faut; l'harmonie manque. »

Il n'a pas fallu moins de cinquante ans pour m'apprendre à faire un bout de croquis comme celui-ci en dix minutes. On est emporté plus ou moins suivant les choses qu'on traite : il y en a qui vont le vent....

Je mets bien souvent des béquets à mes tableaux. Comme je fais mes esquisses à même, cela est nécessaire; si au panneau on met un béquet, jamais il ne faut mettre de parquet à un tableau : le bois doit être toujours au large, et pouvoir s'étendre comme il veut; il suffit d'une simple languette; je fais cela éternellement. Si cette languette qui le tient était collée, tout s'en irait; mais j'ai grand soin que jamais le

PORTRAIT D'ALEXANDRE DUMAS FILS, LÉGUÉ AU MUSÉE DU LOUVRE.

bois ne soit entravé, et de faire ajouter le morceau du même bois et dans le même sens.

CROQUIS A LA PLUME.

Il ne faut jamais parqueter un tableau quand ce sont des figures qu'il représente.

Ce qui rend la main si difficile à peindre, c'est qu'il est excessivement rare qu'elle reprenne sa position, et puis, quelquefois, l'ayant à peu près faite, quand on la reprend, la pose est différente, mais quelquefois aussi on la retrouve mieux, et c'est à recommencer.

On parle de photographie : mais, en s'en servant, où serait le plaisir ? Il n'y a réellement de chose amusante au monde que celle qui vous donne énormément de mal. Je disais au docteur : « Vous seriez très ennuyé si votre instrument allait tout seul dans une opération.... De même, quoi de plus assommant que de copier une photographie ! »

Vous n'avez pas idée à quel point ce travail de maquette est attrayant et passionnant !

Je me rappelle qu'en train de modeler une maquette après dîner, dans mon atelier à Poissy, je me demandai à un certain moment quelle singulière lueur envahissait l'atelier. Il était trois heures du matin. C'était l'aube qui me surprenait au travail, sans qu'un seul moment j'en eusse eu conscience....

Ah ! quel désespoir en cette saison de voir mourir le jour juste au meilleur moment, quand tout est préparé, bien en pâte, quand les touches vont porter sûrement et amener l'effet certain !

Il me faut faire une série de maquettes. La sculpture paraît plus facile d'abord, on peut toujours modeler bien ou mal ; peindre est différent.

Presque jamais je ne fais d'esquisse ; je conçois le tableau et je l'exécute à même devant la nature. Elle peut inopinément me donner un meilleur

MEISSONIER A CHEVAL.
(Croquis à la plume.)

mouvement que celui auquel je pensais. L'esquisse que j'ai faite du grand tableau de *1807* ne m'a pas servi, je ne l'ai même pas regardée après. Il n'y a que moi peut-être qui procède ainsi.

J'aurais pu davantage cultiver ma mémoire peut-être. J'aime cent fois mieux courir à la source, la nature. Pour m'empêcher de consulter la nature, il faudrait m'enfermer en loge, sans modèle. N'y eût-il qu'une glace, je m'en servirais pour me poser à moi-même. La nature est mon esclave favorite et nécessaire.

MEISSONIER AU TRAVAIL.
(Esquisse.)

Ma peinture ne laisse pas place aux conjectures ; elle ne permet pas de douter de la réalité de ma conception ; il n'y a pas à tortiller, cela est.

J'ai l'amour et le besoin de la vérité rigoureuse. Si je goûte autant la poésie, c'est sans doute à cause des liens réguliers et superbes qui la ceignent ; j'ai en horreur l'à-peu-près, l'escamotage, le X..., par exemple, qui, à l'aide d'un faire laborieusement acquis, étale sur sa faiblesse les apparences de la force.

Je comprends parfaitement l'incorrection des dessins de Delacroix, je les admire et je les aime : ce sont des éclairs de génie ! Mais Rembrandt ! voilà l'homme complet ! On devrait proposer comme modèle à tous les artistes son *Bœuf écorché* du Louvre. Quelle justesse de touches dans cet emportement furieux ! Les tons se mettent en place sous l'élan ! C'est peint avec du feu ! Liberté et vérité, voilà ce qui est admirable !

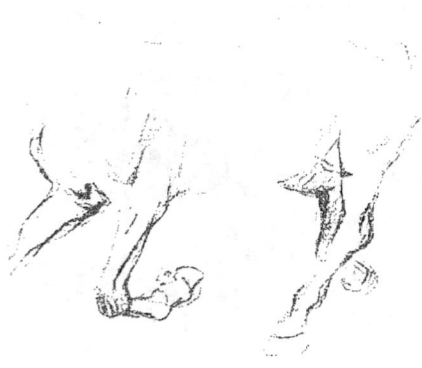

CROQUIS A LA PLUME.

Il faudrait que les graveurs surtout se missent à copier des dessins comme la *Psyché* du Louvre, à la copier et à la copier encore, jusqu'à la rendre par cœur; ils comprendraient alors ce qu'ont observé tous les maîtres.

Voyez le taureau de Paul Potter, où la brosse tourne si grassement dans le poil. Le trait doit épouser la forme, le pli des vêtements, le sens des muscles, tout enfin. Trop souvent les graveurs vont à tort et à travers, n'observant aucune valeur ni aucune direction.

On peut dire aux graveurs : « Allez apprendre à dessiner au Louvre ! Regardez les maîtres !... Aujourd'hui l'on ne s'inquiète de rien; suivez donc, dans vos hachures, les plis, les muscles, les mouvements, et épousez donc la forme, dans son sens. »

Je serai très heureux le jour où mon graveur se préoccupera du dessin plus que des valeurs....

Souvent, en gravant, les graveurs mettent en place, mais les épaisseurs n'y sont pas. Que de fois ils ne savent pas se rendre compte d'une forme ! Ce qu'il y a de difficile en gravant, c'est de rendre l'expression de chaque tête ; chacune a l'expression qui convient à son caractère, à son attitude ; avec cette tête-là, ce personnage ne peut avoir un autre geste que celui que je lui ai donné....

Partout où je rencontre la perfection, elle me donne une profonde jouissance, même dans une chose ordinaire, comme la boiserie de ma maison de Paris, et dans les matériaux sans taches de l'appareil dans la construction des murs.

Les choses agissent sur l'esprit aussi bien que sur les yeux, et dans mon métier j'ai été à même de m'en rendre compte ; les nouveaux percements de rues en diagonale ont amené dans les constructions la nécessité de percées irrégulières, et mes confrères ayant leurs ateliers dans ces conditions finissent par perdre la rectitude de leur œil, et leurs œuvres s'en ressentent.

Eaux fortes originales.

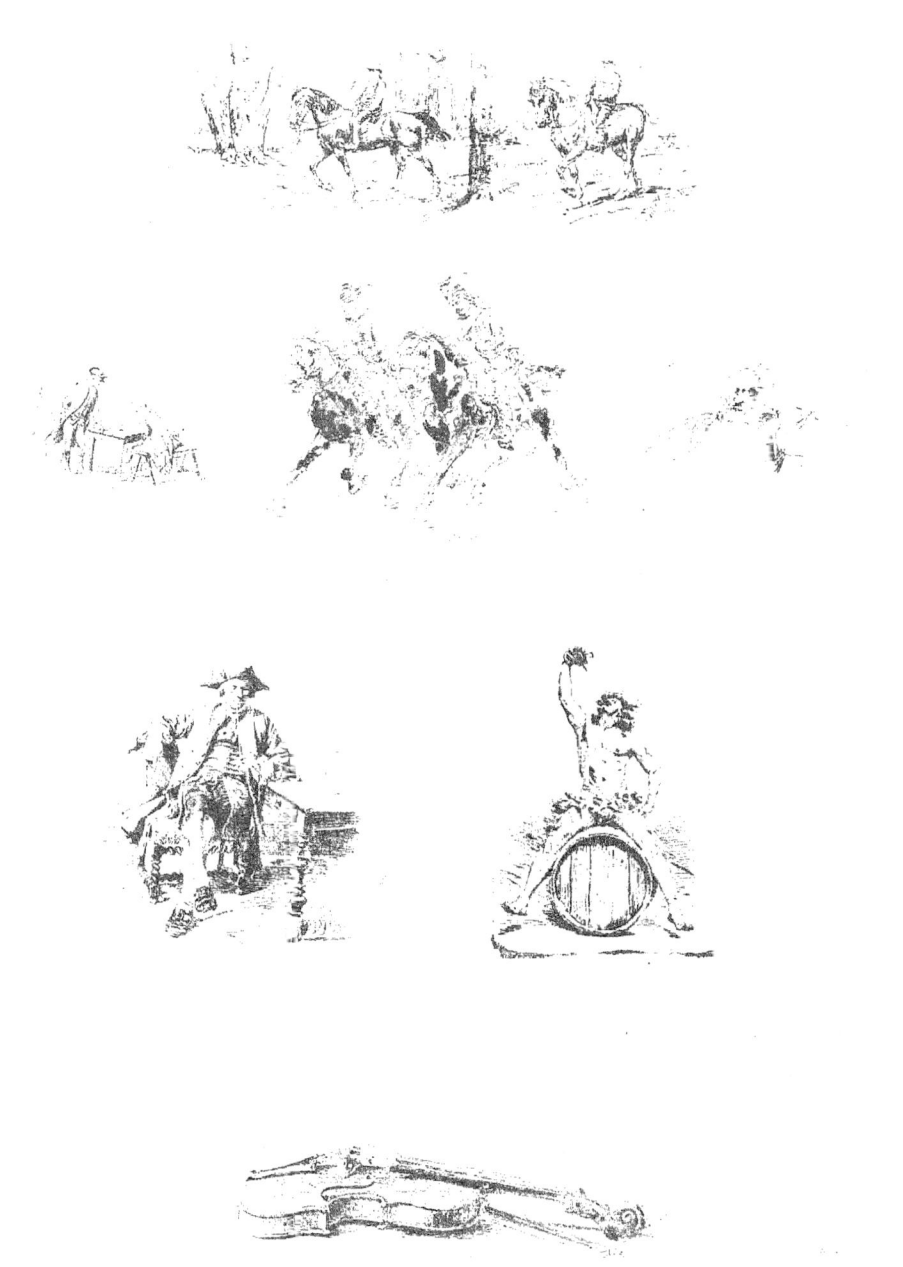

.... Ma faculté de travail est extrême. Je fais vite, avec netteté et emportement. Mais je suis long à rendre définitivement; le sentiment de l'idéal grandit à mesure que j'avance; le besoin de perfection chez moi est impérieux.

Je peins tout de suite ardemment, sans préparation, sans calcul; jamais mes fonds ne sont préparés d'avance; les reprises et les retouches sont plus difficiles.

Que de fois je recommence pour moi seul, pour ma conscience! Et jamais je n'hésite à effacer une chose faite, quand, à mon sens, un changement de place ou de posture est nécessaire.

J'ai rechangé le mouvement du cheval, c'est toujours la même plaisanterie.

Je commence une chose, un rien, ne voulant pas modifier, et cela devient important.... J'ai bien envie de me mettre à faire de l'eau-forte....

Je ne pourrais plus faire avec mes yeux d'aujourd'hui mes dessins d'autrefois pour la *Chaumière indienne*. J'y donnais trois nuits par semaine et je passais mes journées à la Bibliothèque et au Jardin des Plantes.

En 1836, je n'existais pas encore, j'étais un pauvre inconnu. Je ne gagnais rien et j'avais besoin de gagner. Curmer rééditait alors la *Chaumière indienne*, il fit avec des dessins exécrables la *Bible* de Royaumont, suivie des *Évangiles*, et une espèce d'histoire ancienne, d'après une mauvaise édition du xviiie siècle. A l'instigation d'un ami, j'allai le trouver pour lui demander des dessins à faire. Il me refusa naturellement : j'avais l'air d'un galopin. C'était cependant pour moi une question vitale; et comme Tony Johannot était tout-puissant dans les illustrations, je lui en parlai. Or j'avais, quelques jours auparavant, moulé le masque des Johannot : nous avions, mes camarades et moi, la manie de nous mouler les uns les autres. L'imprudent Curmer s'intéressa aux détails du moulage. Je le tenais. « Mon-

CROQUIS A LA PLUME POUR « SAMSON ».

sieur Curmer, voulez-vous que je vous moule? » Il accepta et m'indiqua du même coup une composition à traiter : *Éléazar massacré*. Peu de jours après, je la lui portai, et il me donna quarante francs pour faire un bois : mes premiers quarante francs ! Après celui-là, j'en eus un second, puis quatre autres. Je fis, dans le même temps, un *Marat* pour la *Révolution* de Thiers. Je fis aussi deux ou trois autres dessins, entre autres une *Prise de la Bastille*.

Pascal, un camarade, prenait les choses qui traînaient partout dans mon atelier; il avait gardé ces dessins-là de notre toute jeunesse, et je viens d'en racheter un à la vente Beurnonville. Le dessin de *Marat à la Convention* n'a été fait que quatre ou cinq ans plus tard, quand j'avais travaillé un peu plus.

Sur ces entrefaites, je partis soi-disant pour l'Italie; mais le voyage ne s'effectua pas ; je m'arrêtai à Lyon et à Grenoble, le choléra effrayant mon père.

Je revins à Paris assez embarrassé ; mon père m'avait bien fait préparer un atelier chez lui (il s'était remarié à minuit, comme on le faisait souvent alors), — mais l'atelier ne me donnait pas de quoi vivre.

Un *Samson* serait très amusant à faire, si l'on avait le temps. La donnée me plaît. Je suppose que Samson a inspiré aux Philistins une terreur profonde, abattant tout, laissant derrière lui une traînée de mourants. Ils ne savent comment lui

CROQUIS A LA PLUME POUR « SAMSON ».

SAMSON.
(Esquisse du tableau projeté.)

FUMEUR.
(Tableau de la collection de M. ...)

échapper! ils se cachent, s'abritent la tête d'instinct; c'est un beau sujet à traiter, il peut être original.

.... Aujourd'hui, avec un modèle, j'ai cherché les nouvelles figures du groupe de *Samson*... J'aime à reprendre un tableau de ma jeunesse.... Hélas! aurai-je le temps de le faire!...

Samson! voilà un fier tableau à exécuter. Je suppose que l'homme terrible a couru après des Philistins : tout le long du chemin sera semé de cadavres. Il y en aura qui ficheront le camp; d'autres, comme celui-là, qui n'auront pas été touchés encore, mais qui, déjà, se cacheront la tête en tremblant; partout l'épouvante et le massacre.

Samson est comme un faucheur qui abat les épis. Ils ont beau demander grâce, les Philistins, ils y passeront tous... Ce tableau m'amusera beaucoup à faire....

C'est Poche, l'ancien modèle de l'École, devenu gardien là, qui autrefois m'en a posé la figure.

Il y a quarante ans que l'ébauche de *Samson* a été faite. Il s'en va comme un faucheur terrible, il n'en reste plus à abattre qu'un petit groupe....

Je voudrais faire un tableau dont l'esquisse a été donnée autrefois à ..... et qui sera très intéressant à traiter : un malade dans

Étude pour une figure du Samson.
(DESSIN AU CRAYON ET A LA SANGUINE; collection de M. Jean Gigoux.)

son lit, que le médecin examine en écoutant ses pulsations; des parents, des amis, dont la physionomie différente révèle l'état d'âme, sont autour, cherchant à lire la vérité dans les yeux du médecin, qui regarde en dedans, vous savez, dans les profondeurs du diagnostic....

Le duc d'Aumale avait, un moment, pensé à me demander la *Mort de Turenne*, mais je ne pourrais faire un Turenne foudroyé, un Turenne au moment du boulet légendaire, quand Saint-Hilaire, le bras emporté, devient, par sa réponse, le héros principal de la scène, pour ainsi dire. Non, je veux saisir le moment où l'âme de Turenne éclate dans sa physionomie, le moment de la bataille.

L'ESCALIER DE LAUSANNE : JEAN-JACQUES AMOUREUX.

Elles seront amusantes dans le vieil escalier de Lausanne, ces deux petites figures. La jeune fille que j'avais rêvée d'abord, descendait simple et droite, dans le vague charmant de son cœur, au bras du jeune homme. Aujourd'hui c'est plutôt une femme amoureuse qui se penche sur son amant. Qui nous empêche de penser que c'est Jean-Jacques?

Le quatrain de Gautier sur mon petit tableau du *Carrosse* me revient en mémoire à cheval sur cette route qui m'a servi.

Mosselmann, le frère de Mme Lehon, voulant faire un cadeau à sa nièce qui se mariait, m'avait demandé ce petit tableau ; il le paya ce qu'il voulut : deux mille francs....

On trouva que les vers, fort innocents pourtant, n'étaient pas

> Le carosse doré roule par la campagne,
> Escorte de Seigneurs sur des chevaux fringans ;
> Belles Dames craignez qu'on ne vous accompagne
> Plus pour voler vos cœurs qu'effrayer les brigands
>
> *Théophile Gautier*
>
> 11 Juin 1856

convenables à mettre dans une corbeille de jeune fille et on lui donna le tableau sans le quatrain.

Je n'aime pas à prendre des engagements sur les esquisses de mes tableaux, il faut qu'ils soient terminés ; je veux rester libre de les abandonner si je ne me sens pas capable de les mener à bonne fin ; je veux rester maître de leurs dimensions définitives.

Avec l'amateur qui prétendrait m'interdire la reproduction par la gravure ou la photographie, toute affaire serait rompue dès le début.

J'ai la touche rapide. On sent tout de suite sur ma toile le point lumineux ; mes croquis sont des études écrites.

Quand je suis en face de la nature vivante, mon plaisir est précisément de la sentir fugitive ; c'est l'émotion et l'ardeur du chasseur qui n'aime pas à tirer le faisan au branché.

Il y a deux choses que je me suis promis de ne plus jamais faire : ne pas promettre d'avance un tableau, ne pas l'interrompre une fois en train.

LE CARROSSE.

J'ai vu encore des postillons, dans ma jeunesse; ils ont cessé de monter à cheval vers 1830.

Pour faire celui-là, j'ai eu toutes les pièces authentiques : la selle, le costume.

Mon serrurier de Poissy, Achille Dault, est fils d'un postillon de la poste de Triel; il a même conduit avec son père, puisqu'il est à peu près de mon âge, et il avait gardé religieusement son harnachement, qu'il finit par me céder.

Donc tout est reconstitué, avec une exactitude extrême, et restera comme un document. Il y a des détails ignorés aujourd'hui, et qui sont minutieusement vrais. Le portemanteau était roulé dans une peau de bique; l'étrier était tenu par le chapelet....

Au lieu de tenir le cordon droit, on le faisait pencher à gauche, comme mon postillon; c'était le chic; je me suis amusé à exécuter toutes ces machines-là.

Il ne m'arrive pas souvent de faire le boniment, l'éloge de ma peinture; mais vraiment je n'ai jamais été plus en verve, jamais je n'ai rien fait de plus jeune, de plus ardent, on sent le mouvement; le ventre se vide, l'homme se soulevant.

Que je fasse des bonshommes grands comme nature, ou petits comme l'ongle, j'y mets la même chose. Le cheval tenu et ramené par le postillon s'appelait le *Maillet*, il porte deux bricoles. Quand le postillon revenait de conduire, il ôtait sa bricole et il la remettait sur le cheval libre; puis il s'en retournait tranquillement en fumant sa pipe, comme le mien.

Le Postillon.
Collection de Michaelis.

Que les théoriciens sont faibles, et comme la naïveté est puissante! Qu'a-t-on besoin d'idéaliser, quand on a la nature idéale devant soi? Le choix de l'endroit est essentiel, en raison de la manière dont les lignes se combinent, sous tel ou tel angle. C'est pour cela que je travaillais debout à ce tableau d'Antibes, dans la poussière de la route.

Leland-Stanford, gouverneur de la Californie, me demanda son portrait en 1881. Je l'ai fait graver pour son compte par Jules Jacquet.

Sa canne est mise avec intention: c'est celle qu'il avait toujours et à laquelle il tient particulièrement, parce que sur la poignée est incrustée une petite plaque d'or provenant de la première pépite qu'il a trouvée et qui a commencé sa fortune.

HUSSARD.
(Reproduction d'une eau-forte originale.)

Sur la table, à côté de cette fameuse canne, est un gros album entr'ouvert; c'est l'album des premiers chevaux et animaux en mouvements qui ont été faits par le photographe *Muybridge*, d'Amérique.

Dans la *Rixe*, toutes les choses sont faites; on y sent la qualité de la soie, du velours, mais le tableau vous emporte! Ces choses-là ne sont pour ainsi dire exécutées avec ce fini que pour moi; on n'arrive à ce détail qu'après coup. On ne voit d'abord que les hommes qui s'élancent l'un contre l'autre.

Le fond (la muraille) m'a donné de la peine; il était réussi en ce sens qu'il n'existait pas, pour ainsi dire....

La gravure de la *Rixe* est faite avec chaleur, en même temps qu'avec douceur; nous sommes loin de la pointe loyale, mais bien monotone, de certains graveurs.

Ma préoccupation constante dans la peinture, c'est de faire que les choses accessoires ne se sentent qu'après les principales. Otez le chapeau, il

UN LISEUR.

n'y a plus de tableau; ce chapeau met dans l'ombre la figure de celui qui s'interpose, et laisse se croiser le regard furieux des deux adversaires.

On ne lit plus aujourd'hui. Si j'avais à répondre à l'accusation d'avoir multiplié mes *Liseurs* d'une autre époque : « C'est qu'alors ils étaient nombreux, dirais-je, en ces temps d'autrefois, où on lisait vraiment, en tenant délicatement son volume en amateur amoureux des bons livres et des belles reliures. »

Si je faisais un *Liseur* aujourd'hui, il faudrait lui mettre un journal en main, et comme fond de bibliothèque, je devrais voir une série de brochures qui ne valent pas la peine d'être reliées, à coup sûr, des éditions à un franc! Vous voyez d'ici le monsieur moderne assis dans cet intérieur-là....

Les droits de douane sur les œuvres d'art français entrant en Amérique me semblent iniques; nous donnons aux Américains, gratuitement et sans limite d'âge, l'enseignement de l'École des beaux-arts, qui se clôt à trente ans pour nous, Français, et l'Amérique reconnaît notre hospitalité dans nos ateliers ouverts généreusement par ce droit inique et unique sur l'entrée des œuvres d'art! J'ai vu, à Paris, des Américains qui, un peu honteux de cela, voulaient protester. On me disait comme

LISEUR.

(Tableau de la collection de Mme Elisabeth U. Coles.)

consolation que la loi serait abrogée : mais pas du tout, elle fonctionne parfaitement et reste en vigueur. Ah! comme on devrait leur dire :

« C'est très bien, continuez ; mais, comme nous sommes libres aussi, sortez de nos Écoles, de nos Expositions et de notre hospitalité artistique, qui vous enrichit à nos dépens. »

Quand j'ai fait le dessin de la *Barricade*, j'étais encore sous la terrible impression du spectacle que je venais de voir... Ces choses-là vous entrent dans l'âme. Lorsqu'on les reproduit, ce n'est pas seulement pour faire une œuvre, c'est qu'on a été ému jusqu'au fond des entrailles, et qu'il faut que ce souvenir reste.

J'étais alors capitaine d'artillerie dans la garde nationale ; depuis trois jours nous nous battions, j'avais eu des hommes tués, blessés, dans ma batterie, l'insurrection entourait l'Hôtel de Ville où nous étions, et quand cette barricade de la rue de la Mortellerie fut prise, j'ai vu la chose dans toute son horreur, ses défenseurs tués, fusillés, jetés par les fenêtres, couvrant le sol de leurs cadavres, la terre n'ayant pas encore bu tout le sang. C'est là que j'ai entendu ce mot terrible qui, mieux que tout, dit à quel point dans ces épouvantables guerres des rues les esprits sont hors d'eux-mêmes : « Tous ces hommes étaient-ils coupables ? demanda Marrat à l'officier de la garde républicaine. — Monsieur le Maire, soyez-en bien sûr, il n'y en a pas le quart d'innocents ! »

Je me laisse entraîner par mes souvenirs. Pourrait-il en être autrement ?... La vue de ce dessin les évoque toujours et sa vue m'émeut profondément.

Delacroix, ce grand artiste, qui m'a aimé, en fut si frappé dans mon atelier, qu'une de mes plus grandes joies, devant son émotion, a été de le lui donner le soir même.

J'ai acheté, autrefois, quelque mille mètres de terrain au Bourg-de-Batz, mais je ne m'en suis jamais occupé depuis ; là, les costumes des hommes sont assez beaux, les femmes avaient une espèce de bonnet curieux, avec un ruban tourné autour....

Je me rappelle que depuis longtemps je cherchais comment pouvaient être faits les manteaux Louis XIII ; le col surtout est très difficile à tailler. Il y eut un enterrement de marin pendant que j'étais au Croisic ; le matin, les marins avaient tous pour la circonstance revêtu le *costume*

ÉTUDE DE BRAS POUR LE « CHANT ».

d'enterrement, petits manteaux noirs, de deux ou trois cents ans peut-être, et j'ai revu la comment étaient taillés ces petits collets Louis XIII qui m'intriguaient fort....

Jamais je n'épargne ma peine et j'efface toujours sans pitié des choses vraiment bien faites, pour les recommencer en les revoyant mieux....

Pour ce tableau du *Chant*, je voudrais le finir et je n'en finis pas ; d'abord les éléments justes du costume m'ont fait défaut, de là des essais, des hésitations. Véronèse n'avait pas à chercher une manche, un corsage, il n'avait qu'à peindre ce qu'il avait sous les yeux.

Je n'aime pas à traiter moi-même directement mes affaires d'intérêt avec les amateurs. Trois tableaux sont en train dans mon atelier en ce moment, je vais l'écrire à Mme Tascher de la Pagerie, qui m'écrit de Vienne pour me demander une toile.

ESQUISSE DE « CHANT ».

(Musée du Luxembourg. — Légué au Louvre par Meissonier.)

Il y a, vous le savez, un *Seigneur Vénitien* en robe de velours rouge, qui lit un rapport d'État devant une table chargée de livres et de documents ; je dis un Vénitien, puisqu'il a derrière lui une boiserie vénitienne, j'imagine quelquefois que c'est un membre du Conseil des Dix....

Le jeune homme du seizième siècle (un contemporain de Maximilien) est debout, arrêté devant une porte close, hésitant... avant d'en

LE CHANT.
(Légué par testament à Mme Vve Meissonier.)

franchir le seuil, car il sait que de l'autre côté va se passer une chose décisive et terrible. Le troisième est le cavalier passant dans la campagne déserte, son manteau fouetté par un vent d'orage.

L'homme aura de l'allure dans mon *Vénitien*. C'est peut-être un membre du Conseil des Dix, lisant un document d'État. Je mettrai aux livres les reliures des Aldes, de belles reliures vénitiennes. L'homme est sérieux, gravement occupé; mais, par ce bouquet de fleurs sur la table, j'ai voulu indiquer qu'il y a une femme dans la maison....

Voyez-vous, chère amie, je le connais intimement, l'Empereur! et je ne suis pas si sévère à son endroit que M. Iung.

J'ai rêvé de faire l'épopée entière de Napoléon — le cycle tout entier jusqu'aux dernières étapes.

On aurait même pu faire un *Napoléon du Conseil d'État.*

Je voudrais peindre Erfurt — le moment où l'homme est enivré, où la tête lui tourne.

Un vieil huissier que j'ai encore vu à Bruxelles, celui-là même qui annonçait les Souverains, en n'omettant aucune kyrielle de titres, me suggéra, sans s'en douter, l'effet saisissant du tableau à faire, quand il me contait qu'après un silence il annonçait : *l'Empereur!*

Comme je faisais le *Napoléon*, on me dit que, rue de Miromesnil, je trouverais *Hubert*, l'ancien valet de chambre de l'Empereur, qui me donnerait des renseignements précieux. En effet, quand je lui demandai si j'étais bien dans la réalité comme attitude et habitudes de Napoléon, il me dit que Sa Majesté ne prenait jamais le temps de décrocher ses épaulettes, comme on le faisait alors pour les abattre sur la poitrine, quand on passait la capote, mais que sa redingote était faite pour aller toujours par-dessus l'épaulette.

C'est Hubert qui me conta aussi que Sa Majesté, en rentrant chez elle, le soir, pour se déshabiller, chantait toujours

Veillons au salut de l'empire,

tout en se déboutonnant et en lançant ses affaires par la chambre : habit, montre, chapeau et le reste, au hasard, dans l'obscurité. L'Empereur, ajouta-t-il, prisait, mais il n'approchait la prise que du bord des narines, et quand il avait été un quart d'heure en place quelque part, on y pouvait ramasser une pleine tabatière. Comme il était très soigneux, très raffiné pour sa personne, très coquet même, il mettait une culotte blanche tous les jours. Le vieux duc de Mortemart me donna aussi une foule de détails précieux.

Le geste de mon Bonaparte est encore indécis....

ÉTUDE DE DRAPERIE POUR LE « CHANT ».

Saluer le drapeau, c'est une grande idée : ce geste impérieux montrait sa tête entière ; mais la figure de Bonaparte se localise ainsi, son regard profond, noyé dans les régions du génie et de l'avenir, perd en regardant un point désigné même par cet emblème glorieux de la patrie.

Dans mon esquisse du *1796*, l'homme souverain au caractère fatidique passe, au milieu du délire humain, impassible, tout à son rêve intérieur, regardant le présent, et sondant l'avenir. Il faut donc qu'il passe chapeau sur la tête, ne s'inclinant devant rien, ne voyant rien, que son idée en dedans,... tout à sa vision....

C'est avec ce sentiment que je l'ai ébauché tout d'abord.

Ce tableau esquissé de Bonaparte en Italie avec ses généraux, *Berthier*, *Murat*, *Duroc* et autres officiers, se passe en 1796 ou 1798, avant le Consulat, au commencement de la campagne d'Italie (il était destiné à faire un pendant au *1807*). Il y aura là, voyez-vous, une batterie d'artillerie, une deuxième ligne de soldats, une réserve de cavalerie, une batterie en position ; je voudrais faire les difficiles mouvements de l'artillerie ; le moment, c'est l'aube du jour !

Ce tableau est le premier de la série des Napoléon que je voulais faire ; tout y est jeune ! c'est le matin, c'est l'aurore, c'est le commencement de sa gloire. Le deuxième est *1807*, le troisième *1814*. Dans ce *1796* ou *1798*, les figures sont au tiers dans l'esquisse (je voulais le faire de $2^m,50$, comme le *1807*).

J'ai eu souvent l'envie de faire Bonaparte, à pied, la veille de la bataille de *Marengo* ; il y a là un détail pittoresque et saisissant : il avait plu comme il devait pleuvoir plus tard à Waterloo, et le soir, dans la plaine, il descendit de cheval avec ses officiers ; des chasseurs leur firent un feu de sarments de vigne, auquel ils se chauffèrent tout mouillés, tout crottés. Cet épisode serait intéressant.

Chère amie, pour juger les hommes, il faut se mettre dans leur peau. Je n'ai jamais trouvé Napoléon orgueilleux. Parbleu, il est évident que des gens qui sont en haut du Mont Blanc ne jugent pas les choses comme ceux qui les voient d'en bas. Crois-tu que ses accusateurs, Lanfrey et autres, n'eussent pas eu de là plus de vertige que lui ? Je ne crois certes pas que les pensées d'un Napoléon soient celles d'un

POURQUOI TARDER ?
(Tableau de la collection de M. X. X.)

CROQUIS A LA PLUME.

honnête homme ordinaire et d'un commis de bureau. Mais on confond l'orgueil et la grandeur.

Mon rêve, que je n'ai plus le temps d'accomplir, c'était de faire le Cycle Napoléonien en cinq tableaux :

1796, celui qui est ébauché le dernier, est le premier. Il n'est pas encore conçu : c'est en Italie, en été, le matin de *Castiglione*, vers l'époque de Montenotte... Il y aura une batterie d'artillerie venue de derrière sur la hauteur,... une deuxième ligne plus en avant, Bonaparte passe au galop. Je voudrais que le soleil se levât devant lui pour éclairer sa figure. La poussière qu'il y avait bien sûr (rappelez-vous nos routes d'Italie) masquerait bien des choses ; mais on peut imaginer qu'il court sur des prairies....

Je le conçois là, en *action*. Il n'est pas encore le pivot sculptural de *1807*. En 1807, tout tourne autour de lui, un flot d'hommes enivrés passe aux pieds de l'Empereur immobile, tandis que là, en 1796, il est lui-même en mouvement.

Dans *Friedland*, malgré sa gloire, Napoléon fait encore partie de la nation, il y tient par les soldats ; tout est gai, riant : c'est l'apogée heureuse.

Erfurt (1810) eût été le tableau du vertige ; c'est le moment où l'orgueil le perd dans cette cour de rois. C'est une toile à faire, j'y ai souvent pensé.

1814, c'est la *Campagne de France*, et non « la Retraite de Russie », comme on dit quelquefois. Personne ne croit plus en lui. Le doute est venu. Lui seul imagine encore que tout peut ne pas être perdu.

1815, « à faire », serait le *Bellérophon* ; il est seul... sur le vaisseau qui l'emporte, avec une sentinelle anglaise....

Chaque fois que j'ai dû exécuter un sujet déterminé, précisé, baptisé

1807. — Friedland.
(Metropolitan Museum. — New-York.)

à l'avance, l'œuvre à faire m'a été insupportable, indifférente, comme me l'est, par exemple, ce *Napoléon*, qu'on m'a acheté à Londres, mais auquel il faut dès maintenant un nom pour la vente. Eckmühl est la seule bataille peut-être qui pourrait convenir au tableau et à la charge de cuirassiers ; mais le nom n'est pas définitif encore, je fais des recherches à la Guerre, je fouille les documents.

Voyez le *1814*, le *1807*. S'il avait fallu déterminer la bataille, ou seulement le jour de la campagne de

CROQUIS A LA PLUME.

France, j'étais prisonnier de mon sujet. Pour le *1870* de même, c'est *le Siège*, ce n'est pas telle ou telle journée du Siège.

Pour me faire sourire l'âme au plaisir de sortir des choses militaires, j'avais pensé à peindre de la jeunesse, des amoureux, Daphnis et Chloé. Mais on l'a déjà tant fait. Je ne puis me présenter avec cette note-là. Quant à reprendre un tableau ancien, comme le *Concert*, auquel je songeais il y a deux ou trois ans, impossible maintenant ; faire toutes ces étoffes, chercher tous ces costumes pour n'arriver en somme qu'à des attitudes différentes d'attention, ce n'est vraiment pas la peine.

Autrefois Chenavard m'a détourné de faire un Arioste lisant ses vers ; j'avais fait l'esquisse. « Les Italiens ont fait ces sortes de choses mieux qu'on ne pourrait le faire aujourd'hui », me disait-il. Depuis j'ai vécu à Venise, je suis devenu Italien comme je ne l'étais pas à ce

MUSE DANSANTE.
(D'après nature)

moment-là; je suis pénétré de l'air du pays. Néanmoins je ne pense plus à ces sortes de sujets épisodiques; ce sont des synthèses qu'il me faut et dont mon âme a soif.

Je rêve de reprendre aussi le *Poète*, s'inspirant de la vie de l'humanité entière, et la nourrissant de son miel divin !

Je n'ai jamais eu de tableau si difficile à faire que ces *Dragons*. Pas de ressources, pas de moyens de se sauver. A chaque instant je fais une maquette de cheval, je mets mes brides dessus.... Ce tableau m'a pris un temps prodigieux.... Si j'écrivais son histoire depuis sa naissance et sa reprise, cela serait bizarre; une figure refaite entraîne à une autre, et ainsi de suite.

Ces *Dragons* ont l'uniforme du Rhin-et-Moselle.

Ah! ce jaune indien, couleur délicieuse mais alcaline !... Là, il reste des vieilles herbes qui vont mourir et que les autres poussent.

Je rencontre à chaque instant des difficultés dans les *Dragons*; j'ai refait cette figure parce que cette petite ligne blanche et celle-là se rencontraient et faisaient mal.

CROQUIS POUR « UNE LEÇON DE DESSIN » (1856).

LE PEINTRE.
(Tableau de la collection de M. Chramond.)

Je cherche à changer les chevaux parce que leurs deux jambes font des cornes au chapeau de l'Alsacien. Celui-ci a les yeux rouges encore de larmes, mais son parti est pris; maintenant il marchera bien.

GENTILHOMME LOUIS XIII.
(Tableau de la collection de Sir James Joicey.)

Depuis cinquante ans que je fais de la peinture, je n'ai rien fait de plus difficile sans effet. Cette figure dans l'ombre doit rester pourtant dominante. Non, ce tableau est si naïf, qu'il en est amusant!

Je viens de gratter les jambes pour changer le mouvement de derrière... et j'y reviendrai peut-être encore. Le dicton que le mieux est l'ennemi du bien, est un dicton de paresseux.

Il arrive toujours un moment où le tableau le plus embêtant devient amusant; les *Dragons*, restés des années en train, vendus à Crabbes aujourd'hui, auxquels je me suis remis avec un ennui extrême, m'amusent maintenant au possible! Il semble, à ce moment psychologique du tableau, que tout va admirablement! Je sais quand il faut *arrêter* le tableau, en le gardant longtemps pourtant sous mes yeux, dans mon atelier.

Pour travailler, je voudrais avoir une vue qui me permit de voir de très loin, et, pour faire le contraire de ce que je fais, je regarderais avec un lorgnon mon travail. Enfin, en tout cas, je voudrais être un peu moins myope; mais avec l'amour que j'ai du modelé et de la raison des choses, quand je fais un pli, par exemple, il faut que j'en sente la naissance....

Aussi isolez un de mes tableaux, ils n'ont pas de taille : cela vient de cet amour de la vérité.

Mais ma courte vue me gêne pour regarder le modèle : je voudrais pouvoir plutôt suivre mon travail, même avec mes lunettes, et, au contraire, j'ai constamment une petite lorgnette à côté de moi, pour voir ce qui pose.

Le Guide.
Collection de Madame la baronne Dumesnil.

Il y a un dragon en manteau qui m'amuse : on peut passer sa main sous la courroie....

Cher monsieur (1), si j'ai tardé à vous écrire, c'est que ma lettre devait être comme un dernier adieu à mon œuvre, l'acte de séparation définitive. Vous comprendrez que je n'aie voulu le faire qu'au dernier moment, et, quel que soit mon plaisir de le savoir en votre possession, je ne vois pas partir sans peine ce tableau qui

LE PEINTRE.
(Tableau appartenant à M. Leroy, Paris.)

a été si longtemps la vie de mon atelier. Le voilà qui va vous arriver, veuillez le recevoir comme un ami, non de ceux qui plaisent tout d'abord et qu'on oublie, mais comme un de ceux qu'on aime davantage à mesure qu'on les connaît plus. Laissez-moi croire qu'en regardant cette œuvre, où j'ai mis tout ce que j'ai pu acquérir de science et d'expérience, votre plaisir ira en augmentant.

J'ai la conviction, je ne le dis pas sans un certain orgueil, qu'elle est de celles dont le temps augmente la valeur.

Ce qu'on a pu dire passera; mais elle, elle restera pour être notre honneur à tous deux.

Quoiqu'elle se défende elle-même, que les milliers de personnes qui se sont pressées pour la voir aient fait justice de quelques malveillantes appréciations, j'ai le droit, l'ayant fait avec tant de

---

(1) Lettre adressée à M. Stward, de New-York, acquéreur du *1807*.

VÉNITIENS. HOTEL MEISSONIER A PARIS. ESCALIER DE L'ATELIER.
(Tableau de la collection de M. Marmontel.)

conscience et de sincérité, de la défendre et de l'expliquer. Tout étrange que cela puisse paraître, il faut bien le faire; puisque,

JEUNE HOMME ÉCRIVANT UNE LETTRE.
(Tableau de la collection de M. de Beistegui.)

si nette que soit l'idée, quelques-uns se sont plu à ne pas la voir et à en chercher une autre.

Je n'ai pas voulu peindre une bataille, j'ai voulu peindre Napoléon à l'apogée de sa gloire; j'ai voulu peindre l'amour, l'adoration des soldats pour le grand capitaine dans lequel ils ont foi, et pour lequel ils sont prêts à mourir....

Autrefois, dans le *1814*, j'avais reproduit la fin navrante du règne impérial : l'attitude de ces hommes, naguère enivrés, maintenant épuisés, ne croyant plus dans le chef invincible; ma palette alors n'avait pas de couleurs assez tristes! Aujourd'hui, dans le *1807*, je voulais que tout fût lumière! A ce moment triomphant il me semblait que je n'en pourrais jamais trouver d'assez éclatantes. Aucune ombre ne devait traverser la figure impériale et lui ôter le caractère épique que je voulais lui donner.

La bataille, entamée déjà, était nécessaire pour ajouter à l'enthousiasme des soldats et faire sentir la scène, mais non l'attrister par des détails lugubres; je les ai tous repoussés : rien qu'un caisson démonté et des blés qui ne mûriront pas, c'était assez.

Les hommes et le chef sont en présence; les soldats lui crient qu'ils sont à lui, et le chef immobile, dont la volonté dirige les masses qui se meuvent autour de lui, salue ces dévoués. *Lui* et *eux* se sont compris.

Telle est l'idée sortie de mon cerveau sans hésitation, du premier jet, et qui, malgré le long temps que j'ai mis à la rendre sur la toile, est toujours restée pour moi tellement nette, que je n'y ai jamais apporté la moindre modification.

Quant à l'exécution, un peintre seul et un peintre de grande expérience pourrait dire ce qu'il a fallu de temps et de travail pour coordonner en un seul tout tant d'éléments divers; seul il pourrait dire combien il était difficile de le faire aussi sévèrement, en mettant de côté tous les artifices qui souvent masquent des faiblesses. Ces blés verts mêmes en sont la preuve. Que de difficultés j'aurais tournées en les remplaçant par la poussière, qui cache tant de choses!

Je vous l'ai dit en commençant, laissez-moi vous le répéter : j'ai foi dans mon œuvre, le temps la consolidera de plus en plus, et, j'en suis certain, votre amour éclairé la protégera, s'il en était besoin.

Maintenant, chez monsieur, laissez-moi terminer en vous offrant mon portrait. Vous avez désiré en avoir un, j'ai eu plaisir à le faire moi-même pour vous; il vous parlera de moi plus intimement et vous rappellera combien je suis votre dévoué,

E. Meissonier.

Poitrail de cheval.
(DESSIN AU CRAYON NOIR REHAUSSÉ DE BLANC.)
(Musée du Luxembourg.)

Ils font une conversion, ils vont passer devant l'Empereur ; ce tourbillon tourne autour de lui. J'ai mis dans ce mouvement tout ce que ma palette pouvait me fournir, et cependant la dominante du tableau est la figure de l'Empereur, au deuxième plan....

L'Empereur, dans le *1807*, n'est plus en action lui-même comme en Italie en 1798. Ce n'est pas seulement son armée, c'est le monde entier qui tourne autour de lui; il est devenu le pivot de l'Europe....

J'ai eu souvent envie de faire le *1807* en grand, à la détrempe....

Si le *1807* produit cet effet d'horizon sans limites et de masses humaines innombrables, c'est qu'il n'y a rien sur le terrain que les hommes, pas d'accidents de détails, de paysage d'arbres, etc., donnant une échelle immobile. L'action peut être toujours mouvante dans le tableau, tandis que dans les panoramas ce qui veut remuer le plus s'immobilise au contraire et se fige d'une façon irritante, par le détail précis de la campagne et des choses environnantes.

Un cheval au galop, comme celui du *1807*, y serait insupportable, toujours au même endroit. Tout ce qui est au repos se fait, au contraire, accepter par le spectateur et considérer à loisir.

Voyez, dans le beau panorama de Rezonville, les soldats au repos de Detaille, si amusants, et l'effet agaçant du cheval au galop, près de la Croix, et voyez le côté de Neuville, la ligne des cuirassiers et l'impression profonde que donnent les blessés et les morts.

On ne fait pas crédit au panorama : tout y est si absolument réel qu'il faut que tout y soit possible, continuellement au même endroit.

Voyez le tableau des *Cuirassiers*, de X..., au Salon, cette année; c'est une faute que de lancer, sans montrer leur but, ces escadrons hors du cadre, dans ce paysage, avec arbres, détails, etc. Je me serais arrangé pour les jeter sur un obstacle aperçu : sans quoi l'objet de l'action se perd.

Dans le *1807* mes cuirassiers passent au galop pour la bataille

LA VEILLE DE MARENGO.

engagée plus loin, mais l'Empereur domine tout : c'est lui pour lequel on s'élance, auquel on se donne dans des cris enthousiastes.

Le *1807* a été exposé très peu de jours, au cercle de la place Vendôme, avant de partir pour l'Amérique. Le *1807* est l'inverse du *1814* : je voulais exprimer le moment de la pleine confiance dans l'Empereur victorieux!

Dans le tableau du *1796*, qui est ébauché, il n'est encore que le général Bonaparte, il commence sa fortune, il paye de sa personne, tandis que dans le *1807* il n'agit plus.

1807 est une bataille quelconque, Friedland si l'on veut. La question était de faire l'Empereur impassible, au milieu du mouvement de la lutte.

J'aime beaucoup Bessières. J'ai eu plaisir à le peindre là ressemblant, ainsi que Duroc.

Pour le *1807*, chacun des chevaux a, comme les hommes, son dossier d'études; par amour de la vérité, je recommence souvent ce qui

SOUVENIRS ET ENTRETIENS

ÉTUDE POUR « UN DRAGON DE « GUIDE ».
(Musée du Luxembourg.)

est achevé déjà. J'ébauche sur un morceau de papier glacé pour essayer, pour bien voir ce qu'il faut faire définitivement, puis je peins rapidement.

Pour graver le *1807*, n'ayant plus de documents suffisants (le tableau est en Amérique), j'en ai voulu faire une reproduction à l'aquarelle; mais que de changements j'introduis dans les mouvements des chevaux, dans les figures. Je refais de nouvelles études, qu'il faudra comparer avec les anciennes.

C'est tout un autre personnage que celui du guide, par exemple. J'ai entrepris là une grosse affaire…. Le graveur y trouve son compte. Je regardais moi-même ce groupe des quatre guides comme bien complet, je croyais avoir dit là le dernier mot. Eh bien! non. L'aquarelle permet des tons plus frais. Il faut toujours, dans une œuvre d'art, regarder le résultat, sans compter avec sa peine, jamais!

Bien que très pressé de toutes parts, je recommence, n'étant jamais satisfait.

La perfection entraîne; une chose très étudiée en nécessite une autre, et ainsi de suite…. Je crains par moments de ne pouvoir finir mon aquarelle, parce que je ne pourrai atteindre les valeurs nécessaires au premier plan.

Il faudrait garder cette chose, amenée à la construction exacte du dessin, puis s'en aller à la campagne et la donner à copier à un élève; mais je n'en ai pas sous la main. J'ai déjà mis tous les blancs qu'il m'était possible. Le malheur, c'est de ne pouvoir revenir sur ce que l'on fait et mettre des glacis. Ainsi peut-être ces grenadiers du fond sont-ils ébauchés trop clair? Mais aucune teinte ne prend dessus avec l'aquarelle ordinaire; pour nourrir le ton, on peut mettre des touches; mais avec la gouache, pas moyen. L'aquarelle laisserait au bord comme la place d'un lac retiré. Vois ce que cela donne. Il y a plusieurs jours que je me demande comment faire? J'irai cependant jusqu'au bout. Rien que ces quatre hussards de gauche constituent un tableau. La difficulté de ce travail m'apparaît de plus en plus chemin faisant.

J'ai beaucoup aimé et peint les chevaux dans ma vie. Ah! le sens des tailles, comme cela est essentiel pour bien graver! Avec des choses si bien écrites, si indiquées, si faciles à comprendre, je ne trouve jamais un graveur.

Rien n'est plus difficile à graver que le *1807*. Toutes les figures se détachent en vigueur, sur le ciel. Moi, peintre, avec la coloration, je peux détacher mes figures, tandis que le graveur en ferait des nègres. Pour le *1807*, je ferai au graveur des indications de tailles. Sans cela, il perdrait la tête ; chaque cheval est si individuel, qu'il faudrait faire un calque sur papier glacé....

Il s'agit de faire toujours sentir la dominante. Le détail, tout en existant comme dans la nature, doit toujours y être sacrifié. Dans le *1807*, les cuirassiers qui passent au galop devant moi, ne m'empêchent pas de voir d'abord le chapeau de l'Empereur !... C'est ce point noir que j'aperçois de prime saut.

J'estime qu'un graveur, à moins d'être accoutumé lui-même à graver des chevaux et à les bien connaître, ne pourrait s'y retrouver et les bien rendre, sans le peintre.

Quand le *1807* autrefois était en train dans l'atelier, on s'amusait à donner des noms imaginaires aux cuirassiers au galop, selon l'air de leur tête : l'Alsacien Petermann, le sentimental Lucenay, la romance Durand, le voyou, etc.

La gouache fait des tons délicats par excellence.

Je crois que l'Empereur est ressemblant dans mes tableaux. Je le ferai un peu avant-garde de guides, qui devait toujours marcher devant lui ; à l'arrivée, les guides formaient un cercle autour de lui, il était difficile, me dit-on, de le suivre, il quittait à chaque instant les chemins.

La brusque décroissance de la ligne des hommes est un des effets voulus de mon *1814*. Un autre aurait peut-être cherché à montrer le plus de figures possible, mais j'ai voulu que tout cela, à perte de vue, s'enfonçât dans le lointain. L'Empereur grandit alors et devient saisissant avec les maréchaux derrière, si individuels, si personnels dans leurs habitudes, comme Ney, qui n'enfilait jamais les manches de sa capote ; à quelque distance, l'infanterie, marchant en ligne parallèle, tambours en avant ; si petits qu'ils soient, on voit briller leurs regards. Regardez celui-là, le premier du rang, qui bat sans oser tourner la tête,

ÉTUDE DE DRAGON (POUR LE « GUIDE ».
(Aquarelle de la collection de M. Gaston Lebreton, directeur
du Musée de Rouen.)

mais qui regarde de côté l'Empereur sur son cheval blanc. Ney, comme je vous le disais, est derrière lui; les manches de sa houppelande ne sont pas même enfilées, on m'a donné ce détail; ce sont ces notes de caractère, que j'ai recueillies de témoins oculaires, qui donnent l'individualité et la vie. Le beau Flahaut, toujours élégant, est sur la même ligne

Dans le *1814*, ce personnage qui a sa capote sur les épaules sans avoir passé les manches est le maréchal Ney, prince de la Moskova; le second est le maréchal Berthier, prince de Wagram; le troisième est le général comte de Flahaut, officier d'ordonnance de Sa Majesté. Derrière le maréchal Ney est le général Drouot (celui qui dort de fatigue sur son cheval n'est pas un portrait).

Que de fois un document intéressant, précieux, se rencontre par hasard! Un jour, je me trouve en chemin de fer avec un officier de santé, qui me parle de la bataille de Leipzig où il était, de la paille, des copeaux même, dont il fallait se servir en guise de charpie. Il apparte-

1814. Campagne de France.
Collection de M. Chauchard.

naît au corps du maréchal Ney : « Je le vois encore, me disait-il, avec les manches de sa capote qui n'étaient jamais passées, et les plumes de son chapeau toujours sales ». C'est avec ce détail caractéristique de la capote qu'en rentrant je fis mon maréchal Ney (*1814*).

Il y a, de même, une quantité de choses que je suis seul à savoir

ÉTUDE DE CUIRASSIERS POUR « 1807 ».

maintenant, et elles sont souvent bien intéressantes ; le brosseur de tel général est plus curieux à questionner sur certains points que le général lui-même.

En esquissant le *1814*, je pensais à Napoléon, revenant de Soissons, sans son état-major, après la bataille de Laon. J'avais dans mon atelier, ébauché aussi, en ce même moment, un poète lisant des vers à des amis et à deux femmes.

Je tiens à rester libre en face de mes esquisses ; je ne veux pas être tenu de les achever s'il se produit des impossibilités de les mener à bien, ou si je sens que le tableau ne réussira pas. J'aimerais mieux mourir que d'abandonner l'idée de certains tableaux à exécuter.

C'est pendant que ma maison était envahie par l'ennemi, que je m'emprisonnai dans mon atelier où j'ai peint l'esquisse de *Paris*. C'était ma vengeance !

Dans cette esquisse, la main de l'officier de marine tient fraternellement la tête du fidèle matelot, mort près de lui....

Dans le *Solferino*, tous les personnages sont des portraits : *Magnan, Lebœuf, Massue, Fleury, Saint-Jean d'Angely, Rose*, et tutti quanti. Je suis moi-même en arrière, à gauche.

Je n'ai pas même mis deux mois à faire cette esquisse du *Siège de Paris*, au dernier moment, dans la fièvre continue, pressé par mon exposition.... Il faudrait remettre un peu d'harmonie, un peu de liaison. Excepté pour cette figure de Regnault mourant, dont voici l'esquisse sur papier calque, je n'ai pas fait une seule étude de figure....

Cette nuit j'esquissai en idée le projet du *Siège de Paris* autrement que je ne l'ai d'abord conçu. La France blessée, ses armes brisées, voit avec désespoir ses provinces que des soldats saxons et bavarois entraînent loin d'elle, malgré leur résistance. Les provinces se cramponnent à la France qui ne peut sauver Paris.

La Ville debout, sa robe magnifique à ses pieds, la tête couverte d'une peau de lion. Autour d'elle, la Misère, la Famine, la Mort. Les enfants expirent sur le sein desséché de leur mère. Parmi les morts, Regnault, etc.

J'espère être débarrassé cette année et me mettre au *Siège de Paris* ; c'est l'honneur, c'est la résistance !

J'ai voulu faire une espèce de symphonie héroïque de la France. La Ville de Paris aura une robe de brocart d'or, voilée d'un crêpe, la main appuyée sur le cippe. Sa couronne murale est sur une stèle, ce qui m'a fourni dans l'armoirie le vaisseau contre lequel meurt l'officier de marine. Çà et là des morts illustres, Franchetti, le général Renaudot, Dampierre, Néverlée. Ici, pour indiquer leur rôle, les ambulanciers, un médecin. Vous savez quelle quantité de petits enfants sont morts pendant le siège. Pour l'indiquer, voici un garde national qui revient des avant-postes, où il a fait ses huit jours : sa femme, désespérée, lui tend le cadavre de leur petit enfant. A cette place, Regnault, la dernière victime; j'étais désigné pour aller réclamer son corps aux Prussiens. La veille même, j'avais causé avec lui.

Les Prussiens ont été mauvais, ils ne voulaient pas qu'on entrât dans leurs lignes; ils prenaient nos brancards et nous rapportaient nos morts; nous avions fait creuser une fosse devant nous; on prenait les numéros matricules des soldats qu'on y couchait. Tout le jour, nous n'avons fait qu'enterrer! Chaque fois que se présentait le cadavre d'un garde national, on le mettait dans une tapissière, pour le rendre à la famille.

Paris voit entrer en volant le spectre de la Famine, avec l'aigle de Prusse qu'elle apporte sur son poing, comme un fauconnier. Quand j'aurai, si Dieu me prête vie, accompli cela, alors je me reposerai, ayant achevé ce que je voulais faire.

Les morts sont étendus sur des palmes,... et des couronnes jonchent le sol....

Que je l'aime, cette étude de soldat mourant destinée à la figure de Regnault. Je voudrais essayer de graver moi-même le tableau. Ah! le bonheur que j'ai eu pendant six semaines à faire dans la fièvre, sans chercher un seul instant, inspiré, emporté tout le temps, cette esquisse du *Siège*.

J'ai fait en une nuit cette maquette du cheval mourant....

Je voudrais graver le tableau du *Siège*. Mon intention, quand j'ai fait cette esquisse, était d'en faire un grand tableau. Je ne veux pas laisser passer ce *Siège de Paris*, qui nous a sauvés du déshonneur, sans essayer de l'exprimer; j'ai cette ambition.

Le siège a permis la résistance; par moments même, il a fait passer la panique chez l'ennemi, on l'a vu à Versailles.

Les Allemands ne se payent pas de mots; ils sont entrés en France quand il n'y avait plus rien, ni armée, ni gouvernement; aujourd'hui où les Français ont repris possession d'eux-mêmes, ils ne remettraient pas ainsi la main sur nous : c'est le siège de Paris qui nous vaut cela.

Pour mon tableau du *Siège de Paris*, j'ai eu le costume militaire même de Regnault, que Clairin, son ami, m'avait prêté... et nous avons pu obtenir la robe d'un Frère pour mes *Brancardiers et le Frère Anselme*.

Si je me décide au panorama, je me donne six mois pour le choix du sujet. L'Égypte.... Aboukir ! c'est bien tentant....

Les horizons éloignés, immenses, sont propres aux panoramas, et les éléments de variété, de richesse de mise en scène, par la nature et la beauté des costumes, sont infinis. Comme ce serait beau, les mameluks se ruant sur les carrés, et leurs corps troués de baïonnettes s'amoncelant en remparts sanglants autour des carrés invincibles....

Paris 1870-1871.
A Madame veuve Meissonier.

Je vais me remettre en face des textes mêmes ; je voudrais y rêver en face des lieux avant de décider entre Fleurus, Jemmapes, Marengo, les Alpes, le passage du Gothard, ou l'Égypte.... Il faudrait se mettre à l'œuvre avec une armée de travailleurs : ceux qui viennent d'accepter de faire le panorama de *Metz* et de ses combats y partent pour tout l'été ; qui sait si l'hiver prochain je ne serai pas en Égypte !...

Tout est fini pour les panoramas ; Vanderbilt, qui pose en ce moment pour son portrait dans l'atelier, est au courant de ce que l'on me propose, et, en homme d'affaires et en Américain pratique, il avait rédigé un contrat détaillé des seize cent

UN GUIDE.
(Croquis à la mine de plomb.)

mille francs proposés, et des droits à réserver sur les recettes d'exposition.

J'ai l'intention de faire *François Ier sacré chevalier par Bayard*. Je le fais *avant* la bataille, comme le dit Fleurange, qui raconte une foule de détails ; je le fais avant parce que cela est plus amusant, parce que cela donne un aspect plus solennel. Le trompette à gauche a nom Christofle : il est connu, j'aurai là toute la ligne de la chevalerie, les maréchaux ; cela aura une certaine grandeur. Dans le fond seront les chevau-légers....

Pour exécuter la chose, il me faudrait six mois de liberté.

J'aimerais mieux peindre Bayard, que de faire cet hommage à Bonaparte campagne d'Italie, qui ne m'enlève pas comme l'autre. Le Bayard, au moment de la bataille de Marignan, me passionne !...

Pour le *Bayard*, j'aurai à faire un travail énorme au Musée d'artillerie. Il y aura bien cinquante mille francs de frais matériels préalables.

Oh ! ce tableau de la *Madonna del Bacio*, je l'aime ! Je ne le vendrais à aucun prix ! S'il était brûlé, cela serait comme si on m'arrachait un morceau de la peau !...

Par moments, pour travailler dans Saint-Marc, j'étais dans une nuit si profonde, que de temps en temps j'allais au jour voir mon tableau de la *Madonna del Bacio* pour voir ce que j'avais peint dans l'ombre ; je voulais indiquer dans le geste de la femme en ardente prière, qu'elle était tourmentée par la passion, et ce prêtre si calme venu un jour par hasard m'a donné, sans s'en douter, le contraste que j'ai saisi rapidement.

Il est peut-être trop tard, à mon âge et dans mon état de santé, pour entreprendre au Panthéon un pareil travail mural ; mais que je regrette, comme je l'ai exprimé à Chennevières, lors de la distribution des sujets, de n'avoir pas eu à traiter *Jeanne d'Arc* ou *Attila*.... Quels sujets dramatiques !

Il faut croire à la réalité des choses pour s'y incarner et vivre dans un sujet avec ses héros....

Que de fois j'ai vu l'Empereur ! en rêve ! J'admets la charge qu'on fit de moi dans je ne sais plus quel journal autrefois : « Quelqu'un vous demande. — Qu'il entre ! — Où, monsieur ? — Dans ma garde ! » Il faut respirer l'air de son personnage, vivre dans son époque. Combien Jeanne d'Arc était plus admirable à traiter que cette placide légende de sainte Geneviève avec son ravitaillement miraculeux de Paris ! Je me rappelle Chennevières voyant mon ennui et disant : « Allez donc trouver l'archiprêtre, il vous fournira des documents. » Ce que je fis, et le digne abbé se mit à me raconter sérieusement les bateaux chargés de pain et le miracle pendant qu'on remontait la Seine, entre Villeneuve-Saint-Georges et Paris : un énorme rocher barrait le fleuve, on allait se briser contre ; sainte Geneviève étend le bras, et le rocher se change en serpent, etc. Vous comprenez qu'on ne peut pas s'exalter, sur de pareils faits....

Devant ces crises hépatiques dont je viens de tant souffrir, à six mois de distance, une fois encore, les médecins ordonnent le repos, le contentement d'âme,... le bonheur, l'heureuse vie morale. Je suis fatigué, alourdi par la peine ; je crois que je n'en ai pas pour longtemps, de ce train-là.

Cette nuit, ne pouvant dormir, je rêvais aux peintures que je voudrais mettre aux murs de mon hôtel.... Au-dessus d'une porte, la *Peinture* et la *Musique* ; au-dessus de l'autre, la *Sculpture* et l'*Architecture*....

J'imaginais une grande composition intermédiaire, représentant les Arts en fonctions, pour ainsi dire....

Au centre de la composition, le *Musicien* jouerait d'un instrument ;... à gauche, l'*Architecte*, debout, accoudé sur une grande table, écoute.... A droite, le *Peintre*.... A gauche, vers le milieu, la *Sculpture*, aux prises avec un grand prophète.

J'avais pensé aussi, dans un autre projet, à mettre au milieu de la composition deux anciens musiciens, que de grands génies ailés escorteraient en les emmenant.

Quant à mon escalier, n'est-ce pas qu'il serait beau avec la composition du *Poète* sur une face, l'apparition d'*Homère à Dante* sur une autre ?...

J'allais à l'Institut avec Lefuel, l'architecte du Louvre. Il est des moments où l'esprit est monté à certain diapason : nous passions devant les Tuileries en ruines ; dans ce colossal effondrement, je fus subitement frappé de voir rayonnant intacts les noms des deux victoires incontestées,... Marengo !... Austerlitz ! je voyais mon tableau, je m'installai

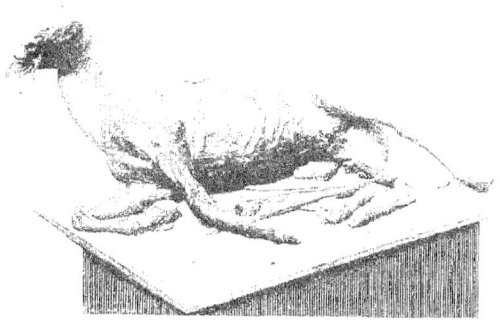

CHEVAL MOURANT.
(Maquette pour « Siège de Paris ».)

dans les décombres d'abord, dans une guérite après, et je fis l'aquarelle en huit jours. Le dessin d'un cavalier, que je fis au fond de la guérite, fut coupé et emporté par je ne sais qui; je ne le revis que plus tard, quand il fut mis en vente; on en fit alors la photographie. La guérite n'était pas de trop, car, en arrivant à mon travail un matin, le gardien me dit : « Ah! monsieur Meissonier, vous avez eu de la chance : à peine aviez-vous quitté la place hier, que ceci tombait à votre place. » C'était un énorme morceau de corniche, qui à coup sûr m'eût tué.

Il est certain qu'il faut être celui qui doit voir les choses, pour les exécuter; mais par deux fois, là aux *Tuileries* et pour la *Barricade en 1848*, j'ai eu la chance de passer au moment saisissant.... C'est dans la disposition d'esprit où l'on se trouvait alors que le saisissement des noms flamboyants de *Marengo* et d'*Austerlitz* m'a inspiré ce tableau.

La pierre se gondolait sous l'action terrible du feu; elle s'entr'ouvrait, comme pour parler....

SOLDAT MOURANT.
(Étude pour une figure du « Siège de Paris ».)

CROQUIS A LA MINE DE PLOMB POUR LE « SIÈGE DE PARIS ».

C'est la Victoire, qui s'en va sur son char, qui nous abandonne!...
J'ai fait ce tableau en 1871, saisi par le tragique aspect des choses. Je l'ai expliqué par un vers latin au-dessous.

Remarquez que si les deux noms de victoires, dans les cartouches au-dessous des ruines, eussent été Wagram, Leipzig,... ce n'eût pas été la gloire pure d'*Austerlitz*, *Marengo* !...

Ces deux derniers noms restent étincelants dans l'histoire, comme au-dessus de l'effondrement du palais...

Ah! les beaux rêves de notre jeunesse, l'art devant avoir un but, devant être un enseignement moral (comme dans le tableau des *Bourgeois de Calais*), l'art devant exprimer les grandes pensées, les dévouements, les nobles exemples ; il y a six tableaux qui répondent à mon idéal :

Le *Malade et le Prêtre* ;

Le *1807*, apogée du triomphe ;

Le *1814*, revers lugubre de la victoire ;

La *Barricade en 1848*, l'honneur et la guerre civile ;

Le *Siège de Paris*, la défense de la Patrie ;

Et enfin la *Prière ardente*, celui que j'aime le plus peut-être, cette Vierge de Saint-Marc, dont tu m'as à Venise posé la figure, ainsi que la Ville de Paris pour le *Siège*.

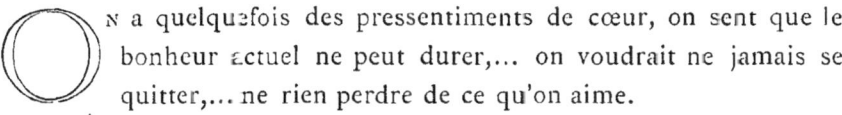

On a quelquefois des pressentiments de cœur, on sent que le bonheur actuel ne peut durer,... on voudrait ne jamais se quitter,... ne rien perdre de ce qu'on aime.

Quand il faudra partir, après les gens que j'aime, bien entendu, ce que je regretterai le plus, ce sera non pas les villes, les musées, les œuvres d'art de l'homme, enfin, mais la nature du bon Dieu, les champs, les bois, les choses soi-disant inanimées qui, tant de fois, m'ont fait pleurer d'admiration.

Le sentiment de la gloire et de la postérité, quand on n'y sera plus, ne suffit pas à consoler des misères du trajet.

Le temps remet en place à leur valeur vraie toutes les âmes. La valeur réelle d'un homme ne peut être cotée qu'à sa mort, quand le bruit des amitiés s'éteint sur la pincée de cendres, après les discours du tombeau, affectueux ou officiels; alors le monument s'écroule ou résiste glorieux, inondé de lumière et d'admiration.

Ma vie s'est passée à chercher la vérité. Quand j'ai à juger, je ne me place pas à mon point de vue seul, je cherche à me figurer celui des autres : je veux comprendre la raison et les mobiles de leurs actes.

Vouloir, c'est pouvoir! c'est l'axiome de toute ma vie, j'ai toujours *voulu*.

En ce temps-là, où il n'existait pas de photographes, les documents n'étaient pas nombreux. J'allais dans la journée dans les serres du Jardin des Plantes m'établir en face des plantes des tropiques; il ne me restait que la nuit pour faire mes dessins. Je travaillais ferme; mon temps était réglé comme cela : je travaillais tous les soirs jusqu'à onze heures, trois fois par semaine toute la nuit, j'arrivais à me faire en moyenne dix francs par jour.

Comme je me rappelle notre jeunesse et nos aspirations d'artistes !

Ah! le temps perdu qu'on ne peut jamais regagner, comme je le regrette! Mon œuvre eût été avancée de bien des années si mon père, au début, eût admis et compris ma vocation.... Que de misères il m'a fallu traverser. Gagnant le pain quotidien, me couchant, même marié, à six heures du soir et me relevant à minuit pour travailler jusqu'à huit heures du matin. A huit heures, la journée étant gagnée, je m'appartenais et je travaillais jusqu'au soir à mon tableau de l'Exposition.

Savez-vous, mon amie, quel fut le cadeau de noce de mon père ? Il me paya une année de loyer, sept cents francs environ, six couverts d'argent et ce discours : « Maintenant il est évident que tu n'as plus besoin de moi, car j'estime que lorsqu'on se met en ménage, c'est qu'on peut suffire à soutenir une maison ». Plus tard, à mon tour, je n'acceptai rien. Il était fier et moi aussi....

En 1845, mon père mourut riche, pour cette époque, laissant une fortune d'environ douze cent mille francs.... Mon frère Gabriel, qui était employé dans la maison, mais non associé, s'était séparé de lui pour aller fonder un établissement en Russie.

Plus on approche du terme, mieux on se rappelle le point de départ. Certains d'entre nous n'étaient préoccupés que des vieux manuscrits et des Vierges à fond d'or ; l'idée religieuse dominait la vie. On était en plein Faust et Marguerite (nous étions très gothiques alors). Avons-nous cru à la marguerite effeuillée ? On faisait des tableaux en pensant à Lamartine (souvent sur la montagne). Dieu ! que cela me faisait pleurer quand j'étais jeune ! Maintenant il y a des choses qui ont vieilli, la flèche gothique, les saints concerts ! Hum ! mais n'importe, je pleure encore en lisant ces vers-là.

Pendant que j'étais en pension à Thiais, avec mon frère Gabriel, et Fauvel (ce dernier plus tard médecin), 1830 éclata. — J'avais quinze ans — on était dans un état d'effervescence incroyable,... nous entendions le bruit de la mitraille dans Paris ! Une nuit, nous prîmes la résolution de coucher tout habillés et de nous relever quand toute la maison serait endormie, pour franchir les murs bas du jardin, qui donnait dans la campagne, et courir à Paris ! Mais un lâcheur nous trahit. Le maître d'étude, prévenu, s'approcha de mon lit, leva les draps, me vit tout équipé, m'appliqua une paire de soufflets qui me brûla de honte ! et, sans mot dire, me mena au cachot.

Dans ces journées terribles de révolution, les tempéraments se révè-

LA PRIÈRE ARDENTE.

...ent par des mots naïfs ou révoltants. C'est ainsi que Chevreuil, mon tailleur, que je quittai pour son mot en 1848, me dit : « Je prends goût à la chasse à l'homme ! » Terrien fut témoin d'un autre fait abominable : une sentinelle montait sa faction dans un endroit exposé ; un garde national arrive, désolé, fusil en main : « Je ne manque jamais mon coup ! dit-il, et je n'ai pas encore eu la chance d'en viser un. — Vous ne manquez pas votre coup ! dit la sentinelle, bien sûr ? Alors mettez-vous là, à l'angle de cette maison : chaque fois que je me découvre, un homme et un canon de fusil apparaissent et tirent ; je vais me montrer, attention ! » Il fit quelques pas. L'insurgé apparut et l'*amateur* en effet ne rata pas son coup.

Vous n'avez pas idée de ce qu'était pour moi, pendant mon enfance et ma jeunesse, l'ambition d'un manteau ! Ai-je eu assez longtemps le désir d'en avoir un sans l'avoir ! Je me souviens des impressions frissonnantes de la sortie de pension, l'hiver ; mon père avait pour principe de laisser les enfants s'endurcir au froid ; je n'avais qu'une blouse, et je voyais avec envie les autres s'envelopper ! Cela me rappelle aussi le premier quart d'heure navrant de certains soirs du jour de l'an, quand j'allais, je ne sais où, faire quelques visites avec mon père, dans l'air glacé de janvier, au sortir d'une chambre bien chaude.

Je ne me souviens pas, dans ma vie, de m'être ennuyé à faire une besogne quelconque. Il faut toujours être tout entier à ce qu'on fait, petites ou grandes choses, pour faire bien ce qu'on doit. J'appliquais ce principe même à cirer mes bottes. Je ficelais et j'ajustais de mon mieux les paquets de drogueries.

A mon entrée dans l'atelier de Coignet, que je n'ai fait que traverser, Charlet, le jour de la scie, se mit à crier : « Ah ! ce petit-là, c'est un épicier !... » Comme j'avais été justement en apprentissage rue des Lombards, cette espèce de condamnation, accident, œuvre de pur hasard, me désespéra. « C'est donc écrit sur mon front ? » pensai-je.

Chenavard me disait que jamais il n'avait bien senti ce qu'était la

ESQUISSE DU « TRIOMPHE DE LA FRANCE », QUI DEVAIT ÊTRE EXÉCUTÉ PAR MEISSONIER POUR LA DÉCORATION DU PANTHÉON.

foule, comme à l'enterrement de Mme Louis Blanc. Louis Blanc est un rêveur, mais un honnête homme ; les ouvriers l'aiment quand même, quoiqu'il n'ait jamais rien obtenu pour eux, c'est leur homme ; ils lui font crédit pour l'avenir, et sur un signe de lui ils accourent en innombrable multitude. Victor Hugo, qui marchait en tête avec Louis Blanc, lui frappait de temps en temps sur l'épaule : « Allons, courage, mon ami, lui disait-il d'une voix redoutable ; la mort n'est rien : quelques jours, et l'on se retrouve », etc., puis, se retournant vers Chenavard : « Comme vous avez blanchi », lui disait-il à mi-voix. Et c'est ainsi que s'en vont à peu près tous les cortèges funèbres : les premiers pleurent, ou sont vraiment accablés, et la douleur de rang en rang s'efface plus vite que les cercles s'évanouissent dans l'eau troublée par moments. On commence par s'entretenir du mort et l'on finit par rire d'autre chose. J'en ai vu un exemple frappant, presque extraordinaire, et j'en étais. M. X..., mon vieil ami et médecin, aimait, je crois, depuis longtemps la femme de l'amiral Z.... A la mort du mari, il l'épousa. Du premier mariage il existait un fils adoré et vraiment charmant ; il mourut à dix-neuf ans, de mort presque subite, et ce fut une épouvantable douleur, si poignante dans sa violence, que nous en étions, nous, les amis, tout pénétrés ; il fut enterré à Choisy.

Trois jours après, muni d'une autorisation de police, le père vint nous trouver, Y... et moi, et nous demanda d'aller à Choisy avec lui pour assister à l'ouverture du cercueil et pour essayer de prendre, sur les traits du mort, un moulage qu'il était désespéré de ne pas avoir.

Nous partîmes dans une voiture, avec des sacs de plâtre et tout ce qu'il fallait pour l'opération. Nous étions atterrés de voir le docteur une épée à la main, celle de l'amiral Z..., dans un tel état d'abattement que nous n'osions penser à ce qui pourrait se produire.... La nature semble quelquefois s'associer aux actes de la vie par une sympathie mystérieuse : comme nous entrions au cimetière, le jour baissait avec des tons étranges. Le fossoyeur déterra le cercueil, on l'ouvrit ; le corps était déjà dans un tel état de décomposition que nous dûmes renoncer à l'entreprise ; on recloua la bière après que le docteur y eut déposé l'épée de l'amiral ; nous savions maintenant pourquoi il l'avait apportée ! Et nous sortîmes du cimetière le cœur un peu soulagé par ce dénouement, mais tout serré encore par la tristesse de cette journée funèbre. Il était

LES RUINES DES TUILERIES. — MAI 1871.

tard. Nous étions tous les trois à jeun, naturellement; qui eût alors pensé à manger? Pourtant, chemin faisant, on rencontra un restaurant qui était alors en réputation. Nous nous fîmes servir un dîner, auquel nul ne pensait à toucher d'abord ; mais l'appétit vint en mangeant. La vie, peu à peu, reprit le dessus, et, en partant, nous avions tous la mine de gens qui ont gaiement dîné et qui n'ont plus traces de cimetière.

L'Empereur était très dur, mais il revenait dire une caresse.

Quand il donnait un ordre de bataille, il n'admettait pas une hésitation ; l'officier désigné s'avançait chapeau à la main, botte à botte et devait répéter *mot pour mot* l'ordre donné ; s'il hésitait : « Sans intelligence, disait l'Empereur ; à un autre ».

Mortemart contait qu'à Haguenau il s'agissait de traverser une forêt. « L'endroit est marécageux, difficile », voulut-il expliquer. « Ce n'est pas vrai », dit l'Empereur impétueusement. Il sentait que pour les hommes derrière lui, qui écoutaient, *il ne devait pas y avoir d'obstacles.*

Mortemart était aide de camp aux cuirassiers du général Nansouty. Il était vigoureux, solide. Quand la division Nansouty fut envoyée à Essling, on le dépêcha pour examiner les choses. De l'autre côté du Danube, le grand pont est emporté, il fallait aller conter le désastre à l'Empereur. Nansouty passe en barque, emporté au-dessous du passage par le courant, et Berthier, qui le sait, n'ose l'expliquer à l'Empereur, qui lui dit : « Allez chercher Nansouty ».

Je ne sais pourquoi aujourd'hui, à cheval, ces horizons de Marly me rappellent Solferino.

On ne peut se faire idée de cette journée avec ces inondations d'hommes.

Dans la petite ferme où j'étais réfugié, au moment où j'allais mettre le pied dehors, l'orage éclata. Sous le hangar de l'entrée, des soldats de ligne, assis sur des poutres, gardaient des prisonniers autrichiens. J'échangeai avec les pauvres diables quelques mots d'allemand. Puis on alla me chercher au grenier un peu de foin pour mon cheval, qui n'en pouvait plus. Plus loin, un sergent voulait le faire entrer à l'abri,

Iéna. — 1806.
DERNIER TABLEAU EXPOSÉ PAR MEISSONIER (CHAMP-DE-MARS; 1890).

avec moi, dans une grange pleine de blessés : vous pensez si je refusai. Je sortis seul pour aller rejoindre l'Empereur. Les chevaux n'aiment pas à fouler les corps, et tout était plein de cadavres; on criait : « Prenez garde aux baïonnettes : les chevaux peuvent s'y blesser ! » Dans un petit champ vert délicieux, un vrai cadre d'amoureux, les morts étaient amoncelés.

Une famille d'Italiens, vieillards, femmes, enfants, étaient venus pleurer, dans la ferme où j'étais, leur maison brûlée : quelle désolation!...

Le premier blessé cause une rude émotion. Puis on s'y fait. Un zouave en pantalon de toile grise se traînait dans un chemin; il n'était pas mortellement atteint sans doute, puisqu'il marchait encore, mais son pantalon était rouge de sang.... Dans une ambulance provisoire les chirurgiens circulaient au milieu des blessés qu'on apportait de tous côtés. Je saluais respectueusement ces misères au passage....

La chaleur était accablante. Vers midi je m'étais endormi au pied d'un arbre, les guides de ma jument Coningham passées dans mon bras. Au réveil, dans une écuelle, qu'il fallut détacher de la paire de souliers d'un pauvre mort, j'égrenai un peu de blé, que la bête éreintée ne mangea pas....

Un officier me dit en passant : « Prenez donc ce bonnet de police, il vous sera commode »; il était tombé du sac d'un jeune officier autrichien, un beau jeune homme tout pâle étendu parmi les morts... L'idée me fit horreur.

A Brescia, j'avais pu trouver une assez belle chambre, à l'hôtel de la Poste ; j'avais à traverser les autres pour y arriver, mais j'étais plus libre chez moi. Cependant tout était ouvert à tout le monde : je me souviens d'un jeune Croate superbe qui dormait profondément sur son lit entièrement nu....

Quant au dîner, on prenait les plats d'assaut à la cuisine; l'un des nôtres y veillait; qu'on tournât le dos un instant, un zouave s'emparait de la poêlée de pommes de terre....

Dans la chambre d'un intendant, nous avons bu du champagne frappé; toute prise était légitime dans ce désordre....

Quel singulier aspect que celui des villages à l'entrée des troupes françaises : les maisons étaient pavoisées, les vêtements d'habitants, les jupes de fêtes, les fichus éclatants, les courtepointes, les rideaux,

CROQUIS DE PAYSAGE.

tout prenait l'air en notre honneur. L'enthousiasme était du délire.

Oui, toute cette campagne d'Italie est vivante; que n'en ai-je pris des croquis continuels, ou retracé tous les souvenirs !...

Souvent une victoire n'est découverte qu'après la bataille, sans qu'au moment même on en ait le moins du monde l'impression triomphante. J'ai pu le voir à Solferino, où je n'ai pas quitté le groupe de l'Empereur.

A la fin de la journée, vers huit heures du soir, quand les Autrichiens en déroute fuyaient dans le lointain, l'Empereur, que nous suivions, monta la colline pour gagner une redoute bondée de morts. Je vois l'allée de mûriers et de vignes enlacés le long de laquelle avaient filé un à un nos soldats, cherchant à s'abriter en courant à l'attaque; on retrouvait dans la traînée de ceux qui avaient été frappés leur allure rapide. En arrivant à la redoute, où l'engagement terrible avait eu lieu enfin, à la baïonnette, j'entends encore Castelnau dire : « Prenez garde à vos chevaux! » à cause du fusil.

On était alors si peu conscient du résultat, que, l'Empereur interrogeant son état-major sur la canonnade qui grondait encore au loin, nul ne put lui répondre.

Si on s'était alors servi de la cavalerie fraîche, qui n'avait pas donné de la journée, on aurait foudroyé les Autrichiens, entassés, affolés, qui

SOLFERINO.
(Tableau de Meissonier.)

cherchaient en hâte à passer le Mincio, dont les ponts étaient détruits.

Je ne sais si le fait est vrai, mais il nous fut dit là-bas, dans les rues de je ne me souviens plus quel village, que dans l'emportement de cette fuite terrible de l'armée en déroute, dans l'encombrement roulant de la foule éperdue, l'empereur d'Autriche avait sabré un homme qui gênait son passage.

La victoire, dis-je, était si peu connue que, demandant à Castelnau où nous prendrions les quartiers du soir, il me répondit : « Nous sommes forcés de coucher *ici*; sans cela on dirait à Paris que nous sommes battus. »

Fleury, Castelnau et moi, nous descendîmes sur Cavriana. Je vois l'allure de la ville, une de ces petites villes d'Italie, perchée sur une éminence flanquée de murailles; au sommet, le château, protégeant les maisons groupées à l'entour. La cour où nous entrâmes avait des arcades. Je tins les trois chevaux, pendant que les autres cherchaient à prendre pied dans le pêle-mêle du campement. On finit par trouver un peu de foin et d'eau pour nos chevaux, et je courus, à mon tour, boire cette rareté, un verre d'eau fraîche, que Castelnau m'avait fait réserver.

Par cette chaleur, après l'action, la rage de l'eau ne peut se décrire; c'était à qui emporterait ce verre d'eau. Je me souviens d'un puits où les hommes avaient bu toute la nuit, et qu'au jour on trouva plein de cadavres.

Beaucoup de morts étaient dépouillés. Un d'eux me frappa par sa beauté. Il était nu jusqu'à la ceinture; le torse était admirable. Quel malheur d'anéantir une si belle forme !

A Grenoble, dans ma jeunesse, j'ai assisté, en détournant la tête au dernier moment, à une double exécution capitale. J'avais pour professeur d'anglais un jeune homme qui se destinait à être clergyman, et qui jugeait bon de s'habituer à tout; il avait emmené deux ou trois de ses élèves, dont j'étais, pour voir la chose. L'échafaud était une grande machine. Je vois encore un des deux condamnés s'échapper, courant autour de la guillotine : ce sont des impressions d'horreur qui vous restent....

Mais jamais l'impression terrible de la mort brusque ne m'a saisi comme en 1848. Un matin, dans le jour froid de l'aube grise, je vis déboucher d'une rue démolie aujourd'hui, près de l'Hôtel de Ville, un groupe d'hommes poussant devant eux un prisonnier qui se débattait ; c'était un beau jeune homme, grand, plein de vie, un beau type. Ils arrivaient sur nous, lorsque brusquement celui qu'on traitait d'insurgé reçut une balle qui l'étendit raide. Je vois encore ce passage rapide, sinistre, de la vie à la mort. Ses mains battirent un instant le long du corps, puis tout fut fini. On l'emporta comme une chose flasque, une loque humaine pendant dans tous les sens.

Quel bruit ici, pour ce suicide et ce drame amoureux. Voilà où nous en sommes ! Ces deux coups de pistolet sont un événement ! Autrefois on mourait facilement ; maintenant la vie humaine est devenue chose sacrée, et c'est ce sentiment qui engendre la lâcheté et qui étouffe le dévouement.

Il est singulier à quel point la mort de l'homme fait peu d'effet dans la nature, comme elle y paraît laide même ! Les cadavres y sont comme des chiffons sales, sans importance.

La mort de l'homme retrouve son importance, sa grandeur et son émotion poignante, quand l'homme expire dans son cadre familier, dans sa maison, au milieu des siens. Alors tout est frappé par son agonie, tout en est pénétré, tout se vide et s'assombrit : c'est une âme qui s'en va.

Sur le champ de bataille, j'en ai bien eu le sentiment en 1870, la personnalité disparaît : le cadavre n'est plus qu'une chose inconnue, perdue dans un cadre immense.

J'ai assisté, à Metz, à un duel à mort comme témoin, avec Augier. Quelle chose terrible que de voir un homme passer subitement de la pleine vie à la mort. Il avait le poumon traversé par l'épée ; un bouillonnement se fit, puis un jet de sang, gros comme le tube d'une plume, s'échappa de ses lèvres ; il tomba soutenu par ses témoins ; deux fois ses mains battirent le sol, en tenant toujours l'épée, puis rien : il était mort.

Oui, j'ai beaucoup connu Balzac, qui était en effet étourdissant d'imagination et d'orgueil, un orgueil immense et sincère. J'ai commencé de lui un portrait admirablement lancé, comme celui du docteur Lefèvre, et sur lequel, malheureusement, j'ai peint autre chose; il est sous un de mes meilleurs tableaux, actuellement en Belgique : *l'Homme qui choisit une épée*.

Je faisais ce portrait pour l'éditeur de Balzac, et Balzac, de la meilleure foi du monde, supputait les deux millions qui devaient me revenir avec un tirage colossal de son œuvre à deux francs de bénéfice par exemplaire, me disait-il....

Il n'était pas exempt d'une certaine avarice bizarre; Hetzel en sait de nombreux traits, lui qui avait constamment affaire à lui pour la *Comédie humaine*, qui était en train de paraître; Balzac allait le prendre dans un cabriolet de régie, luxe nouveau du moment, faisait toutes ses courses et laissait invariablement Hetzel solder le cocher.

Balzac était de taille moyenne, fort, les cheveux bruns rejetés en arrière : une physionomie de Rabelais, la lèvre charnue, sensuelle, l'œil vif et noir, un nez qui paraissait rond d'abord, mais qui, avec ses méplats, devenait intéressant à étudier.

J'ai vu une fois M. de Chateaubriand à Sainte-Pélagie; il venait visiter Lamennais, dont je faisais le portrait à l'instigation d'un ami de Carlhant, mon cousin. Ce portrait de Lamennais doit être fourré quelque part, retourné au mur, dans mon grenier de Poissy.

Il y a longtemps, bien longtemps! — ce temps finissait même au temps de ma jeunesse — qu'il existait un art officiel. L'État a un peu cessé de le reconnaître du jour où il a acheté la *Barque de Dante*, le *Massacre de Chio*, la *Médée*, etc., et commandé la *Bataille de Taillebourg* et chargé Delacroix des plus belles décorations qui aient jamais été faites : la bibliothèque de la Chambre, celle du Sénat, le plafond de la galerie d'Apollon! Cette œuvre admirable entre toutes ne date pas d'hier; en s'adressant à cet homme de génie, l'État rompait avec la tradition routinière.

Quand, il y a vingt-neuf ans, j'avais l'honneur d'entrer à l'Institut

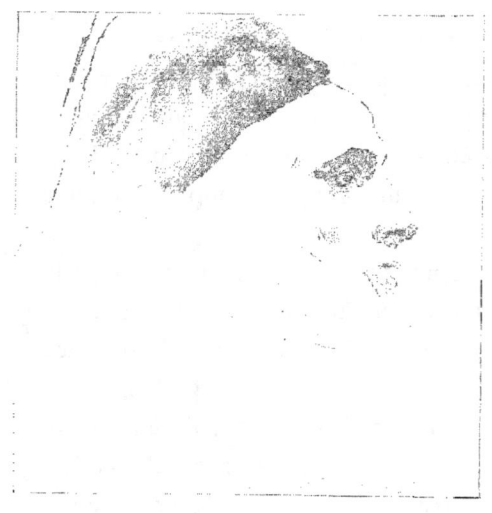

ROBERT FLEURY.
(Croquis fait à l'Institut.)

en 1861, la majorité de l'Académie, en admettant dans son sein un peintre de genre, qui n'avait que de petits bonshommes dans son bagage, rompait bien aussi avec cette tradition ; et depuis a-t-elle montré un esprit si exclusif en appelant MM. Gérôme, Bonnat, Breton, Delaunay, Gustave Moreau, Henner ?...

Notre vieil Institut est tellement glorieux que les étrangers même estiment comme un insigne honneur d'y tenir par un lien si faible qu'il soit. L'Institut reste debout au milieu de tant de ruines, comme la citadelle des mérites. Nous devons en être les fermes gardiens et ne pas laisser battre en brèche ses murailles.

Quand le duc de Luynes fut nommé, c'est qu'il aimait passionnément les arts. Érudit, délicat, il demandait à Simart de nous faire entrevoir la *Minerve* de Phidias, et, tenant M. Ingres pour le seul représentant du grand art dont il avait le culte, il lui livrait à Dampierre la plus belle place.

Et le duc d'Aumale, que j'aime tant, n'est-il pas un érudit en toute chose ? Quand l'Académie française l'a choisi, n'est-ce pas à un écrivain qu'elle ouvrait ses portes et n'est-ce pas comme tel qu'il tient si bien sa place, qu'il y pourrait au besoin

COUDER.
(Croquis fait à l'Institut.)

tenir comme fils de roi! Et nous, enfin, lorsque nous l'avons demandé à l'Académie des Beaux-Arts, n'est-ce pas comme un amoureux des arts qui, en reconstruisant avec passion Chantilly, faisait une œuvre d'architecture d'un goût achevé, et demandait, pour en compléter l'ornement, des peintures à Baudry, une statue équestre à Dubois et des statues de marbre à Guillaume, à Thomas, à Falguière....

Autrefois, quand Fau servait d'intermédiaire entre Delahante et moi pour le *1814*, je déclarai que jamais je ne renoncerais à la publicité de mon œuvre, à sa popularisation. Cela serait renoncer à la chose à laquelle je tiens le plus, en vue de laquelle j'entreprends mon œuvre. Ce mobile est chez nous bien plus fort que l'attrait de l'argent. Demandez à Augier de vous faire une pièce qui sera jouée à tout jamais pour un seul spectateur dans un salon à huis clos, une pièce qu'on n'imprimera pas, qui ne verra pas le jour, en un mot, et offrez-lui tout l'or du monde. Je vous réponds qu'il n'acceptera pas. C'est comme si vous vous flattiez de faire accepter à une jolie femme — quels que soient les avantages de fortune que vous lui assuriez d'ailleurs — l'engagement de ne se jamais montrer.

Et si Augier acceptait, par impossible, soyez sûr que, malgré son envie de gagner loyalement son argent, en faisant de son mieux, il ne ferait rien de bon s'il ne sentait en lui cet aiguillon bien autrement fort que l'autre, le public.

Je ne saurais donner une meilleure preuve de l'importance que j'attache à la gravure, c'est-à-dire à la publicité, que ce que j'ai fait pour le *Napoléon* du Prince. La photographie obtenue par le tableau ne m'ayant pas paru suffisante, j'ai recommencé la grisaille pour la gravure.

Quel que soit le progrès accompli, il ne faut pas dans la maturité dédaigner les œuvres antérieures et les efforts de la jeunesse.

Autant je réclamerai toujours avec énergie le droit d'empêcher toute répétition et reproduction de notre œuvre, autant je tiendrai pour illégitime la prétention d'empêcher notre acquéreur de faire de l'œuvre même achetée tout ce qui lui plaira; il peut en faire une enseigne en plein vent, la cacher, ou même la détruire librement, ce n'est que trop certain. Mais le droit de reproduction est autre chose. Je permets qu'on me tue, mais pas qu'on me défigure!

Quand nous vendons un tableau à l'État (et nous en sommes tous fiers), c'est sans condition. L'État pourrait ou le laisser ignorer en magasin, ou l'envoyer en province, ou le placer au Luxembourg ; mais quand il nous a fait ce dernier honneur, nous n'avons pas le droit de nous opposer, comme Fromentin le voudrait aujourd'hui, à ce que notre œuvre, acquise par l'État, aille au combat quand il s'agit d'un intérêt national et d'une Exposition universelle.

Plus notre chère patrie a été malheureuse dans cette lutte et sous cette barbare destruction, plus elle doit s'affirmer dans les arts, qui sont la vie et la gloire des nations, et lorsque des confrères désignent un de nous pour entrer en lice, comme un des meilleurs combattants, aucune considération personnelle ne doit faire décliner leur choix. Quand l'honneur du pays est en jeu, on n'est jamais libre de déserter sa cause. Voilà ce que je dis à Fromentin, qui voudrait s'opposer à l'envoi du Luxembourg pour l'Exposition universelle (Vienne, 1873).

Depuis bien longtemps nous demandons une protection légale. Il arrivera un temps où elle nous sera donnée.

Aujourd'hui le régime auquel nous sommes soumis n'est plus l'exploitation, c'est le vol. En demandant un remède au mal, il faut bien le nommer par son nom. Aujourd'hui on nous grave, et souvent Dieu sait comment! sans même nous en demander la permission. A quoi bon ? Le graveur, sans vergogne, expose et vend cette gravure. L'éditeur fait de même, ou, s'il croit avoir besoin d'une autorisation, c'est au propriétaire qu'il la demande, non à l'artiste. Je puis citer un fait. Un éditeur fait faire la gravure d'un de mes tableaux, il met en vente ; je réclame. « Monsieur, me dit-il, je suis autorisé par l'amateur. Voici la pièce écrite. — Mais l'amateur ne pouvait vous donner l'autorisation. — Ça ne me regarde pas, je suis en règle, faites un procès à l'amateur si vous voulez : je continuerai, moi, à vendre ma gravure. » Cela s'est passé avec cette politesse. Vous jugez que je ne pouvais pas plaider avec l'amateur de mon tableau, et l'édition s'est continuée.

LE BARON TAYLOR.
(Croquis fait à l'Institut.)

J'allais un jour voir un homme très âgé, le duc de Mortemart (officier d'ordonnance de Napoléon Iᵉʳ). Il avait alors soixante-dix-huit ans. En causant, je lui parlais de l'ouvrage du colonel de Brack, où il était dit que les soldats, au lieu de mettre la dragonne, nouaient un mouchoir. « Les malins, me disait-il, mettaient une cravate noire. » Il s'en alla tout en me contant les choses et revint avec son vieux sabre. Et, comme un cheval qui entend la trompette, il se mit à espingoler, à s'escrimer ; son œil étincelait. Il sentait la poudre !

Quelques années auparavant, j'aurais pu avoir pas mal de renseignements typiques de témoins oculaires.

Dans le livre du *Capitaine Coignet*, on trouve des choses étonnantes de réalité, des scènes vraies. Tels et tels détails sont bien naturels : la veille de Marengo, par exemple, quand les chasseurs apportent des fagots pour faire du feu au Premier Consul. Et sur le premier siège de Mayence, où nous avons été héroïques aussi, il y a trois ou quatre pages superbes.

Gouvion Saint-Cyr dit aussi là-dessus des merveilles ! Les hommes étaient réduits à déterrer les semences ; ils maraudaient pour vivre ; c'étaient des hommes très crânes, très beaux.

Le maréchal Regnaud de Saint-Jean d'Angely m'a raconté, un jour que j'allais le voir, et que je regardais la cravache élimée du bout, qui était toujours accrochée derrière lui, que c'était la cravache de l'Empereur ; il l'avait usée ainsi sur sa botte dans ses mouvements d'impatience.

Le vieux Carafa, le musicien, m'a conté qu'un certain jour de bataille, il saisit le panache de Murat qu'il accompagnait, et le mit prudemment dans sa poche pour éviter d'être une cible....

Il est mort pendant le siège de 1870, et, chose affreuse, sa femme

NAPOLÉON.
(Tableau de la collection du duc de Morny.)

était morte sous ses yeux, à ses côtés, dans la chambre, sans qu'il pût appeler au secours : il était paralysé !...

Popotte, son vieux cheval qu'il aimait, ne pouvant plus marcher, il lui avait fait fabriquer des fers comme des souliers d'invalide.

Paillardeau était un homme étrange. Bien que foncièrement bête, et

absolument sans éducation, il avait pour moi des parties du plus haut
intérêt. Il savait beaucoup de choses de Napoléon Ier; il en parlait
volontiers et il n'était pas hâbleur ; il disait franchement : « Ça, je ne sais
pas, je n'y étais pas ; je ne l'ai pas vu ». Il avait été élevé dans la maison
de Joseph, frère de l'empereur, à Mortefontaine; il faisait partie des
écuries. Il aurait voulu être soldat, ayant la passion de l'état militaire ;
il s'y serait bravement comporté, sans doute ; mais il n'eut pas l'occasion
de mettre à l'épreuve son courage : son service auprès de Joseph le
dispensant du service militaire, sa mère ne voulut pas le laisser s'engager. Mais sa passion pour tout ce qui se rapportait aux soldats faisait
qu'il était toujours avec eux. Il ne cessait de les questionner sur les
détails de leur existence, de leur équipement, et mettait souvent en note
ce qu'il avait appris; plus tard il a collectionné les uniformes, les armes,
tous les objets militaires qu'il a pu se procurer. Il m'a prêté plus d'une
fois des spécimens; il m'en a même légué quelques-uns. A sa mort,
sa famille a fait une vente. Malheureusement je n'étais pas là. Pillardeau demeurait cependant dans nos environs, à Verneuil, mais je n'ai
pas été averti et la collection que j'aurais tant souhaité posséder a été
dispersée. Pillardeau a été pour moi un secours précieux, je dirai même
le plus précieux. Je trouvais plus d'intérêt à causer avec lui et à lui
soutirer les renseignements dont j'avais besoin, qu'à entendre des maréchaux de France. On comprend aisément que, lorsqu'il s'agit de représenter le harnachement du cheval ou l'uniforme d'un général, les
détails que peut fournir son brosseur, si bêtement présentés qu'ils
soient, ont une bien autre valeur que ceux que donnerait le général
lui-même : il se rappellera, lui, ce qu'il a fait à tel moment, mais à ce
moment-là précisément il n'avait pas le temps de se soucier de son habit.

Ce brave Pillardeau avait un plaisir extrême à se figurer qu'il avait
été soldat et à le faire croire aux autres. L'institution de la médaille de
Sainte-Hélène lui a porté un coup terrible; n'ayant pas le droit de la
porter, il ne pouvait plus, comme auparavant, revêtir l'uniforme, pour
aller déposer sa couronne, le 5 mai, au pied de la colonne avec les
vieux débris. Jusque-là il lui suffisait d'endosser le costume d'un régiment dans lequel il avait connu d'anciens soldats; il causait avec
aplomb des campagnes et des batailles auxquelles il avait participé !
Quand il demeurait à Chantilly, il avait arrangé dans une mansarde

une chambre militaire, la chambre d'un trompette de dragon logé chez l'habitant. Le mur était piqué d'images de soldats, le lit fait militairement ; les habits du trompette étaient rangés en ordre sur le portemanteau, les armes astiquées et suspendues ; il n'y avait qu'à étendre la main pour les prendre. Sur la table, un pain de munition en carton ; dans un coin de la chambre, classés et étiquetés comme dans un musée, tous les souvenirs qu'il avait collectionnés de la République et de l'Empire. Il aimait parfois à se figurer qu'il était officier de tel régiment, et alors l'uniforme du régiment était là, avec le casque et tout le fourniment, comme si son ordonnance venait de les préparer pour les lui présenter.

En venant s'établir à Verneuil, il avait conservé ces habitudes : il faisait habiller en soldats, avec d'anciens uniformes, son frère, ses neveux, qu'il commandait.

Il était vraiment curieux, cet homme, pour sa passion, et, comme tous les gens passionnés, d'une susceptibilité extrême. Pour le remercier un certain jour de l'an, j'eus l'idée de lui envoyer une caisse pleine de victuailles choisies, il me répondit par des injures ! Je dus lui faire des excuses et lui dire : « Mais, mon cher monsieur Pillardeau, je ne m'imaginais pas vous fâcher. Entre amis, cela se fait ! on s'envoie des cadeaux. »

Rien de plus bête et de plus beau que le cheval. S'il voulait réfléchir et user de sa force, on n'en pourrait venir à bout, et pourtant il se laisse monter, il endure l'homme sur son dos. Quant à sa mémoire, elle est étonnante, merveilleuse. J'allais souvent dîner au château Duval, chez Fould, dans la forêt de Saint-Germain ; je n'avais pas de voiture alors ; je revenais à cheval et je laissais la bête reconnaître son chemin dans l'ombre des taillis ; elle trouvait toujours la bonne route. Je fumais beaucoup à cette époque-là et j'éteignais mon cigare pour ne pas attirer l'attention d'un contrebandier, par sa pointe de feu dans la nuit.

Quelle mémoire amusante avait Rivoli. Un chêne avait été abattu, hors de la route, dans la forêt, au milieu des hautes fougères qui en masquaient la place. Nous avions été le voir une fois et l'admirer. A quelque temps de là, passant dans l'allée, Rivoli s'engagea tout

OFFICIER.
(Dessin au livis.)

seul dans les fougères et, sans la moindre hésitation, arriva devant l'arbre renversé.

Un an après, le chêne était dépecé, enlevé, et le lieu même avait changé d'aspect, les fougères étant coupées : nous fîmes l'expérience de lui laisser la bride sur le cou. A ma stupéfaction il alla droit à l'endroit sans se tromper

En face d'une Exposition universelle, le sentiment national doit primer tout. Prévenu de l'opposition sérieuse de M. Thiers à l'envoi des tableaux de nos musées, je lui demandai une audience par télégramme. Il me répondit par une invitation à dîner à Versailles. Nous avons longuement causé. Je lui disais et redisais qu'il nous envoyait à la bataille sans toutes nos armes, dont les meilleures restaient dans les arsenaux. Il m'a répondu, à la fin, que je verrais par là de le convaincre, et m'a seulement exprimé la crainte que l'expédition en Autriche ne fût funeste à nos toiles. On le rassura aisément sur ce point, en invoquant les précédents ; la cause était gagnée.

Une Exposition est une œuvre patriotique. Nous devons y mettre le plus pur de nous-même..., et comme notre œuvre, sortie de notre âme et de nos mains, est unique, nous souhaitons ne pas l'exposer avec les choses de la pure industrie dont le modèle, une fois produit, peut

Charles Ier à cheval.
(DESSIN A LA SÉPIA.)
Collection de Mme Meissonier.

se refaire identique à l'infini : la démarcation est facile et saisissante.

Quand l'industriel a du succès, il peut augmenter son outillage, son usine, doubler ses ouvriers : sa production va toujours croissant sous la demande ; mais pour nous c'est le contraire : le véritable artiste, concevant et exécutant seul, n'augmente pas sa production avec la renommée, ce serait plutôt le contraire.

ÉTUDE DE CHEVAL.
(Dessin à la mine de plomb.)

Pendant longtemps j'ai rempli les fonctions de juré au Salon. Outre la dépense d'un temps précieux, elles n'amènent le plus souvent que chagrins, reproches et fatigue extrême. Le refus d'un tableau peut empêcher de le vendre. C'est plus qu'une blessure d'amour-propre, cela peut être une cause de ruine pour le pauvre artiste qui, pour faire son œuvre, a dépensé au delà de ses ressources.

Quoique ces difficultés soient déjà bien loin, je ne les ai jamais oubliées. Ce n'a jamais été sans peine que j'ai dit *non* en refusant un tableau.

On cherche à faire prévaloir une règle que j'ai toujours combattue victorieusement jusqu'ici, à savoir que les membres du jury de peinture sont exclus des récompenses....

Cette règle aurait pour conséquence l'invasion de la plèbe artistique au jury ; soutenue avec un faux semblant de générosité, elle est, au fond, le fait de ceux qui, se sentant impuissants, et ne pouvant aspirer aux prix d'honneur, trouvent bon de se draper dans l'illusion qu'ils auraient eu les médailles rêvées si le jury ne les avait pas mis, par prescription spéciale, hors concours. De deux choses l'une, en effet. Ou les membres du jury hors concours, en conservant leurs fonctions de jurés, seront obligés de décerner des premières médailles à des valeurs *secondaires*. Ou bien ils donneront leur démission de jurés pour descendre et lutter dans l'arène ; et si l'hypothèse une fois admise, la désertion s'étendait de proche en proche, de couche en couche, chacun de ceux qui pourraient aspirer aux deuxièmes, aux troisièmes médailles, se désistant afin de concourir, il ne resterait plus au jury, pour décerner les prix aux plus nobles lutteurs, qu'un ramassis qui, incapable de rien défendre, consentirait à tout. Si un pareil principe l'emportait, ce serait tout simplement le renversement de la justice, de la logique et du bon sens.

Je vais en Autriche présider le jury, mais ce grand honneur est aussi un terrible sacrifice, car j'y trouverai des Allemands, autrefois amis, auxquels aujourd'hui je ne pourrai tendre la main.

Maintenant je ne pourrais plus rester longtemps en Suisse, j'ai besoin de voir aussi l'œuvre de l'homme en même temps, et c'est pour cela que je retourne avec tant de bonheur en Italie !

O Venise ! C'est un plaisir de plus en plus vif de la revoir. Là tout sollicite l'esprit. On n'a qu'un regret, c'est de ne pouvoir rendre tout ce qui vous caresse et vous ravit....

... En 1889. Ne trouves-tu pas que la *Marseillaise* sans paroles eût mieux convenu à cette grande convocation pacifique de l'univers, pour notre Exposition universelle ! Vociférer : « Aux armes ! citoyens ! » pendant qu'on tient en main des branches d'oliviers, quel singulier contresens !

Rappelez-vous que, quelque génie qu'on puisse avoir, en quelque pénurie d'argent qu'on se trouve, il ne faut pas laisser soupçonner aux acquéreurs qu'on a besoin d'eux et de la vente. J'ai toujours agi en conséquence, dès le début même de ma carrière. Je faisais un de mes premiers petits tableaux : un *Liseur* (brûlé depuis en Angleterre) ; ma femme allait accoucher, nous n'avions pas d'argent. Le docteur Cerise vint pour m'acheter ce *Liseur*, au nom d'un amateur anglais, dont le nom m'échappe, et qui était associé à Labouchère-Mallet. Je le lui fis deux mille francs. Il se récria : le prix lui semblait excessif. « Mais c'est tout petit, disait-il. — Il est possible ; mais j'y ai mis tous mes soins ; d'ailleurs mes gravures sur bois, mes illustrations me font vivre. Je fais de la peinture pour me plaire et je garderai dans mon atelier ce tableau tout petit, qui n'est pas gênant. » Alors il fit l'effort, énorme pour le temps, de m'offrir quinze cents francs. J'y consentis, à une condition qui fut acceptée. « J'ai en train un *pendant* qui me sera pris dans les mêmes conditions ? » Ce *pendant* naturellement ne fut jamais fait.

Ce qu'étaient ces quinze cents francs comptants pour mon ménage, on ne peut l'imaginer....

L'autre soir, au cercle, Halévy et d'autres applaudirent aux articles contre Napoléon, et soutinrent entre autres choses étonnantes que M. Thiers avait voulu narguer le roi, en faisant revenir les cendres de l'Empereur. J'ai éclaté ; c'est vouloir absolument oublier ou méconnaître la vérité. En 1840, j'avais vingt-cinq ans ; je ne lisais guère de journaux et ne m'occupais guère de politique ; j'allai avec un ami, par le chemin de fer, au Pecq, au-dessous de Saint-Germain — la ligne n'allait alors que jusque-là — pour voir passer les restes de l'Empereur qui avaient été transportés en bateau du Havre à Paris. Il y avait un tel monde, les wagons étaient tellement bondés et on marchait si peu vite encore en ce temps-là, que des plaisants criaient : « Faut-il pousser le train ? »

Quel spectacle que ces fils des rois, ces généraux en grand uniforme, sur le pont du bateau, entourant le cercueil !...

Nous étions dans un tel enthousiasme, que je proposai, pour revoir encore une fois le cortège, de courir à travers champs pour le retrouver à Bezons. Et nous voilà partis pour Bezons, sans avoir rien mangé depuis le matin ! Après ce nouveau défilé, je n'en avais pas assez, et je dis : « Allons le voir encore ! » Et nous repartons, toujours le ventre creux, pour Asnières !.... Là, comme partout, la foule était considérable et il n'y avait plus rien à se mettre sous la dent ; on avait dévalisé les mar-

chands, et envahi tout ce qui pouvait mettre à l'abri du froid extrême. Pétrus Borel, qui avait là sa maisonnette, avait été pris d'assaut. Nous ne cherchions pas de refuge, mais nous finîmes par nous trouver un morceau de pain.

Mme de Mortemart, étant dame d'honneur du palais, se trouvait un soir à la Malmaison avec Monge, Laplace et quelques autres intimes. L'Empereur, heureux dans ce milieu ami, s'y montrait gracieux et très aimable; comme on lui parlait de sa gloire : « Oui, dit-il, mais il arrivera un jour où je verrai le précipice et où je ne pourrai plus m'arrêter; je monterai si haut que je serai pris de vertige ». Mme de Mortemart fut si frappée de ces paroles et de l'accent avec lequel l'Empereur les avait prononcées, qu'en quittant le salon elle les conta à son fils; celui-ci en prit note immédiatement. C'est de lui-même que je les tiens.

En 1805 et en 1807, au moment de Friedland enfin, l'Empereur n'a pas encore commis une faute. De 1808 date la première, l'affaire d'Espagne.

X... est une figure d'une autre époque, amusante et sincère, avec une saveur spéciale; il me fait l'effet d'un gentilhomme de la Fronde....

C'est une nature de fer, courageuse jusqu'à la folie,

GONDOLE.
(Croquis à la plume.)

VENISE. LE GRAND CANAL.
(Tableau appartenant à M*me* V*e* Meissonier.)

à son aise au milieu du feu et de la mitraille et aussi tranquille là qu'au coin d'un bois. Rien ne l'arrête....

La physionomie, la tête, le langage, tout concourt chez lui à la même impression.

A Sedan, un de ses amis me disait qu'il avait été sublime. Sa harangue fut un élan, un cri! A ses hommes : « Vous êtes chasseurs, tous chasseurs! En avant! Tout pour l'honneur! » Ils furent héroïques et revinrent décimés.

X... m'a dit un mot terrible à propos de l'affaire de Courbevoie. Le moment était décisif; voyant les gendarmes flotter, hésiter, il se porta en avant sur la barricade. « Après cela, me dit-il, il y eut entre eux et nous une mare de sang, il ne restait plus qu'à l'élargir. »

Que j'aime votre chambre idéale du bord de l'eau. Mon œil est caressé par tout, en y entrant. Les fleurs, la tonalité des choses, leur arrangement, tout me plaît et me donne envie de peindre. Quel cadre au paysage que la glace sans tain de la cheminée et la grande baie de la fenêtre ouvrant sur le balcon. Partout, le grand ciel et l'horizon lumineux.... En face de ce paysage admirable, on ne voudrait jamais mourir. S'en aller, dire adieu!

Ayant maintenant l'hôtel de Paris, je n'habite plus beaucoup la maison de Poissy. J'y vais deux fois par semaine. Si je changeais, je rêverais d'avoir bien loin une ferme en pleine campagne pour y passer les mois d'été, loin de tous, en s'intéressant aux pauvres gens, en les rendant heureux autour de soi. On causerait avec eux, on les connaîtrait tous, on les aimerait, on en serait aimé....

Lisons du *Gil Blas*. Je l'aime tant, que si j'étais plus jeune, cela me plairait d'aller six mois en Espagne, pour vivre de la vie de hasard au milieu de la population espagnole, pour m'inspirer et illustrer le livre....

Les récits d'Homère donnent toujours envie de peindre, tant la chose est précise et vivante. Je ne me lasse pas plus de cela que de La Fontaine! Comme les vers de ses fables s'ajustent au tempérament de chaque personnage, quelle philosophie profonde et quelle grâce primesautière! Et les paysages, comme ils sont traités! On est en scène aussitôt, avec ravissement....

Puisqu'on vient de m'envoyer cette nouvelle édition des *Misérables*, relis-m'en un peu. Ces passages de la misère de Marius me rappellent la mienne,... mes dîners à vingt centimes, un mauvais bol de bouillon, et un peu de pommes de terre frites achetées dehors en sortant,... mais le tout était assaisonné de conversations en plein idéal, avec mes amis.... Nous ne nous occupions que d'*art* et de *sentiment*!

En vous écoutant chanter l'autre soir les lieder de Schumann, je revoyais dans l'autrefois cette Allemagne que nous avons tous aimée. Quand j'allais à la Bibliothèque, c'était toujours des estampes d'Albert Dürer, d'Holbein, que je demandais.

J'ai eu autrefois à Carlsbad, où j'arrivais seul en voiturin prendre les eaux, la charmante apparition de la Marguerite de Gœthe : la jeune fille aux tresses blondes, pieds *nus*, bien mise d'ailleurs, la fille de la maison qui s'en allait simple et délicieuse... chercher de l'eau à la fontaine publique.

Quelle joie de causer, en s'aimant, de toutes les choses si délicates du tempérament et de l'âme!

Je devrais aller à l'Institut des Aveugles demander la clef de leur écriture, parce que, ne pouvant plus dormir que quelques heures après le dîner, la nuit se passe dans l'insomnie, à méditer, à me souvenir. Je ne pourrais, sans fatigue, écrire des heures à la lumière; je regrette cependant de ne pas garder au vol ce qui se presse en moi dans l'ombre.

Depuis longtemps j'aurais ainsi des volumes, si j'écrivais ce que je pense....

Maintenant que je ne les ai plus, hélas! je peux bien parler des forces et de la souplesse de ma jeunesse; tous les exercices du corps me plaisaient et me passionnaient, la marche, la nage, l'équitation, les armes, le jeu de boules, etc.

Vernet, un jour, ramassait son crayon et me montrait qu'il était leste encore malgré son âge.

Il y a longtemps de cela, j'ai eu la vanité de jeunesse de monter l'escalier de l'Institut de deux en deux marches, comme toujours, et, en redescendant, d'en sauter sept ou huit. Voilà vingt-sept ans que je suis de l'Institut et le temps est venu où je ne peux plus monter sans m'arrêter. Je suis comme les anciens devant qui je faisais mes démonstrations de force vive.

Trois jours avant sa mort, j'allai voir Horace Vernet; il était couché; il me fit le dessin de la boucle de l'Empereur.

A moins de peindre, le repos, partout, me serait insupportable; mais l'idéal serait de faire des croquis, de prendre des notes vives çà et là, sans la fatigue de la structure continue du tableau.

Pascal n'a jeté que des notes errantes,... les plus chères de toutes.

Chaque étude redonne le sentiment heureux de l'heure dans laquelle on l'a faite.

Je disais au Conseil Municipal que nos écoles devaient avoir un aspect sérieux et digne d'elles, tandis que dans le projet on leur donnait un aspect d'établissement temporaire. La disposition des cours, insuffisantes et irrégulières, sera mauvaise.

Il est bon que les enfants aient toujours en toutes choses, aussi bien dans l'ordre physique que dans l'ordre moral, l'aspect de l'équilibre, de la régularité; il n'est pas indifférent de les habituer en classe, ou dans les préaux, à avoir sous les yeux des lignes incohérentes formant des angles, dont ils ne se rendent pas compte, au lieu de lignes droites et d'angles réguliers, qui les frappent.

Les charges d'atelier les plus cruelles étaient à la mode dans ma jeunesse. Des gens en sont morts. Chez Pujol, on avise un jour un

DERNIÈRE HABITATION DE MEISSONIER A POISSY AU BORD DE LA SEINE.

marchand de ferraille qui passait, on l'invite à monter, comme pour lui vendre quelque chose. Il est arrêté dans l'escalier par un camarade, et pendant qu'ils causent, en un clin d'œil on fait la nuit dans l'atelier ; le modèle se pose en bourreau, la hache levée, un corps est à ses pieds,... une tête, qui semble détachée du tronc, dans la clarté vague d'un filet de jour pratiqué à dessein, et séparée par une mare de couleur rouge, répandue à terre ; en même temps on démonte un squelette à la hâte et on réunit les ossements en tas. On fait alors monter l'homme. Épouvanté, il veut fuir, il supplie, on lui commande d'emporter le cadavre, il se débat dans une terreur indicible. Comme il va céder, fasciné, et peut-être découvrir le truc, on lui dit : « Tu reviendras le prendre ce soir. Pour le moment, mets ces ossements dans ton sac et pars. » Il s'évanouit, et, l'évanouissement se prolongeait, on prend peur : on démolit l'appareil à la hâte, le grand jour est fait, et quand la victime revient à elle : « Mon pauvre homme, lui dit-on, que parlez-vous de cadavre ? Mais regardez donc où vous êtes ! » Rien n'y fit : l'homme fut trois mois à l'hôpital avec une fièvre cérébrale.

Un de mes amis faillit se blesser sérieusement, se tuer même. Il dut, la nuit, sauter à une grande hauteur, d'un grenier dont on avait retiré l'échelle après avoir empilé à terre les grands tabourets d'atelier, les pieds en l'air.

Quand on résiste aux premières farces, on est perdu. Dans l'atelier de je ne sais plus qui, un persécuté qui ne se rendait pas de bonne grâce, trouvait tous les jours sa toile abîmée et ses outils brisés. A la fin, il fut pris d'une telle rage, que, venant un matin avant ses bourreaux, il creva tous les tableaux, brisa tous les tabourets ; et, s'acculant fièrement derrière les débris amoncelés, le couteau en main, il fit reculer ses tourmenteurs.

Un autre, moins résolu ou moins heureux, eut les reins cassés d'un coup de pierre.

Pour moi, je subis tout patiemment, connaissant l'usage. A mon entrée dans l'atelier Coignet, où je ne devais rester que quatre à cinq mois, les quolibets habituels pleuvaient : « Oh qu'il est laid !... Mais parle donc, qu'on t'entende.... Non, tais ton bec.... Chante, si tu ne peux pas parler. — Messieurs ! dis-je, profitant d'une accalmie, si je m'y mets, ce sera si horrible, je vous en préviens, que vous en aurez vite assez. » Et ainsi fut fait. En même temps je versai la somme — que j'avais empruntée, n'ayant pas d'argent — pour le punch ordinaire, et tout fut fini.

Je disais à Chenavard, que mon idée enthousiasmait, et qui voulait tout de suite en enflammer Gambetta, que 1878 ne pouvait nous relever et rendre à la France sa nouvelle dignité qu'à la condition de renoncer au protocole des anciennes Expositions. Si la vanité d'un Président rêve des invitations souveraines, comme en 1867, tout échouera. La république doit laisser de côté les Empereurs et les Rois, et ne convier à ses fêtes que les représentants des nations : les couronnés, s'ils veulent venir, laisseront chez eux leurs sceptres et viendront chez nous à leurs risques et périls, sans garde particulière, ou bien ils resteront sur leurs trônes, en contemplant de loin l'Exposition, avec le regret de ne pouvoir y venir.

Le général Cialdini me contait, à Évian, la solennité terrible de la cour de Savoie, la plus ancienne maison royale d'Europe. Quand le Roi Victor-Emmanuel fut condamné par ses médecins, toute la cour défila devant lui, en le saluant pour la dernière fois. Le Roi, qui a tant de traits communs avec notre Henri IV pour le courage et la galanterie, avait eu déjà une fièvre miliaire qui l'étouffait, en ne ne sortant pas ; il avait alors mis de service auprès de lui Cialdini, qu'il aimait. Déjà en cette occasion on avait ainsi défilé devant lui ; puis son médecin, désespéré, voyant sur la table une bouteille de xérès blanc, la lui avait fait avaler, ce qui l'avait sauvé. Le lendemain matin, en s'éveillant, il le sentit lui-même et embrassa Cialdini, qui se fût passé de ce témoignage, craignant d'attraper les boutons de l'éruption. Le Roi fit avec le pouce sur sa bouche le geste du buveur pour expliquer brusquement son salut. Cialdini gagna, en effet, des boutons de fièvre du baiser royal ; il s'en souvenait.

Le Roi ne voulait pas que le prince héritier entrât au conseil et fût mis au courant des affaires de l'État. Cavour ne pouvait même obtenir pour lui, ce qui était d'étiquette à son âge, le *grand-cordon*, qu'on donne à l'héritier de la maison royale. « Je vous cède les autres choses, disait le Roi, mais je ne veux pas qu'on se mêle de ma famille. »

C'est ainsi qu'à la mort de son père, Humbert n'avait jamais assisté à un conseil.

Dans la dernière maladie du Roi Victor-Emmanuel, quand il eut été condamné, administré, la fatale cérémonie du défilé d'adieu recommença. Le Roi assis dans un fauteuil, chacun passa devant lui, le saluant les larmes aux yeux, et Cialdini me disait qu'il rendait le salut à chacun....

... On est heureux de se baigner dans cette belle lumière du Midi, au lieu de se promener comme des Gnômes dans le brouillard. L'aspect

COSTUME DESSINÉ PAR MEISSONIER POUR L'« AVENTURIÈRE »
D'ÉMILE AUGIER.

d'Antibes est un des plus beaux spectacles que puisse donner la nature : on y rêve des vaisseaux d'Ulysse, en face de cette mer brillante dont la couleur est aussi belle, aussi inimitable que celle du ciel ! La ligne des montagnes est certainement aussi pure que celle de la Grèce....

Quand j'ai refait ma maison de Poissy, j'ai trouvé sous le parquet d'une chambre, dans une bouteille cachetée, un papier mis dedans par un moine, daté : 1679, Monastère de Saint-Louis de Poissy. Il était venu, disait-il, faire des réparations et rétablir l'ordre, au nom du Roy. Il y priait ceux qui trouveraient ce papier de faire dire des messes pour le repos de son âme. *Requiescat in pace!* Je n'ai pas manqué d'en faire dire à son intention....

Rachel, seule, a eu l'idée d'avoir un costume exact et j'ai fait pour elle un dessin rigoureux. Quand elle arriva en scène comme un Abraham Bosse, la taille courte, cela détonnait avec ses camarades (on portait à ce moment des tailles longues) ; elle ne put porter son costume que deux fois, pour l'*Aventurière*, d'Augier.

C'est qu'il ne s'agit pas d'avoir un costume, il faut le porter autrement qu'en portemanteau ; il y a mille façons de se draper avec naturel dans un manteau. N'a pas qui veut l'air du temps dans son costume....

CHEMIN DE CHÊNES A ANTIBES (Coll. BOZANSON, Mme MEISSONIER).

Quelle singulière chose que l'espèce de mépris dans lequel on nous tient aujourd'hui pour tout ce qui n'est pas notre spécialité. Au temps de Michel-Ange, de Rubens, au contraire, c'était eux qu'on appelait à la défense stratégique de Florence ou à la représentation officielle de la patrie. L'autre jour, rien n'était plus singulier, à propos du Sénat, dont on me parlait, que de voir X..., cet ambassadeur manqué, dire avec son sourire de singe : « Il est vrai que Rubens a été ambassadeur! » Quelle réflexion je faisais sur lui pendant sa propre réflexion !

Il me revient, à ce propos de l'opinion qu'on a des artistes dans le monde, un souvenir de Fontainebleau ; j'étais en train de faire *Solferino* ; Gudin, Fleury et d'autres étaient là. L'Empereur, plein de ses sujets romains, se mit à parler de la façon dont on tournait les angles en char, chez les Romains. Je lui fis la remarque que la forme de la *spina* circulaire ne le permettait pas de la façon qu'il indiquait, et j'arrivai, en causant, à citer un passage de Tacite.

Et le soir on se disait en me montrant : « Il a cité Tacite! »

J'ai écrit aujourd'hui au Préfet, qui me prévenait que, M. Turcan, statuaire, que je lui avais recommandé pour une place d'inspecteur de dessin dans les écoles de la ville de Paris, ne possédant pas le certificat d'aptitude réglementaire, il avait porté son choix sur d'autres candidats.

Je réponds au Préfet que, « dans mon ignorance de l'administration, je demande la permission de m'étonner de la nécessité, pour un artiste d'un talent considérable, « ayant obtenu par une œuvre parfaite le « prix d'honneur du Salon », de posséder un *certificat d'aptitude à l'en-* « *seignement du dessin*. J'aurais cru que l'éclat de l'œuvre pouvait tenir « lieu de ce certificat, que du reste je n'ai pas l'honneur d'avoir.... »

Le Duc d'Aumale exprimait, en dînant l'autre soir, le regret de ne pas avoir écrit bien des choses racontées par le Roi son père; il se souvenait d'une anecdote d'Amérique.

Le Duc d'Orléans, jeune alors, fut reçu à Washington, à la Maison Blanche, et comme il voyait le Président arpenter de grand matin son jardin : « Vous êtes matinal? lui demanda le jeune prince.

— Oui, mais je dors très bien. Savez-vous pourquoi ? C'est parce que j'ai la conscience, jeune homme, de n'avoir jamais écrit dans ma vie une ligne qui pût me compromettre... »

Cavalier Louis XIII frisant sa moustache.
(DESSIN A LA PLUME.)
Collection de Mme Meissonier.

Le Duc de Morny était venu dans mon atelier au quai Bourbon, 15, et m'avait parlé d'acheter mon tableau en train : *les Amateurs*. (La rose dans un verre est un souvenir, elle a son histoire, ma porte de Poissy alors était enguirlandée d'un magnifique rosier....)

Le Duc de Morny n'était pas revenu et n'avait pas reparlé du tableau, quand un jour, quelques mois avant l'exposition, je vis entrer dans mon atelier un des siens qui me demanda d'un ton suffisant si je songeais au tableau du Duc et si j'y travaillais.

L'allure impertinente du personnage me déplut si bien, que je lui montrai le tableau en train, en lui disant : « Il est encore au même point, vous le voyez, mais il en sera toujours là pour le Duc de Morny, qui ne l'aura jamais; dites-le-lui de ma part. » J'eus ainsi plusieurs enlevées avec lui ; je dois dire qu'il revint à moi le premier.

Plus tard il me fit une réflexion bien amusante, de sa part surtout, sur l'allure d'un de mes tableaux. Je voulais faire les *Deux Bravi* derrière la porte, prêts à assassiner celui qui allait sortir, et, de l'autre côté, les adieux du Seigneur et de la Dame, l'homme tenant d'une main ferme son épée, qui rassure le spectateur, et dans son autre bras la femme, qu'il embrasse passionnément sur les lèvres ! Le Duc me dit : « Oh! mon cher, ne les faites pas s'embrasser ainsi cela ne se fait pas dans le monde! » N'est-ce pas joli dans sa bouche, cette remarque ?

On m'a prêté aujourd'hui une édition avec des autographes annexés à chaque portrait. Voir, toucher l'écriture d'un homme est bien intéressant.

Il y a un autographe curieux sur la brigade Miribel et sur les récompenses pécuniaires qu'elle abandonne. C'est l'allure naïve, pompeuse et généreuse des beaux temps de la Révolution et de la République....

Ah! la beauté de ce soleil couchant d'avril avec ses tons rouges du soir et le flamboiement du ciel, sur lequel se détachent comme des perles vertes les toutes petites feuilles naissantes des chênes de la forêt !...

COSTUME DESSINÉ PAR MEISSONIER POUR L'« AVENTURIÈRE »
D'ÉMILE AUGIER.

Que de fois j'aurai dit et senti que je me reposerais du *repos*, en me remettant ardemment au travail.... En voyage vous l'avez vu bien souvent, n'est-ce pas?

Comme j'ai travaillé avec entrain dans le petit canal de *San Gervasio e Protasio*, où nous nous arrêtions à Venise avec nos gondoliers! En face de nous on réparait des gondoles amenées à terre, et je trouvais toujours que ce petit coin amusant, tranquille, ressemblait à la Hollande ; j'y avais fait une étude très poussée, qui nous est un souvenir, comme tant d'autres, de jours heureux et trop courts.

C'est une belle chose que le monument de Frédéric II, de Rauch, à Berlin : en haut d'un grand piédestal, le vieux roi en tricorne ; à ses pieds, aux quatre angles, ses généraux, ses philosophes. L'exécution est mauvaise, mais l'idée et l'ordonnance sont superbes.

Seidlitz est-il assez amusant quand il commande les cuirassiers? Mais quel être brutal, grossier en somme! Dans la rue où il logeait, un bourgeois à sa fenêtre l'ennuyait : il le tire et le blesse. Quel drôle de don Quichotte ! Il s'en allait à six chevaux attelés, par des chemins impraticables, tout exprès pour verser ; il s'amusait à passer au galop sous les ailes d'un moulin à vent en marche. Dans les charges il chevauchait en avant de ses soldats, fumant tranquillement sa pipe, et comme signal pour prendre l'élan il la jetait en l'air !

Quand nous sommes entrés à Saint-Étienne-du-Mont, tout à l'heure, par la rue Clovis, près du bénitier de la petite porte, j'ai été saisi du bel effet du tableau à faire. Le soleil lançait des buées d'or obliques dans l'église, vers la châsse de sainte Geneviève.

Les vitraux du côté de la sacristie sont d'une vilaine époque, mais si drôles de détails, qu'ils sont amusants....

Quand tout est impossible à jamais, on peut faire tristement, en rêve, le bilan de ce que seraient si facilement le bonheur, la paix, la solitude avec toi, au bord d'une mer transparente, le travail et un bon modèle. Que d'années fortes j'aurais encore eues.

COSTUME DESSINÉ PAR MEISSONIER POUR L' « AVENTURIÈRE » D'ÉMILE AUGIER.

J'ai donné, à Nice, une partie du peu de temps que j'avais à ce malheureux Carpeaux, arrivé à la dernière période de la maladie.

Quel spectacle navrant que celui de ce pauvre homme mourant tout seul, loin de sa femme, de ses enfants, n'ayant auprès de lui qu'un vieux praticien qui a toujours travaillé avec lui, qui est lui-même infirme et qui reste avec un dévouement touchant auprès de ce pauvre être en proie aux plus cruelles souffrances physiques et morales !...

De Metz[1]. — *1870*. — Ah! ma chère amie, quels jours cruels, quelle angoisse et quel désespoir! Qu'allons-nous devenir, mon Dieu! Cette lettre est peut-être la dernière qui pourra vous parvenir; demain sans doute nos communications avec Paris seront coupées et nous serons enfermés dans Metz. Pauvre France, pauvre et chère patrie! où te conduit l'ineptie! Ah! mon amie, avoir dans ses mains une armée s

GONDOLIERS A VENISE.
(Aquarelle.)

belle, si fière et si courageuse, à laquelle, bien conduite, rien n'aurait su résister, et la laisser massacrer par petites portions!

Nous étouffons tous ici; rien ne saurait dépeindre notre rage et notre désespoir. Quand les minutes sont tout, rester dans l'irrésolution, pour parer à un échec en préparer un autre, faire couler sans profit et sans gloire le sang le plus pur et le meilleur de notre cher pays! La liste des morts est si longue qu'on n'ose la faire connaître. Des régiments s'avancent et ne reviennent pas. Ah! c'est une vraie science que la guerre, et, quand, pendant de longues années, on a laissé son ennemi l'acquérir

1. Lettre.

et qu'on l'a soi-même oubliée, ou tenue en mépris, il faut rester philosophe et ne pas se lancer, ignorant que l'on est, dans de si terribles hasards. Ah oui! je m'en souviendrai longtemps de ces jours de Metz et de ceux qui malheureusement vont suivre; car je ne vois pas que nous puissions sortir d'ici. Je voulais monter à cheval, gagner Verdun, Reims et Soissons, on me dit que c'est imprudent et que, bien sûr, déjà ils ont des coureurs sur la route. Notre désastre est bien grand et paraît bien complet, à moins d'un miracle.

Vous pensez bien, ma chère amie, que je n'ai encore rien fait, rien,

VENISE, LE GRAND CANAL.
(Vue prise de la casa Finorgalli, habitée par M. Lcomicr.)

absolument rien; je ne peux même écrire, et c'est, même pour vous, un effort suprême que je fais.

Adieu, dans l'avenir, les tableaux militaires; ces pauvres dévoués sont cependant sublimes et mériteraient qu'un homme consacrât à les peindre son talent, si grand qu'il soit; mais maintenant ce reflet de triomphe qui les illuminait n'y sera plus. Dieu! que je souffre et quelle joie doivent avoir ces sauvages! Ah! l'éternelle histoire des barbares qui ont un but, qui veulent à tout prix acquérir, et des raffinés qui ne désirent plus rien que de vivre en paix et de jouir de ce qu'ils ont!

Allons, ma bien chère amie, n'en parlons plus; pardonnez-moi cette lettre si pleine de douleur, je dirai presque de larmes; mais je suis bien

LES BRAVI.
(Tableau de la collection de Lady Wallace.)

sûr que vous sentez les choses aussi nettement que moi. Demandez un miracle; j'entre quelquefois dans l'église et je prie bien avec ferveur. Et ce n'est pas tout : comme je suis tourmenté pour vous! Si quelque chose arrive et que je ne sois pas là! Enfin je ferai peut-être demain un

LES OLIVIERS D'ANTIBES.
(Aquarelle, Exposition universelle, 1889, Collection de Mme Vve Meissonier.)

effort pour partir. Peut-être partirons-nous tous; car à chaque minute on change de résolution. Ce matin, on devait partir pour Châlons, ce qui, au dire de quelques-uns, était funeste. On a décidé de rester; mais ce soir on changera peut-être encore. Je vous écris, bien chérie, cette lettre sans savoir si elle vous arrivera; mais, en tout cas, ne m'écrivez plus, les lettres arrivent à peine. Voilà deux jours que je n'en ai reçu aucune. La première que vous m'aviez adressée poste restante ne m'a pas été remise, et cependant je suis allé cinq ou six fois à la poste demander s'il y en avait. Comme je pense à vous! Que vous aviez raison de vouloir m'empêcher de partir!...

Ah! celui qui par son incapacité nous a mis dans ce désastre!...

Je vous aime bien tendrement.

Quelle histoire que la balle du petit prince. On était revenu de bonne heure, il faisait très chaud ce jour-là, on allait aux nouvelles.

De la cour de la Préfecture on voyait le salon du rez-de-chaussée précédant les salons de l'Empereur: tous les officiers et aides de camp étaient en train de boire, au frais, l'uniforme retiré, avec leurs pantalons cramoisis éclatants, à bande d'or. « Dieu! disait-on, comme le petit prince a été vaillant!... » Une balle morte était tombée près de lui. Ce même soir-là, on rapportait à la gare les blessés de Forbach; ils sont encore devant moi....

Je n'étais destiné qu'à peindre la victoire sans doute, puisque Neuville a fait les choses de la défaite. J'étais pourtant parti à Metz pour peindre autre chose.

Le lendemain matin, j'allai à l'hôtel de l'Empereur, où logeait le Maréchal Lebœuf, avec son état-major. C'était un brouhaha indescriptible; je ne sais plus quel officier était là avec sa femme, la nourrice et l'enfant! Je voulais voir aussi un parent et Vanson ou Fay pour savoir si le terrible Jarras avait enfin consenti à prendre Lucien Gros au bureau de l'état-major; c'était trois ou quatre jours après Forbach.

Au moment où j'arrivais, le Maréchal Lebœuf, je le vois encore, descendait le perron de l'escalier; il allait monter dans une espèce de victoria qui l'attendait. « Eh bien! vous êtes ici, me dit-il; vous savez, je ne vous verrai guère, mais vous pouvez toujours venir déjeuner avec nous, quand vous voudrez. En attendant, voulez-vous monter avec moi? je m'en vais à la Préfecture, chez l'Empereur. »

Je montai donc dans la victoria, et je me rappelle son agitation et l'étonnement profond qu'elle me causait. Pendant qu'il parlait, je pensais en moi-même : « Voilà le chef de l'armée qui traverse avec moi toute la ville, et, bien loin de rassurer par son calme les gens déjà si troublés, il semble vouloir les troubler davantage, en leur laissant voir combien il est lui-même démonté. » Il me parlait du désordre dans le commandement, et moi je lui disais : « Mais, mon cher Maréchal, je croyais que vous aviez tout préparé d'avance ?... que vous étiez le chef effectif, sous ce titre de chef d'état-major général, et que l'Empereur ne s'était réservé que le commandement nominal, pour ne pas exciter les jalousies de tous ceux qui lorgnaient le commandement suprême ?...

— Mais non, mais non! me dit-il; vous vous trompez! C'est lui qui commande et qui veut commander. Il veut faire la guerre, et il a peur de voir les morts! »

Je le laissai à la porte de la Préfecture, il descendit et je m'en allai le cœur sombre et désespéré. Il y avait pourtant là de braves gens, bien dévoués encore; je vis notamment passer dans la rue, allant à la corvée de l'eau, Philippe de Bourgoin, l'Écuyer de l'Empereur, qui avait changé son bel uniforme de cent-garde pour revenir, comme les autres, en simple soldat.

Quand je suis retourné à Metz, en 1870, pendant la guerre (j'avais déjà fait une fois le voyage pour un duel dont je fus témoin avec Augier), j'avais pour hôte l'ingénieur Prootch, un ami de mes amis. Mais, à mon arrivée, il n'avait pas de logement à me donner. Je retrouvai des camarades à l'hôtel. Un d'eux portait des ordres à Frossard. Il était émerveillé de l'ordre qu'il avait trouvé dans son corps, le contraire, disait-il, du désordre de Metz. C'est alors que je rencontrai Lambert, un ami de Jadin, lieutenant des chasses impériales, qui appartenait à un régiment de chasseurs. Il était devenu chef d'escadrons, sans jamais avoir été au régiment. Il reprenait à Metz son service. Ce Lambert me dit : « Je quitte mon logement pour trois jours, prenez-le si vous le voulez. » C'était, chez de pauvres braves gens, une espèce de chambre donnant sur la rivière.... Quand je suis parti seul de Metz, quelques jours plus tard, ces pauvres gens me dirent adieu affectueusement, avec les pêcheurs des environs, qui m'aimaient déjà.... Je me mis en route au point du jour, trois heures du matin. Ce départ fut lugubre : personne avec moi, temps triste. Je vois encore la brume, la ville déserte, le *pont des Morts*, qui devait, hélas ! tant en voir passer, et la première colonne qui se repliait sur Metz ! Elle me croise, puis je continue à chevaucher tout seul.

Le temps, dégagé, était devenu beau, on voyait le cours de la Moselle, la cathédrale, puis la ville qui grandissait et s'élevait au fur et à mesure que je m'éloignais, le cœur serré.

Je portais un costume bizarre, des bottes, une espèce de veste en étoffe grise, mon manteau en sautoir, ma croix de commandeur au cou, et pas de bagages ; je les avais laissés à Prootch.

J'avais seulement mes fontes et dedans ce qu'il fallait pour me laver. Dans cet étrange accoutrement, on pouvait aisément, avec les inquiétudes qui agitaient tout le monde, être pris pour un espion.

En arrivant à Gravelotte, j'allai droit aux gendarmes qui étaient assis à la porte d'une auberge ; je leur demandai de me refaire mon paquetage et leur offris des petits verres, tout cela silencieusement. Ils me regardaient sans rien dire. Un d'eux cependant s'informa des nouvelles de Metz. « Bien tristes », répondis-je. Je me fis indiquer le chemin de Conflans et me remis en selle. A la ferme de Moscou, dont le bâtiment était à cent mètres de la route, il y avait un cheval échappé ; une femme sortit et m'aperçut : « Monsieur, quelles nouvelles ?... — Oh ! ma pauvre femme, cachez vite tout ce que vous pourrez. » Quelques moments après — j'étais descendu de cheval pour aller à pied et soulager un peu Coningham, — j'entendis derrière moi le galop d'un cheval. C'était un gendarme, qui m'accosta. « Où allez-vous ? Vos papiers ? — Mais tout à l'heure vous m'avez vu. — Oui, mais le brigadier dit que nous avions eu tort de vous laisser partir sans vous avoir questionné.... Pardonnez-nous, monsieur, mais, dans ces temps-ci, vous savez qu'on ne sait à qui on a affaire. — Vous avez raison ; j'ai même été au-devant de vous à Gravelotte, m'étonnant de ne pas être questionné. »

Nous arrivons à une petite auberge. Je vais attacher mon cheval à l'écurie. Pendant ce temps-là les gens étaient amassés et m'observaient d'un air furieux ; on prononçait à voix basse les mots de *Metz*, d'*espion*. Le maréchal des logis prévenu arrive enfin. Je lui tends mes

LES AMATEURS DE GRAVURES.
(Tableau de la collection de lady Wallace.)

papiers. Il voit : « *M. Meissonier, chargé d'une mission particulière* », le tout timbré de l'état-major. Le brave homme veut entamer l'interrogatoire : « Pardon, lui dis-je, vous dépassez vos attributions : vous ne prétendez pas que, chargé d'une mission secrète, j'aille ici vous la raconter. »

L'aubergiste payé, je partis au galop, suivi de longs regards de défiance. J'étais accablé. Ah! ces longues routes, bordées de peupliers à perte de vue, je les verrai toujours. Je revois aussi, dans les champs de blé, la fille de la maison et ses petites sœurs, qui portaient la soupe aux moissonneurs dans le lointain; un coin souriant, malgré tout, dans ce deuil immense. Enfin j'arrive à Conflans, à l'auberge du Cygne, où j'étais recommandé. Il était quatre heures et demie du soir. Je m'informe de l'écurie, j'y mets cette brave Coningham, si admirablement belle et courageuse. Je vais me dégourdir les jambes et je rentre pour dîner à six heures. Il n'en était que cinq, je dis à la bonne, effarouchée : « Je suis très fatigué, vous viendrez m'éveiller, je vais essayer de dormir. » Je commençais à perdre connaissance, quand, tout à coup, la porte s'ouvre et la servante me crie, du plus loin, avec une expression de terreur : « Le dîner est prêt! » et se sauve. (Évidemment j'étais encore, malgré tout, un objet de suspicion et de haine.) Le lendemain, à quatre heures, je repars. Encore deux gendarmes.... On m'arrête. Toujours mes papiers. Je demande si je suis bien sur le chemin de Verdun : « Dans deux heures vous y toucherez. » La route sur les plateaux est superbe. J'entre dans Verdun. Qui peut être cet homme qui voyage seul?... Je sens derrière moi, autour de moi, les regards hostiles. Je descends à l'auberge des Trois-Maures, humilié de cette défiance, si un sentiment ne dominait en moi tous les autres sentiments, celui de la douleur. J'ai toujours Metz dans les yeux et dans l'âme. Il faut pourtant en finir avec tous ces obstacles et trouver le moyen de rentrer vite à Paris. Je me souviens de loin d'un camarade que j'avais connu à Grenoble chez M. Ferriot, et qui était à Verdun inspecteur des forêts. C'est de Wailly. Mais après vingt ans me reconnaîtra-t-il ?... Je m'enquiers. « Où demeure-t-il ? — Il vient de passer, il va revenir. » Nous tombons dans les bras l'un de l'autre. Il m'emmène chez lui, et de là à la citadelle, chez le général, qui m'a fait demander.

Le général est un ancien colonel de la garde, qui avait garnisonné à Saint-Germain. Et comme j'assistais assidûment aux manœuvres, tous les officiers me connaissaient. Le colonel, dont j'oublie le nom, faisait même, assez souvent, entrer la musique du régiment dans le jardin de Poissy, près du chalet, et fumait sa pipe avec moi. A peine arrivé, il se jette à mon cou. Le général me questionne. — Hélas! que de tristesses à lui répondre ! — Il me promène, toujours questionnant, par la ville entière, et combine lui-même la fin de mon exode avec le chef de gare.

Un hussard fut détaché pour ramener Coningham à petites journées à Poissy; il arrive huit jours après. Pour gagner Châlons, je dus monter dans un train de bestiaux. Quel désordre ! Quelle mêlée confuse et vociférante de conscrits. Et quel étonnement de retrouver Paris si calme, alors qu'à moins de cinquante lieues tout respirait déjà le tumulte de l'invasion !

Le soir, rentré à Poissy, on apprenait *Borny* et, deux jours après, *Gravelotte*.

C'est une chose étonnante que les brusques courants du peuple. Je me souviens que, le 4 septembre 1870, allant chez Cézanne, député (rue de Rome), nous étions démoralisés, accablés, de cette effrayante nouvelle : la reddition de cette armée entière prisonnière à Sedan !...

Nous sortons, nous descendons sur les Boulevards. La foule compacte emplissait la chaussée sans désordre; on marchait au cri de vive la République ! Pas un sentiment triste. Rien que la joie de voir *cet homme* anéanti, et la confiance, l'instinct aveugle, que la République était le salut....

Nous étions stupéfaits d'abord de ce contraste avec notre état d'âme. Plus tard nous reconnaissions qu'en somme c'étaient eux qui avaient raison et nous qui avions tort; des gens désespérés comme nous auraient presque ouvert les portes. Leurs sentiments heureux, exaltés, c'était la défense, c'était l'honneur !...

Pendant la Commune, le 18 Mars, vis-à-vis de l'Opéra, sur le Boulevard, comme je voulais raisonner des ouvriers en groupe qui déraisonnaient et qui me criaient des sottises, l'un d'eux me désignant : « Laissez donc cet homme-là ; vous ne savez donc pas, vous autres, qu'il gagne cent mille francs de sa main ?... — Ah ! ah ! il les vole alors ? — Non ! non ! il les gagne », il m'expliqua et me nomma. Je ne m'attendais certes pas à être désigné et commenté là. Ce même jour, je suis monté jusqu'à Montmartre, passant par cette rue des Rosiers où on allait, quelques heures après, fusiller les généraux Lecomte et Clément Thomas. En revenant par la rue des Martyrs, je rencontrai Cadoudal (un descendant de Georges) en uniforme, avec un autre officier, qui me demanda si je n'avais pas vu les généraux. « Non », leur dis-je, et je voulus en vain les dissuader d'aller par là en uniforme.

En 1870, le 31 octobre, j'allai voir à l'Hôtel de Ville le général Schmitz. « Il y a du grabuge », me dit-il. Je me mis en bourgeois, et, deux heures après, quelle fournaise que l'Hôtel de Ville! Quel aspect extraordinaire, quel étrange spectacle! Tout était rempli de peuple.

Je n'ai pas vu à ce moment les membres du Gouvernement Provisoire, mais dans le corridor j'ai rencontré Floquet sur ses grands chevaux, comme un dieu, suivi de canaille.... Il était adjoint au maire; il arrive dans son cabinet et s'assied à son bureau, disant : « Quand un gouvernement ne sait pas donner des ordres, il n'a que ce qu'il mérite. »
Enfin j'entre en plein dans la salle des Fêtes. Des papiers volaient, on grimpait sur les tables, on faisait des listes, on en adopte une. On escaladait pour aller dans les salles ; des grappes d'hommes montaient l'escalier à révolution, si élégant ; on montait même en s'accrochant extérieurement. A quatre heures du soir, la nuit se faisait, je prends un bateau-mouche et je vais raconter tout cela à Schmitz. Après avoir dîné, je vais à l'état-major. Que l'aspect de Paris était donc étrange !... Jusque-là on avait fraternisé, mais, ce jour-là, une méfiance sourde était dans l'air....

On avait donné l'ordre aux bataillons de se rendre place Vendôme. La place se couvrait de monde, dans l'ombre. On n'était pas décidé encore à marcher sur l'Hôtel de Ville. Ferry fait sur les marches de l'escalier un discours : « Que chacun de vous entraîne un bataillon ! » C'est alors que ce grand géant d'Adam me donne le bras ; nous avons suivi les quais ensemble, à la tête du bataillon. A partir du Châtelet on craignait les coups de fusil. Arrivés sur la place, on nous fit camper. L'Hôtel de Ville éclairé semblait une fournaise ! Jusque-là notre marche dans les ténèbres avait été saisissante. Au dehors, nous ignorions absolument ce qui se passait dans l'Hôtel de Ville, mais on savait le gouvernement en danger de mort....

Dans le commencement du siège on avait fait cadeau d'un cheval à Trochu ; il répondit cinq pages de remerciements.

Il en est vraiment de certains esprits comme des myopes, qui voient admirablement bien tous les petits détails, mais qui au delà de la faible portée de leur vue, quelle que soit la beauté du spectacle, ne peuvent rien embrasser. Encore corrige-t-on ceux-ci en

PORTRAIT DE MEISSONIER PEINT PAR LUI-MÊME (1872).

leur donnant des lunettes ; mais avec ces esprits-là il n'y a rien à faire.

Qu'est-ce que cela me fait que l'homme dont on parle soit honnête et vertueux? A quoi me sert-il pour faire la guerre? Non pas que je fasse fi de la vertu, grand Dieu! Mais aujourd'hui c'est le superflu. Ce qu'il nous faut tout d'abord, c'est une volonté. Oh ! disais-je, puisque la terrible nécessité nous oblige à violer toutes les lois, puisqu'aujourd'hui rien n'est plus à nous, pas même notre vie, que vous nous demandez et que nous vous sacrifions tout sans hésitation, usez de ce que nous vous donnons et commandez-nous, morbleu !... Ne nous donnez pas le douloureux spectacle de vos hésitations, de vos coupables désaccords, si coupables même qu'ils sont des trahisons.

Ne faites pas que, chaque fois que nous nous approchons de vous, pleins de confiance et avides d'en avoir plus encore, nous vous quittions pleins de trouble et de découragement.

Vous dites que vous avez de mauvaises troupes, et que vous ne pouvez compter sur elles ; nul n'y contredit. Mais ne savez-vous pas que ce sont les bons généraux qui font les bons soldats? Rappelez-vous notre histoire, vous qui avez la prétention de l'avoir écrite.

Je suis un militaire d'occasion ; on m'a donné un grade. Prenez au sérieux ces galons, et laissez-nous apprendre le métier. Ce métier, c'est le vôtre, soit. Mais si vous ne le faites pas, pourquoi ne pas nous le laisser faire comme nous pourrions? Le cœur au moins y est, à défaut de l'expérience.

... Il faut savoir mourir, et se brûler la cervelle dans certains cas. Qu'est-ce qu'un général qui respecte assez sa vie pour signer un engagement avec ces misérables de la Commune?

La peinture vient d'éprouver une perte cruelle, hélas! Regnault est mort. Quelle belle fleur ils ont coupée dans son épanouissement. L'arbre aurait pu porter ces beaux fruits qui jamais ne mûriront chez eux.

Voilà ce que je voulais dire sur sa tombe :

Cher peintre, tu savais depuis longtemps combien je t'aimais, mais le temps m'a manqué pour te le dire assez moi-même. De tous ceux qui ont salué tes premiers pas, nul ne l'a fait avec plus de joie que moi, tu devais être la gloire de notre grande patrie, et voilà que tu meurs pour elle.... Ils t'ont tué ! Eux qui osent tout, qui prennent tout, jamais ils ne pourront faire mûrir chez eux les beaux fruits que tu donnais, que tu devais donner longtemps encore.... Dors en paix dans ton glorieux sommeil ! Que ton souvenir, pour nous triste et doux, soit pour eux une honte éternelle ! Je n'ai jamais maudit : si je le fais aujourd'hui, que Dieu me pardonne, car jamais je n'ai senti de plus cruelle douleur.

Adieu !...

Dans les temps cruels de l'invasion, les élèves de Rome auraient pu revendiquer leur droit d'exonération : leur gloire est d'avoir partagé volontairement le danger de la patrie ; et quand Regnault succombait généreusement, son sacrifice en était agrandi....

Le souvenir du devoir accompli persiste à travers les années, vous le voyez par cette lettre. Un de ceux qui étaient avec moi rappelle aujourd'hui, en m'écrivant, *Arcueil-Cachan*, les avant-postes et les inspections du colonel Meissonier....

Ce jour-là — celui dont il parle, — vraiment j'ai vu pleuvoir la mort autour de moi. Pendant un kilomètre, sur un terrain glissant de verglas, j'ai dû gagner seul la maison de Raspail ; j'avais laissé mon ordonnance à l'abri. Les obus labouraient le sol, le sifflement sinistre ne cessait pas. J'avançais lentement, mais sans hésiter. Quand j'arrivai, on me dit : « Colonel, depuis le bombardement, cet endroit découvert est interdit, on ne passe plus par là ; il y a de ce côté un chemin couvert qu'on vous indiquera au retour. »

Duval, un homme résolu, intelligent, dévoyé plus tard par la Commune, comme tant d'autres, et qui est mort très crânement, fusillé, commandait là. Il prit mal la visite, tout d'abord ; mais, aussitôt mon nom prononcé, il m'offrit le peu de liqueur qu'il eût et me donna tous les renseignements que je devais rapporter.

La veille du 11 octobre, pour la première fois, on avait tenu les positions, je voyais La Roncière Le Noury, qui me disait : « Vous ne vous en doutez pas, c'est comme Austerlitz ; mais comprenez la bêtise monstrueuse de cette artillerie ; Bellemare (le Général) vient de demander des canons à Paris ! mais on veut savoir d'abord *s'il y a des hangars !* » (Textuel.)

Nous avons passé une nuit terrible, nous avons eu bien de la peine à entraîner les hommes. (Janvier 1871.)

Mon cœur est plein d'épouvante et de douleur ! Je suis anéanti.

Jusqu'à ce jour, croyant voir une lueur au fond du souterrain noir, j'ai marché presque sans faire attention à tout ce qui n'était pas cette lueur. Si, le soir, en me mettant à genoux, je priais bien ardemment Dieu de protéger ceux que j'aime, à peine si, dans le jour, je recherchais leur pensée, dans la crainte de faiblir.... Mais voilà qu'aujourd'hui cette faible lueur a disparu, tout est noir autour de nous. De

LE SOIR.
(Forêt de Saint-Germain.)

quel côté devons-nous nous tourner? Le moment approche où nous allons être à la merci de ces sauvages.

Nos derniers vivres sont à leur fin, la misère est atroce.

Le 19, nous avons fait une sortie : le résultat, comme toujours, a été déplorable.

Jamais chefs n'ont été plus incapables, n'ont fait preuve d'autant d'impéritie et de défaillance; ils n'ont pas confiance en eux et, à cause de cela même, n'en ont point en nous. Et cependant, nous avons fait les plus grands efforts, et nous serions prêts à en faire encore, s'ils ne nous montraient à plein leur découragement.

Nous faisons tout ce que nous pouvons pour les remonter. Nous leur disons : « Osez ! commandez-nous avec vigueur et vous serez obéis avec dévouement »; mais non, c'est toujours la même chose : ils n'entendent rien et ne veulent rien entendre.

(1871) Voici ma lettre ce matin :
Mon Général, je crois devoir vous expliquer la démission que M. le colonel

CROQUIS A LA PLUME.

MEISSONIER PAR LUI-MÊME.
(Dessin à la plume.)

Montagut m'a mis aujourd'hui dans la nécessité de donner, et qu'il a acceptée en votre nom.

Je n'ai pas à discuter les sentiments personnels exprimés par lui à l'endroit des citoyens qui veulent, pensant que c'est un devoir, se présenter aux élections ; mais en refusant à l'un de vos officiers le congé nécessaire à sa candidature, en lui disant de donner sa démission, il a méconnu l'esprit du décret de convocation, il a été moins large que l'ennemi même, stipulant dans sa convention :

« Ces permis, ces visas seront accordés de droit aux candidats à la députation de province », etc.

Vous voyez, mon Général, qu'entre ce refus formel de congé et ma résolution de me porter candidat, un seul parti me restait à prendre, celui de me retirer.

Veuillez agréer l'expression de mes regrets de ne pouvoir garder des fonctions que j'ai la conscience d'avoir toujours remplies aussi fidèlement que possible.

Qu'il me soit permis ici de dire à mes camarades qu'ils ont toutes mes sympathies et que je m'estimerais heureux de leur en avoir inspiré quelques-unes.

J'ai loyalement déclaré à la mairie un cheval nécessaire pour mon service de lieutenant-colonel d'état-major (Coningham).

J'en ai plus tard aussi loyalement déclaré un autre, que les besoins de ce même service m'avaient mis dans la nécessité d'acheter et que, malgré mon extrême pénurie d'argent, j'ai dû payer cher (Blocus).

Le ministre aujourd'hui m'enjoint de l'envoyer à l'abattoir ; je ne le peux pas et ne puis me mettre dans l'impossibilité de remplir mes fonctions.

Ensuite, j'ai déjà subi bien des réquisitions.

J'ai trois chevaux d'une grande valeur, pris sans doute par l'armée de l'Ouest. J'en ai un autre, ainsi que toutes mes bêtes, pris par l'ennemi probablement, qui, depuis le commencement du siège, doit occuper et ruiner ma maison qui lui sert de caserne à Poissy.

Du premier coup, j'ai eu soixante Prussiens à loger avec trente-cinq chevaux. Je demande que l'on ne me prenne pas, avant la dernière extrémité, mes pauvres chevaux qui me sont utiles pour mon service et qui me sont nécessaires pour achever mes tableaux commencés. Et puis, il y en a un auquel je tiens tant, ma jument Coningham. C'est un vieil ami que j'ai monté tout le jour de la bataille de Solferino. Je l'ai ramené de Metz ; je l'ai sauvé une fois déjà de la boucherie dans ce siège, je voudrais le sauver encore.

En voyant ce gai campement de soldats insouciants et leurs groupes dans la verdure, on n'imaginerait pas que nous sommes en guerre civile et devant les Prussiens ! C'est sur cette route de Montretout, par ici, en haut de la montée, dans la campagne ouverte, que se trouve le fossé que j'ai fait creuser cet hiver dans ce jour de recherches sinistres....

Voilà le mur de Buzenval. Comme le Mont-Valérien envoie des bombes sur Paris aujourd'hui ! Au-dessous de nous, l'horreur de Saint-Cloud, noirci, béant, bombardé, effondré.

Je prie Dieu souvent pour qu'il ne considère pas cette nation comme l'arbre de l'Évangile, qui, ne donnant plus de bons fruits, sera coupé et jeté au feu.

Si, en 1870, Trochu avait été un autre homme, on aurait fait des sorties; on ne s'est pas servi de la garde nationale, comme on devait le faire; on n'y croyait pas : dans l'armée, c'était un genre de s'en moquer.

Vous prenez un homme aux champs, vous le façonnez en six mois, d'après vos déclarations, et vous n'auriez pas confiance dans une élite pleine de cœur, toute prête à se dévouer, à aller jusqu'au bout ? Ah ! ces peintres, dit-on, cela se mêle de penser à quelque chose !

Je ne sais, monsieur, disais-je à X..., quels sont au juste les sentiments de Dumas. Un Allemand demande à lui remettre un manuscrit de son père. Je ne sais pas si son patriotisme est aussi féroce que le mien : moi, je répondrais non, et je n'accepterais ni le don ni la visite de l'Allemand. Jamais, depuis la guerre, un Allemand n'a remis ni ne remettra les pieds chez moi.

En 1873, à Vienne, vice-président du jury international, j'ai demandé à mes confrères de me prier, à titre officiel et au nom de la France, de faire le sacrifice de serrer la main aux Allemands comme aux autres membres du jury, mais mes rapports se sont bornés là.

Au dîner de la Paix sociale, j'ai beaucoup souffert l'autre soir, en écoutant le récit enthousiasmé d'un récent voyage en Allemagne. On s'étendait sur les vertus privées des Allemands, et à la fin on introduisit un savant allemand. Si j'avais pu le faire sans injure pour tous, je me serais levé et je serais parti.

On parlait avec bonheur de l'accueil chaleureux qu'avaient trouvé là-bas les Français. Je le crois bien ! Rien n'est plus dur aux Allemands que cette horreur dans laquelle nous les tenons et les tiendrons toujours.

Si nous retrouvons l'Alsace et la Lorraine, oh! alors je leur serrerai la main ; mais sans cela, non ! — Quand la guerre a éclaté, Ed..., de Francfort, cousin du côté des Steinheil, est venu, comme d'habitude, pour dîner chez nous, un certain soir : « Vous comprenez, lui dis-je, qu'il m'est impossible de vous revoir en ce moment : nous n'aurons ni les mêmes joies, ni les mêmes douleurs, dans ce qui se prépare ; adieu ! » et je lui montrai la porte.

Quand, à Poissy, enfermé dans mon atelier d'en haut, j'avais les Prussiens chez moi, au sortir du siège, un jour, les sachant à table, je voulus descendre pour prendre l'air un moment, dans mon jardin. Aussitôt un officier, avisé, je ne sais comment, sortit de la salle à manger et voulut poliment entrer en conversation.... « Vous êtes les maîtres. Monsieur, je n'ai rien à vous dire », et je remontai aussitôt.

Quand, avec un laissez-passer, je sortis de Paris, à la fin du siège, pour aller revoir ma famille à Nice, à Villeneuve-Saint-Georges un jeune officier, qui visait les passeports, vint aussitôt à la portière de mon coupé. C'était un directeur des beaux-arts de Berlin ; il me dit aussitôt combien il était heureux de saisir cette occasion de me connaître. « Le moment est mal choisi, monsieur », et je me renfonçai dans mon coin. Ils n'ont aucun tact, aucun sentiment des choses ; notre attitude vis-à-vis d'eux les blesse et les étonne toujours.

Heilbuth le peintre, mon ami, voulut me revoir après la guerre. « C'est fini, lui dis-je, cela ne se peut plus. » Lorsqu'il s'est fait naturaliser, plus tard, je lui tendis les deux mains ! Menzel et tous les autres avec lesquels j'étais lié tenaient à honneur d'être reçus chez moi : jamais je ne les ai revus depuis 1871 et jamais je ne les reverrai.

Quant aux vertus domestiques, dont on parle tant chez eux, elles sont plus rares peut-être à Paris ; mais en France, chez nous, en province, elles existent encore, grâce à Dieu ; nous en connaissons tous des modèles....

Il faudrait peut-être renoncer au principe de la nation armée et revenir à l'idée d'une armée. Les remplaçants étaient une institution excellente : tel homme est né soldat. Mettez à côté l'un de l'autre un matelot et un maçon : sont-ce des tempéraments de même nature ? A l'un la vaillance contre l'ouragan, à l'autre sa petite besogne régulière et tranquille. Comparez un peu ce qu'ils seront le jour de la bataille.

La veille, un samedi, M. Thiers était venu de Saint-Germain chez moi, à Poissy, sans me trouver; il avait surtout remarqué la ligne de cuirassiers de mon tableau en train (*1805*) et le portrait de mon vieil ami le docteur Lefèvre. M. Thiers était installé au pavillon Henri IV. Je lui fis passer ma carte. Au bout de quelques instants il entra. « Promenons-nous sur la terrasse », me dit-il, et nous descendîmes. Il s'arrêtait en marchant pour causer;

M. THIERS.
(Dessin fait à son lit de mort.)

il me parla de moi d'abord, malgré mon désir de l'entraîner sur d'autres sujets, de sa visite à mon atelier, de son admiration pour mon talent, de sa confiance absolue en la postérité à mon égard : « Ne changez rien à votre manière, disait-il, allez toujours droit votre chemin, sans vous inquiéter des critiques ». Au fond, M. Thiers ne s'y connaît pas; il n'a jamais rien compris à Delacroix !...

Plusieurs fois, en me parlant de Delacroix et d'Ingres, il me répéta du dernier : « C'est un plat valet ! »... J'avais hâte de le voir aborder le terrain politique. Dès qu'il y eut mis le pied, il s'étendit; alors, vous le savez, on n'a guère qu'à l'écouter. Ses sympathies étaient naturellement pour la Turquie; il considérait que dans cette question, au début, l'influence de Gladstone avait été néfaste. Quant à l'Exposition universelle de 1878, il ne croyait pas qu'elle pût être réalisée à cette date : selon lui, on n'était pas prêt; il se trompait....

En me parlant du siège, il me dit que, si la défense héroïque de Paris, en 1870, avait sauvé l'honneur de la capitale et de la France, elle avait été un malheur pour les conditions de la paix, et que, si la résistance avait été moins longue, il aurait pu, à un certain moment, garder Metz à la France....

Depuis longtemps, paraît-il, surtout depuis que Bonnat avait fait son portrait officiel, il voulait m'en demander un plus intime : c'était un de ses vifs désirs. Il devait revenir chez moi le *mardi,* pour en causer. Il est mort le *lundi.*

Quel enchaînement bizarre de circonstances que celles qui le conduisent à Saint-Germain, dans mon voisinage, qui lui font aussitôt penser à son portrait, et qui, au moment où son désir va être satisfait, ne m'amènent plus qu'à son lit de mort pour le faire!...

J'ai, pour ainsi dire, communié avec lui dans cette conversation du dimanche, sur la terrasse de Saint-Germain, et communié, le dernier avec lui, dans cette contemplation suprême des heures funèbres,... quand debout, en face de lui, pendant trois heures, je le cherchais sous le masque de la mort! J'ai embrassé son front glacé, et quand, à l'aube, il a reçu les rayons du jour pour la dernière fois! c'est moi qui les lui ai rendus pour le peindre. Que de pensées, mon enfant, m'ont traversé l'esprit pendant ce travail. L'idée d'un tableau glorieux, allégorique, s'élevait dans mon âme!... L'énigme de l'éternité était là, sur ce visage, devant moi; j'étais pénétré de cette communion mystérieuse et redoutable de la mort.... Le tableau allégorique pouvait se concevoir de deux manières, mais toujours en gardant intacte la figure du mort. Toutes les personnifications de l'intelligence et du génie, défilant comme une procession antique, devant Thiers; l'armée représentée par un soldat; le peuple, l'ouvrier, ayant aussi leur place.... Ou bien, dans la chambre funèbre, une seule figure, la grande figure de la France, de la Patrie, immobile, le regardant, plongée dans la douleur, sans lui mettre encore de couronne.

A son enterrement, dans les rues, vous l'avez entendu, ce cri de : « Vive la République ! » quand le char passait. Il s'échappait, il montait comme une haleine, comme un immense soupir, dont la vague sonore mourrait pour renaître.

Comme Lamartine dont les vers ont charmé ma jeunesse, j'ai aimé la nature! Comme lui, j'ai solitairement adoré le ciel, les montagnes et les bois.... C'est si beau la lumière, c'est si beau la nature! Admirer,... c'est si bon, mon Dieu! Ah! les éblouissements d'or de la forêt. Que la terre est donc belle, je voudrais peupler d'œuvres le temps, qui n'est plus assez long devant moi! Ah! vivre encore!

M

Mon frère vient de mourir brusquement.
J'ai essayé, n'ayant sous la main que des crayons, de retracer sa dernière image.
On l'enterre mardi à la Madeleine. C'est là, quand mon tour viendra, que je voudrais être porté aussi (1). L'office y est réglé avec une si belle ordonnance, les voix disent si bien les magnifiques prières du catholicisme!

Soixante ans! quel terme! C'est l'incertain du temps, qui reste long ou court, selon ceux qui jugent le temps en le perdant ou en s'en servant.

Cependant, en regardant derrière soi les années accumulées, c'est quelque chose d'y voir l'œuvre grandir sans relâche.

C'est une profonde douleur pour un artiste, en avançant dans la vie, de ne pouvoir exécuter les œuvres qu'on croit toujours avoir encore à faire.

Je n'ai pas su m'assurer le repos, qui me serait si nécessaire pour dépenser dans ces œuvres idéales ce qui me reste d'énergie. J'ai beaucoup marché, je commence à être bien las! J'écrivais ce matin que, si mes amis entendaient quelquefois des plaintes, n'est-ce pas? ce n'était pas parce qu'il me fallait travailler, c'était parce que je ne pouvais le faire comme je l'aurais voulu, avec grandeur et sérénité.

(1) C'est à la Madeleine, le mardi 3 février 1891, qu'eurent lieu les obsèques de Meissonier.

STATUE DE MEISSONIER, PAR FRÉMIET, A POISSY.

Oh! que je voudrais trouver un moyen de me débarrasser de mes soucis d'affaires. Quel fardeau à soulever! je suis au noir. Je ne peux plus rien voir, ces temps-ci, avec une bonne espérance.

L'idée de repos, pour un artiste, est une erreur bourgeoise; les gens d'affaires seuls, quittant un métier ennuyeux, ont besoin de se détendre ailleurs; mais les privilégiés, les heureux, les artistes, ne connaissent dans la vie qu'un temps parfait, le travail; l'heure forcée du repos sonne toujours mal pour eux, le travail étant la jouissance, la seule, la souveraine! L'entrée même des meilleurs amis est un dérangement à certaines heures de verve....

En vieillissant je travaille plus que je n'ai jamais travaillé....

Ah! qu'on doit être heureux de respirer le printemps dans les beaux jours de la campagne. Je n'en ai plus tant à voir, et je n'ai pas joui de celui-ci un seul jour. Je mourrai avec le désir inassouvi du repos.
Il faut avoir travaillé avec acharnement toute sa vie, pour savoir à quel point le repos est bon....

Je mourrai le crayon à la main, sans avoir pu me reposer vraiment un peu. J'ai toujours été rappelé à la chaîne de jour en jour, d'heure en heure, sans avoir jamais pu jouir d'une liberté... dans l'absence, dans le repos !

Je demande à Dieu cinq ans de travail encore, puis deux ou trois ans de repos pour finir.

Ce matin, vers six heures, j'étais à ma fenêtre, à Poissy, devant l'épa-

EXTÉRIEUR DE L'HOTEL MEISSONIER A PARIS.

nouissement des choses, écoutant les chants d'oiseaux, quand un contraste m'a frappé ; un poète en ferait des vers. L'heure, à la mairie, venait de sonner d'une voix sèche et grêle....

La vieille horloge de l'église se mit à son tour à compter le temps, mais d'une belle voix grave, profonde, qui faisait l'effet d'une haute moralité religieuse à côté des maigres accents laïques de la mairie.

J'aime le son des cloches, surtout de la cloche d'ici, qui a un timbre admirable, sonore, puissant. Près de l'église comme je suis, je l'entends à chaque instant dans ma chambre et j'en suis bercé.

Je me souviens toujours de l'impression étrange que j'éprouvai un soir à Anvers.... J'étais jeune encore, c'était en 1850, le 2 ou le 3 janvier. Je venais à Anvers pour la première fois et j'avais l'habitude alors, à peine débarqué quelque part, de m'élancer dehors au hasard; j'étais descendu au Grand Saint-Antoine, sur la place de Meïr, où nous avons été ensemble. Je sortis donc, la neige couvrait le sol, et pendant que je marchais, tout à coup une étrange harmonie passa : c'était le premier carillon que j'entendais. Il me ravit. J'en garde encore le charme au cœur, à travers tant et tant d'années....

Les gens de mon âge se reposent ! Ils le peuvent ! Moi, je ne le peux pas. Je suis bourrelé d'inquiétudes de toute espèce; je souffre en pensée à chaque instant.

Tu connais ces choses inexprimables qui vous passent sur l'âme à certains jours. En travaillant tantôt avec la petite, je me suis senti si triste que je lui ai dit de descendre un peu au jardin, pour rester seul à pleurer. J'ai dans l'âme une inexprimable angoisse.

Quelle amère tristesse ! Au moment où je devrais enfin pouvoir être libre, indépendant au moins, pour la question d'argent, les inquiétudes, les difficultés s'amassent de tous côtés. Je ne vois pas venir la délivrance ! je suis à la fin de ma vie comme Rembrandt. Seulement il se ruinait à acheter de belles choses, et moi à faire monter des pierres l'une sur l'autre. Ah ! que je voudrais pourtant consacrer mon hôtel de Paris à une fondation, à une sorte de musée, d'école d'art; tout répond à cette idée par les détails mêmes de l'architecture.

... Ah! que je voudrais que l'aquarelle du *1807* n'allât pas même en Angleterre, mais qu'elle fût achetée par un Français. L'Amérique garde à tout jamais ce qu'elle emporte; je ne veux pour rien au monde que ce tableau sorte de l'Europe....

Cette aquarelle du *1807*, c'est ma mort, elle me tuera ; je me demande si j'irai jusqu'au bout. Ah ! que je suis fatigué, ma pauvre amie ! Ce *1807* m'aura retiré trois ou quatre ans de vie, que j'avais peut-être ; je n'en peux plus, ce travail enragé me tuera. Vous voyez qu'à mon âge, soixante-douze ans, je ne peux me reposer une heure. Et mes pensées ne m'amènent pas, comme celles de l'ami Chenavard, à la résignation philosophique, à l'indifférence terrestre. Je suis désespéré ; mais mes

HOTEL MEISSONIER : LE CLOITRE.

idées s'en vont en haut, de plus en plus vers Dieu. Je suis arrivé à la fin de tout et de la vie ; mais quel amer regret, de n'avoir pu dire, au moment de la jeunesse et de la force, ce que je sentais, ce que je voulais....

Ah ! l'atroce douleur à mon pouce droit ! Qu'il me faut de courage pour tenir mon pinceau ! Jamais, à tous les autres maux subis, maladies, opérations, je n'aurais cru que dût s'ajouter celui-là. Cet hiver encore, je me félicitais, en peignant, de me sentir la main plus sûre que jamais. Mon bonheur de peindre, de dessiner, était tout-puissant ! Ah ! Dieu, faudrait-il donc renoncer à tout cela !

Hélas ! personne ne peut tenir le pinceau pour moi ; si j'étais écrivain, je vous dicterais bien des choses. Si ce mal persiste, c'est la fin. Pour Chenavard, rien ne trouble l'idée de la mort, il ne laissera pas de deuil éternel; après lui, tout est réglé, tranquille; il ne regrette rien. Mais

UN COIN DE L'ATELIER DE MEISSONIER A PARIS.

moi! Lui n'aime rien absolument comme moi,... il sortira du monde, voilà tout....

Ce matin, en rentrant à la maison, je me fais, au gaz, mes deux œufs sur le plat, pour mon déjeuner; je remets un peu mon atelier en ordre, je me penche sur les cartons pour chercher les dessins. Subitement je sens que tout tourne, j'appelle! On court chercher un médecin du quartier,... puis d'autres,... Blondeau et Guyon; on me met des sinapismes. Je croyais à une congestion, mais ce n'était qu'une immense fatigue, pour laquelle on m'a condamné, hélas! au repos forcé pendant quinze grands jours.

Je vais bien, oui; mais, je ne sais pas, cette douleur m'amènera quelque chose,... elle me laisse de l'inquiétude pour l'avenir. On me dit que

COUR DE L'HOTEL MEISSONIER A PARIS : FAÇADE DE L'ATELIER.

c'est le nerf pneumogastrique qui est fatigué,... je ne sais, mais quand je marche un peu trop vite, la douleur me prend aussitôt à la poitrine. ..

Ah! je souffrais tant des yeux ce matin par excès de travail, que je craignais de devenir aveugle. C'est si beau, la lumière! C'est si beau, la nature! Regarder, admirer, c'est si bon! mon Dieu!

Par trente degrés de chaleur, dans la journée embrasée j'ai été pris d'un tel éblouissement, après une séance d'étude acharnée, que j'ai cru à une congestion cérébrale. Je suis bien fatigué encore, et mes yeux, comme brûlés de l'éclat du jour, continuent à me faire mal. J'ai travaillé sans relâche, pendant des heures, au soleil torride.

Il faudrait, à mon âge, que je pusse travailler tranquille, sans épée dans les reins, que le repos des fins de jour après le labeur fût souriant et complet, que je n'eusse qu'à me laisser vivre heureusement, en sécurité, hors de mon travail et de mon art, qui suffisent à me tenir en haleine....

Je suis dans un état d'âme allant de plus en plus mal; je m'en accuse et j'en ai peur, je voudrais m'y soustraire, je ne le puis et suis toujours plus enragé.... Si je pouvais travailler comme je le voudrais, comme je sens que j'en ai encore la pleine force! Mais quoi, oserai-je le dire? à mon âge, après tant de travail, il m'en faut chercher les moyens....

Qu'il est cruel, à mon âge, d'être obligé de travailler à ce que je n'aime pas, pour m'assurer la liberté (après avoir gagné ce qu'il faut à ma maison) de travailler à ma guise! Tout ce qui n'est pas mon art m'est indifférent; je n'ai jamais vécu que pour lui; mon idéal et mon bonheur ont été là... Tu me comprends, toi, ma chère âme....

Comme les tristesses, les difficultés, les impossibilités de la vie se lèvent tristement dans l'âme.... Il arrive un moment où l'on ne connaît plus que les profondes fatigues des réveils au matin et la lassitude permanente des jours....

Quand je sens parfois ma main s'alourdir, je frissonne en pensant

Portrait de Meissonier (1882).
(AQUARELLE DU MUSÉE DE VALENCIENNES.)

aux outils nécessaires, aux agents dont le peintre a besoin et qui peuvent faiblir quand la conception reste nette.

Qu'elle est amère et sombre la décadence des forces de l'artiste !

Je suis las moralement, mais le travail allant bien ne fatigue jamais.... On ne sent ni les heures ni les journées, toujours trop courtes.

Qu'il ferait bon d'avoir le temps, ayant fait son œuvre, de se reposer enfin ! en regardant tranquillement venir le terme, en face de l'œuvre divine, la nature, au bord de la mer bleue, en guettant les flots accourir et se déplier doucement sur le sable d'or, en repensant aux choses, en se faisant simplement, sans amertume, un traité de morale, tiré de l'expérience de la vie. Que ces jours sans préoccupation seraient bons !

Rien n'exprimera assez mon horreur à me remettre à faire des bonshommes pour vivre ! Ah ! le moyen d'être indépendant pour ne faire que des choses importantes.

Toutes ces petites figures du *Château* me fatiguent maintenant à faire....

Quand je vais être débarrassé de tous ces tableaux, je n'aurai plus rien en train autour de moi, je n'aurai qu'à ébaucher ceux qui m'emportent....

Fontarabie, Irun, villes pleines de caractère et à nos portes. Il ne faut pas plus d'une journée pour être à la frontière. Les corniches de bois des maisons sont admirables. Et les habitants ! tout le monde mendie, même les enfants bourgeois : c'est dans les mœurs de tendre la

SALON DU REZ-DE-CHAUSSÉE, HOTEL MEISSONIER A PARIS.

main! Les femmes, comme en Italie, au milieu de la saleté, soignent et lustrent en pleine rue leurs chevelures brillantes. L'église d'Irun est vide; pas une chaise, pas un ornement, le vaisseau s'enveloppe d'ombre mystérieuse. Dans le chœur seul, au-dessus de l'autel, rayonne et flamboie un immense tablier d'or, dont l'effet est éblouissant.

C'était un dimanche; on dansait sur la place. Un fifre et un tambourin s'avancent gravement dans l'espace consacré, et font deux ou trois passes solennelles, en s'inclinant, pour annoncer l'ouverture du bal.

A mon âge, je ne désire plus voyager. Si j'avais un tapis enchanté pour me transporter

FOYER DE CHEMINÉE POUR L'ATELIER DE MEISSONIER A PARIS.

MAQUETTES DE MEISSONIER POUR LA CHEMINÉE DE SON ATELIER, PARIS.
(Non exécutées.)

tout d'un coup, peut-être irais-je ici ou là pour une étude. Mais, comme Doria de Gênes, qui avait inscrit le mot sur son palais, j'aime le repos d'une maison intelligente et bien ordonnée. Je ne pense plus à me risquer aux chances des hôtelleries borgnes.

Les fonds, les détails nécessaires à exécuter m'irritent maintenant et m'exaspèrent! Jamais je n'éprouve cette fatigue et cet énervement devant la nature vivante....

Je n'ai rien fait qui vaille aujourd'hui, j'en jette de rage ma palette par terre, je suis furieux contre moi....

Ah! ce sentiment amer des journées perdues! Et demain sera peut-être semblable encore à aujourd'hui. La fatigue n'est rien quand, au bout du travail, on a le beau résultat, quand on a le droit d'être content de soi....

Ah! chère enfant, la vie, les souvenirs accumulés, c'est comme les grappes au pressoir : la cuve déborde de raisins entassés, dont on n'exprime qu'un peu de vin. La vie !... combien il en reste peu de réellement vécue, au fond du verre !

CAUSERIE A CHEVAL.

APPENDICE

GÉNÉRAL ET AIDE DE CAMP. — ROUTE DE LA SALICE (ANTIBES).
(Metropolitan Museum, New York.)

APPENDICE

ORDRE DE L'ÉTAT-MAJOR GÉNÉRAL

DE LA GARDE NATIONALE DU DÉPARTEMENT
DE LA SEINE
AU LIEUTENANT-COLONEL MEISSONIER,
LE 11 JANVIER 1871,
D'ALLER LE JEUDI 12 A MONTROUGE INSPECTER

Paris, 12 janvier 1871.

MEISSONIER (1870-1871).
Lieutenant-colonel de l'état-major de la garde
nationale.

Mon Général,

D'après l'ordre reçu hier 11 janvier, je me suis rendu à Montrouge avec M. le capitaine Odiot pour y inspecter la légion de Seine-et-Oise et le 11ᵉ régiment de Paris.

J'ai laissé à Montrouge M. le capitaine Odiot pour y faire l'inspection de la légion de Seine-et-Oise, dont le quartier général est audit lieu, et je me suis rendu à la Croix d'Arcueil pour y inspecter moi-même le 11ᵉ régiment. M. le colonel Duval est satisfait des bataillons sous ses ordres ; le 94ᵉ seul est faiblement commandé, et cette faiblesse dans le commandement empêche qu'il n'emploie ce bataillon d'une façon aussi utile que les autres ; il est obligé, pour lui, de modifier ses ordres, n'étant pas sûr ni de l'exactitude ni de la promptitude de leur exécution.

Le service des vivres est fait par l'intendance militaire à Montrouge. Le lieutenant-colonel Duval regrette que l'intendance de la garde nationale ne lui ait pas laissé la disposition d'une voiture pour faire ce service, qui ajoute une grande fatigue à ses hommes et les expose davantage, vu le danger de la communication avec Montrouge. Le service des ambulances est bien fait. Le rapport sanitaire a été communiqué à l'état-major.

Le lieutenant-colonel Duval, dont le régiment occupe les avant-postes depuis Cachan jusqu'à... la maison renversée, s'attend à être attaqué vivement ; ses hommes sont constamment sur pied et les ordres du général de Chamberet, sous le commandement duquel il est, sont pressants. Après avoir pris ces renseignements du lieutenant-colonel, j'ai visité les emplacements du 24ᵉ à la Croix d'Arcueil, du 94ᵉ, pavé d'Arcueil, maison Raspail fils, et du 109ᵉ, cantonné en face de ce dernier.

Comme les éclats d'obus arrivaient incessamment sur les cantonnements, je n'ai pas jugé à propos de faire sortir les hommes et les ai laissés dans leurs abris.

Je suis ensuite allé au Bas-Arcueil, au pied de l'aqueduc, maison du télégraphe, où se trouve cantonné le 183ᵉ.

Le commandant Boudin, que j'ai trouvé ainsi que ses hommes bien disposés, a demandé à être excusé pour avoir réquisitionné et gardé une voiture pour le service de ses transports.

Je n'ai trouvé dans le Bas-Arcueil et à Cachan que de la garde mobile, un détachement de Seine-et-Oise, le 183ᵉ bataillon et une compagnie du 94ᵉ bataillon, détachée pour fournir, ce jour-là, deux postes, l'un au cavalier 10, l'autre station d'Arcueil.

J'ai pu vérifier ce que le lieutenant-colonel Duval m'avait dit, qu'il n'avait pas de troupe de ligne avec lui.

Les troupes sont très exposées et ont un service très pénible, ce que m'a confirmé le général de Chamberet, chez lequel, suivant mes instructions, je me suis rendu pour savoir de lui-même et de quelle façon la légion de Seine-et-Oise et le 11ᵉ régiment faisaient leur service. Le général de Chamberet en est très satisfait.

Comme je l'ai dit plus haut, il pense que la situation est très exposée. Il signale de grandes masses se concentrant devant lui, des travaux considérables se faisant avec une grande activité et il s'attend d'un jour à l'autre à une grande attaque.

Il regrette dans ce moment de voir partir le 11ᵘ régiment, qui connaît les positions, pour être remplacé par un autre qui aura à les étudier et pourra être attaqué avant de les connaître.

Ces positions sont effectivement assez compliquées. Le général de Chamberet demande avec instance un régiment de plus. Il désirerait avoir le régiment de M. Marnevon....

M. le capitaine Odiot donnera son rapport sur la légion de Seine-et-Oise qu'il a inspectée. Cette légion demande des travailleurs en plus. Après avoir vu les positions, il semble que cette demande doive être prise en grande considération, il est à craindre même que l'on ne puisse faire assez vite les travaux nécessaires pour les retranchements et la communication avec le village de Montrouge, laquelle est excessivement difficile. La route d'Orléans, menant à la Croix d'Arcueil, faisant un angle droit avec les batteries prussiennes qui battent Montrouge, est complètement découverte et incessamment balayée.

Veuillez agréer, mon Général, l'expression de mon profond dévouement.

E. MEISSONIER,
Membre de l'Institut,
Lieutenant-colonel d'état-major de la garde nationale.

o o o

DISCOURS DE M. MEISSONIER

PRONONCÉ A FLORENCE LE 13 SEPTEMBRE 1875 POUR LA

CÉLÉBRATION DU 4ᵉ CENTENAIRE DE MICHEL-ANGE

MESSIEURS,

Je viens, au nom de l'Académie des Beaux-Arts de l'Institut de France, remercier Florence de l'avoir conviée à cette fête en l'honneur de Michel-Ange.

L'Académie, jalouse de rendre un public hommage à ce divin génie, nous a envoyés pour la représenter, et c'est à moi, si peu expert, hélas! en l'art de la parole, qu'est échu l'insigne et difficile honneur de parler en son nom, et de dire son admiration profonde pour cet homme si grand, qu'en lui il n'y a presque plus rien d'humain.

STATUETTE DE MEISSONIER, 1878
(par Gemito).

L'Académie me pardonnera, en faveur de ma sincérité, si je ne trouve pas des mots dignes d'elle pour parler de cet illustre entre les plus illustres, touché, disons-le avec orgueil, par le doigt de la Divinité pour être non pas seulement notre joie mais aussi notre enseignement!

Oui, grand Michel-Ange! le doigt divin t'a touché!

Dans ces fresques de la Sixtine, égales, dans leur sublime grandeur, à la Bible même, c'est toi que tu peignis dans cet Adam qu'anime le Créateur! Son doigt ne s'est-il pas déjà posé sur ton front? Ton regard est tourné vers lui. C'est maintenant ta main qu'il va toucher pour la rendre digne de traduire ta pensée.

Et dans le *Pensieroso* laisse-moi oublier le duc d'Urbin et permets-moi de te voir, ô génie si puissant! écoutant, dans l'ombre de la méditation, ta pensée s'élevant au-dessus de notre monde!

Oui, encore une fois, tu as été touché du doigt divin, et nul ne le sera désormais comme toi!

Tu es et tu resteras l'éternel exemple de la grandeur et du sublime. Pour cela tu appartiens maintenant à tous, et les hommes sont fiers de toi!

Mais glorieuse aussi Florence, ta patrie!

Heureuse Florence! de cette belle Italie, de cette terre des Arts, tu es comme le jardin! Tu n'es pas seulement la ville des plus belles fleurs de

Étude pour les Joueurs de boules.

(DESSIN AU CRAYON NOIR.)
(Musée du Luxembourg.)

la nature, tu es la ville des plus belles fleurs de l'esprit humain ! Tu es la ville de la renaissance des lettres, des arts et des sciences !

Je ne puis nommer tous tes fils.

Tu as eu Dante, Pétrarque, et avant Galilée tu as eu celui qu'aujourd'hui nous honorons si pieusement.

Sous ce ciel enchanteur, au milieu de cette campagne dont la sereine beauté est incomparable, n'étais-tu pas bien faite pour être leur berceau ?

Sois à jamais heureuse, cité dont on ne dit jamais le nom que comme on disait celui d'Athènes, sans penser à tout ce qui est beau et bon !

CAVALIER DESSINÉ SUR UN MUR DE LA VILLA GARNIER, A BORDIGHERA.

Tu mérites de l'être, non seulement parce que tu as donné le jour à tous ces grands génies, mais parce que tu en as conservé le culte et qu'aujourd'hui tu honores le plus grand de tous par cette fête où tout est joie, sans des pleurs cachés, sans des sanglots étouffés !

C'est la fête du génie et de la vertu, car ce n'est pas seulement celle d'un grand artiste, c'est aussi celle d'un grand citoyen.

Italie, que Français nous aimons tous, sois heureuse et prospère !

Florence, qu'artistes nous adorons, sois heureuse et prospère !

Accepte ce vœu de Français venus pour tresser avec tes enfants, dans ce nouveau centenaire, une couronne à Michel-Ange immortel.

Paris 4 N[ovembre] 80

Monseigneur

Revenu seulement ce matin après
une absence de deux mois, j'ai eu en
arrivant votre lettre qui me revient de
Venise où elle ne m'a pluz trouvé, et je
suis bien heureux d'arriver à temps pour
me rendre à Chantilly au jour que vous
voulez bien m'indiquer.
C'est le Roi votre Père qui m'a fait
Chevalier, en constatant aujourd'hui à être
mon Ministre Parrains vous rendez complète
cette nouvelle dignité ; croyez Monseigneur
que je sais tout le prix de l'honneur que
vous me faites et que je vous en suis &
vous en serai toujours reconnaissant
Veuillez agréer l'assurance de mon
respectueux dévouement
  E. Meissonier

FAC-SIMILÉ DE LA LETTRE DE REMERCIEMENT DE MEISSONIER A MONSEIGNEUR LE DUC D'AUMALE,
A L'OCCASION DE SON ÉLÉVATION AU RANG DE GRAND-OFFICIER DE LA LÉGION D'HONNEUR.

DISCOURS DE M. MEISSONIER

PRÉSIDENT DE L'ACADÉMIE DES BEAUX-ARTS.

Lu dans la séance publique annuelle de l'Académie des Beaux-Arts du 28 octobre 1876.

Messieurs,

Il est juste d'ouvrir cette séance, notre fête de famille, comme le disait un de mes prédécesseurs, en proclamant le nom de Mme la comtesse de Caen.

Avant de pouvoir lui rendre ce solennel témoignage de gratitude, l'Académie, sa légataire universelle, a dû aplanir bien des difficultés, renverser bien des obstacles ; votre commission, votre secrétaire perpétuel, y ont prodigué tous leurs soins, et vous les en avez déjà félicités dans une de vos séances ; mais vous ne me pardonneriez certainement pas si je laissais échapper aujourd'hui cette occasion de le faire publiquement.

Un décret, rendu par M. le Maréchal Président de la République, a sanctionné les arrangements pris, et, s'il doit s'écouler encore des années avant que ceux qui viendront après nous puissent jouir de la totalité des généreuses dispositions testamentaires de la donatrice, j'ai la satisfaction d'annoncer que l'Académie regarde comme possible, dès à présent, la réalisation de la partie la plus intéressante de la fondation, celle qui concerne les jeunes peintres, sculpteurs et architectes cessant d'être pensionnaires de l'Académie de France à Rome.

« Voici, dit Mme de Caen dans son testament, l'institution que je veux fonder :

« Les artistes peintres, sculpteurs, architectes, envoyés par le gouvernement à Rome, auront pendant trois ans, après leur temps fini, chacun une rente : elle sera de 4000 francs pour les peintres et les sculpteurs. Les architectes, qui ont moins de frais pour leurs travaux, n'auront que 3000 francs.

« Les artistes peintres auxquels on donnera ces rentes seront obligés, dans l'espace des trois ans, de faire un ouvrage pour le musée que je veux former. Les sculpteurs feront un ouvrage aussi, ainsi que les architectes.

« La plupart des jeunes gens, à l'expiration de leurs trois années à Rome, ont une commande du gouvernement ; mais on leur donne le sujet, c'est ce que je veux éviter, car c'est entraver le génie : chacun fera ce qu'il sentira le mieux ; dans aucun cas, les sujets ne seront donnés.

« Si un de ces jeunes gens, sculpteur ou peintre, fait une grande œuvre, le comité nommé par l'Institut pourra lui accorder une somme de 5000 francs, mais pas plus.

CROQUIS DE PAYSAGE.

« Je ne donne que 4000 et 3000 francs, parce que c'est suffisant pour être à l'abri du besoin.

« Si Dieu me laisse sur cette terre, je commencerai cette œuvre ; mais j'y tiens essentiellement, et je prie le gouvernement de vouloir bien en faciliter l'exécution. »

Messieurs, le propre des institutions excellentes, c'est d'être un perpétuel éloge de leur fondateur. Ces lignes que je viens de vous lire, fondant si simplement une institution capitale, ne sont-elles pas elles-mêmes le plus précieux éloge de Mme de Caen ? Qu'y pourrait-on ajouter qui fît davantage connaître son amour des arts, cette source de nos plus nobles jouissances, qui fît mieux apprécier sa touchante en même temps qu'éclairée sollicitude pour ceux dont l'ardeur s'est révélée par leurs premiers succès?

Touchante et éclairée sollicitude! Sachant qu'il fallait que la sève pût monter en plein dans le jeune arbre, elle a tout fait pour que rien n'en arrêtât l'élan, mettant encore à l'abri du besoin pendant ces années décisives pour qu'ils jouissent du travail, non du repos, ceux qu'elle tient pour les plus dignes, étant vos élus. Comme ce cœur de femme a compris ce que

APPENDICE

la gêne, à ce moment de la vie, a de cruel pour ceux qui, véritablement appelés, pleins de courage et de force, se sont vus, je ne dirai pas arrêtés, les vocations ne s'arrêtent pas, mais retardés par les difficultés matérielles de la vie, déplorant non les efforts accomplis pour les vaincre, mais le temps qui s'enfuyait et dont ils pouvaient faire un autre usage !

Dieu n'a pas voulu qu'elle commençât son œuvre ! C'est à nous de la commencer aujourd'hui, et c'est avec un soin jaloux que nous y veillerons; c'est notre seul rôle, nous le remplirons fidèlement. Vous, Messieurs les lauréats, vous en avez un autre, qu'on peut dire assez beau, et vous le remplirez fidèlement aussi.

Par cette libéralité dont vous êtes l'objet, la donatrice en s'honorant vous permet de vous honorer vous-mêmes en l'acceptant : Mme de Caen ne vous fait pas un don gratuit ; après vos études terminées, elle vous demande une œuvre qui doit montrer que la bonne semence a bien profité : tous

GENTILHOMME LOUIS XIII.
(Dessin appartenant à M. Ch. Edmond.)

vous efforçant de le prouver, aucun ne voulant faillir à sa tâche, vous consacrerez son nom en illustrant le vôtre.

Dans cette École des Beaux-Arts, que son habile et aimé directeur améliore chaque jour et rend incomparable, vous avez parmi vos pairs une place où votre œuvre d'aujourd'hui restera toujours; celle que vous ferez, quand le moment sera venu, aura la sienne à tout jamais dans le musée de Caen. Vous serez de même parmi vos pairs, et cette œuvre que vous y fixerez, conçue dans l'entière liberté de votre esprit, exécutée sans entrave, dans la plénitude de votre force, sera une des parties glorieuses du monument, qui montera toujours en l'honneur de l'art français !

Si Rome vous oblige aux plus nobles efforts, Mme la comtesse de Caen vous y oblige aussi. Vous ne pourrez vous en défendre, et, quelle que soit l'œuvre faite, quand pour vous l'heure sera venue, vous mettrez, au musée qui portera son nom, votre chef-d'œuvre de maîtrise, le morceau de réception, comme on disait dans l'ancienne Académie, que vous aurez fait d'avance, sur lequel vous vous appuierez quand, à votre tour, vous viendrez demander cette place que nous occupons,... que nous garderons cependant le plus longtemps possible.

Quelque orgueil qu'il vous soit permis d'avoir, ayant remporté une victoire difficile, car tous les combattants ont bien fait leur devoir, l'Académie se plaît à le reconnaître, l'œuvre de ce jour est votre premier jalon, la borne immuable qui marque le point d'où l'on part (ce n'est pas encore, vous le savez bien, le mille d'or de Rome qui marquait aussi où l'on devait arriver), rappelez-vous que dans sept ans vous serez obligés d'en poser une autre, immuable aussi, qui marquera le chemin parcouru.

Sept ans! quand on les a devant soi, dans notre vie si brève, c'est un long terme! Mettez-les à profit, afin que plus tard, regardant en arrière et les trouvant si courts, vous n'ayez pas l'amer regret d'en avoir perdu un instant, d'avoir dépensé sans sagesse ce trésor de jeunesse, que vous avez encore si plein qu'il peut vous sembler inépuisable. Le temps est précieux surtout pour nous artistes, qui ne pouvons traduire notre pensée sans serviteurs dociles : l'œil et la main peuvent être las quand la pensée devenue plus forte est plus exigeante.

Qu'à l'effort de chaque jour succède un autre effort. Ne vous arrêtez pas, croyant savoir, car, hélas! nous ne savons jamais! Ce que nous apprenons nous montre ce qu'il nous faut apprendre encore.

Dans ce pays où vous allez, ce pays, rêve incessant de ceux qui ne l'ont pas vu, éternel souvenir de ceux qui ont eu le bonheur de le voir, vous songerez à ces conseils, quand, en présence de ces maîtres divins, vous saurez quels soins les plus grands apportaient à leur œuvre, vous connaîtrez combien ces grands et fiers génies étaient cependant humbles devant leur art, poursuivant sans cesse l'idéal qu'ils avaient devant eux,... ne croyant jamais l'avoir atteint.

En vivant dans ces lieux où ils ont vécu, où tout parle d'eux encore, si vous avez pour eux l'amour et le respect qui leur sont dus, vous croirez les voir eux-mêmes ; ils vous parleront, et, daignant vous aider, ils vous guideront dans les bons chemins, vous écartant des voies faciles où les pas ne laissent aucune trace ; leur empreinte est faite sur la poussière, le moindre souffle la balaye.

On dit qu'au siècle dernier, quand le peintre Vien accompagnait à la patache d'alors ses élèves partant pour Rome, il leur faisait encore, quand elle s'éloignait déjà, cette suprême recommandation : « Surtout n'oubliez pas ma manière ! »

Si autorisés que soient vos éminents professeurs à vous faire aussi cette recommandation, ce n'est pourtant pas ce qu'ils vous diront.

Ce qu'ils vous diront, avec l'Académie tout entière, c'est : « Surtout n'oubliez pas qu'ayant l'honneur d'être artistes français, vous devez donner l'exemple partout et à tous ! »

o   o   o

DISCOURS DE M. MEISSONIER

Prononcé aux funérailles de M. PERRAUD, Membre de l'Institut, le 5 novembre 1876.

MESSIEURS,

La mort vient à son heure, pas à celle que nous croyons.

Nul de nous ne pensait que l'artiste éminent dont nous accompagnons avec respect la dépouille mortelle dût sitôt nous quitter, quand il y a si peu de jours, paraissant plein de force, il promenait encore sur le marbre son ciseau sûr et délicat.

A peine savions-nous le mal qui le frappait, que presque aussitôt nous savions qu'il n'était plus, que désormais aucun ne serrerait cette main d'ami si ferme et si loyale, cette main d'artiste si habile et si forte, laissant inachevée l'œuvre commencée ; c'est un fidèle ami qui la terminera pieusement, car elle doit compter parmi les meilleures de celui qui va dormir l'éternel sommeil près de la compagne chérie de ses dernières années.

Celui qui a bien vécu emporte un espoir dans l'au-delà ; celui qui laisse une œuvre ici-bas, augmentant le patrimoine glorieux de l'humanité, se prépare un nom qui ne périra pas.

Celui pour qui s'entr'ouvre cette tombe a bien vécu, et son œuvre d'artiste, il l'a bien faite.

DESSIN A LA PLUME.
(Appartient à M. le docteur Duchastelet.)

Jean-Joseph Perraud, membre de l'Institut, officier de la Légion d'honneur, est né dans le Jura, à Monay, le 26 avril 1819.

Il n'a connu la gloire qu'après les temps difficiles : nulle épreuve ne lui a été épargnée ; son courage, à la hauteur de toutes, les a toujours surmontées.

Fils d'un pauvre vigneron, il fait chez un menuisier l'apprentissage d'un métier nécessaire : mais déjà sa vocation se fait sentir, son maître la devine et le pousse à la suivre, lui disant d'aller à Lyon pour entrer à l'École des Beaux-Arts.

Perraud n'a pas de ressources, mais il sait travailler ; il se rend bravement à Lyon, et là, chez des fabricants de meubles, sculptant sur bois des ornements, il fait deux parts de son temps, l'une pour vivre, l'autre pour apprendre.

A l'Académie de Lyon, il remporte bientôt le prix de sculpture ; mais déjà cette école ne lui suffit plus, il rêve celle des Beaux-Arts de Paris.

Dieu sait quelles privations il s'impose alors pour réaliser la faible somme nécessaire au voyage ; il faut qu'il arrive à Paris ! qu'il y arrive inconnu, sans recommandations, qu'importe ? puisqu'il sait un métier, il y pourra vivre et réaliser son rêve.

Il trouve, en effet, de l'ouvrage chez les fabricants du faubourg ; puis, parvenant à se faire admettre dans l'atelier dirigé alors par MM. Ramey et Dumont, il y travaille avec tant d'ardeur qu'un an à peine s'est écoulé quand il obtient, à l'École des Beaux-Arts, une première médaille.

Quelque temps après, son département lui fait une modique pension.

Ses efforts redoublent. En 1847, au concours pour les grands prix de Rome, il remporte avec éclat celui de sculpture, et à la joie du triomphe se

Un Connétable.

(CROQUIS A LA PLUME ET AU LAVIS.)
Collection de Mme Meissonier.

mêle enfin pour lui la joie plus grande encore de pouvoir se livrer tout entier à son art.

Il s'y livre sans réserve et le fait assez voir en envoyant en France : d'abord le bas-relief des *Adieux*, puis la statue d'*Adam*, qui lui vaut, à l'Exposition de 1855, une médaille de première classe.

En 1863 il expose une œuvre accomplie, le *Faune*, que l'on nomme aussi l'*Enfance de Bacchus* : il en est récompensé par la médaille d'honneur, qui lui est redonnée une seconde fois, d'une manière plus éclatante encore, à l'Exposition universelle de 1867.

En 1869 il envoie au Salon la statue du *Désespoir*, et, pour la troisième fois, il remporte la médaille d'honneur.

MEISSONIER EN UNIFORME, CAMPAGNE D'ITALIE (1859).

Vous voyez que ce vaillant, qui s'était frayé son chemin à force de courage, avait bien mérité; mais l'Institut n'avait pas attendu ce dernier succès pour lui ouvrir ses portes, et depuis trois ans il y était entré avec honneur.

Alors, ayant sans relâche consacré sa vie au travail, ayant beaucoup et bravement lutté, devant lutter encore, car s'il avait le renom il n'avait pas encore le repos, il a trouvé la compagne qui devait partager avec lui sa peine et sa joie.

L'âpreté de la vie laisse souvent sa trace sur les traits de ceux qui, seuls et sans appui, ont traversé des temps bien durs ; leur abord paraît rude, il n'est presque toujours que timide, cachant une âme tendre et délicate que la crainte seule empêche de se montrer ; ces âmes ont des trésors de tendresse pour qui sait leur donner confiance et venir à elles. Telle était celle de Perraud ; sa femme l'a bien compris, et, adoucissant

MEISSONIER (1860).

par son charme et sa grâce ce qu'il pouvait y avoir encore d'amertume chez cet homme, qui, n'ayant cessé de travailler avec honneur, n'avait pourtant pas le repos auquel il avait droit, elle a su le rendre heureux, si heureux que, lorsqu'il y a un an à peine, ce bonheur qu'il avait connu tard lui a manqué, il s'est trouvé plus seul et plus misérable que jamais. La blessure était trop profonde pour être jamais guérie ; peut-être ne le voulait-il pas ? mais elle saignait toujours! Il a dû succomber!

Aujourd'hui nous lui disons le suprême adieu; mais, dans cet adieu que nous adressons à l'homme disparu, pensons que l'artiste survit en son œuvre : c'est l'indestructible chaîne spirituelle qui relie à jamais celui qui l'a créé à la postérité lointaine.

Auprès de la dépouille terrestre de notre ami, c'est une consolation et un espoir que cette noble conviction.

Travaillons pour ne pas nous en aller tout entiers, et pour que ceux qui se pencheront à leur tour sur notre tombe puissent, comme aujourd'hui, dire un glorieux adieu et retrouver demain dans son œuvre l'âme de celui qu'ils viennent de pleurer.

Au nom de l'Institut, adieu, Perraud, adieu ! adieu !

○   ○   ○

LETTRE DE MEISSONIER AU GOUVERNEUR DE PARIS
POUR SOLLICITER SON ADMISSION DANS L'ARMÉE TERRITORIALE.

Monsieur le Gouverneur,

J'ai eu l'honneur de vous demander à entrer dans l'armée territoriale, avec un rang qui me permît de remplir utilement mon devoir, en me dévouant à la défense de notre pays, si (Dieu veuille que cela n'arrive pas !) cette défense était de nouveau nécessaire. Vous avez bien voulu me dire de vous envoyer une note sur la position que j'ai occupée pendant la guerre. Malgré mon désir de la faire excessivement courte, je crains d'être un peu plus long que je ne voudrais et vous en demande d'avance pardon. — En juillet 1870, parti pour Metz, afin de suivre la campagne comme je l'avais fait en Italie en 1859, les officiers d'état-major de mes amis me firent une place parmi eux avec le consentement tacite du maréchal Lebœuf. Mais, à peine mon cheval arrivé, les dispositions prises pour marcher en avant changeaient, l'armée se repliait sur Metz. Les événements devenaient menaçants. Malgré mon chagrin de quitter mes amis en un pareil moment, ils me décidèrent à repartir. Je risquais de rester inutile, même embarrassant, à Metz, tandis que ma présence pouvait être bonne à Poissy, dans le pays que j'habitais, où je n'étais pas sans exercer une certaine influence.

Ils me décidèrent donc à partir.

La ligne de Paris étant coupée, je pris, pendant qu'il en était temps encore, la route de Verdun, traversant seul à cheval les champs de Gravelotte où, quatre jours après, tant de glorieux soldats devaient rester couchés.

J'arrivai chez moi à Poissy; avec le maire, j'organisai rapidement la garde nationale, dont le commandement me fut donné. J'en tirai un assez bon parti, tant pour la sûreté générale des environs que pour la garde de la *maison centrale*, dans laquelle étaient renfermés environ 12 à 1300 prisonniers (parmi lesquels des malfaiteurs de la pire espèce).

Pas un soldat n'était resté à Poissy, le bataillon affecté ordinairement au service de la centrale ayant été retiré. Après le désastre de *Sedan*, comme l'approche de l'ennemi était imminente, je dus constater avec regret, quoiqu'il ne pût guère en être autrement, que la confiance abandonnait mes hommes; peut-être aurais-je pu les maintenir encore, s'ils avaient pu sentir quelques troupes dans le voisinage; mais n'ayant qu'un nombre insuffisant de fusils à piston, dans une ville ouverte sur le passage direct de l'armée, je vis bien qu'il ne fallait pas leur demander de résister.

Mais au moins il y avait une autre chose qu'ils étaient seuls à faire, dont ils comprenaient la nécessité et dont il ne fallait pas les distraire. Je courus chez le général Trochu, à Paris, lui expliquer la situation.

Il me donna un ordre pour consacrer exclusivement à la sûreté de la maison centrale de Poissy la garde nationale, au patriotisme et au dévouement de laquelle il faisait appel.

Le service fut bien fait pendant toute la guerre, et, malgré plusieurs tentatives de révolte, l'ordre a été maintenu.

Après avoir pourvu à mes hommes, je songeai à moi; je fis observer qu'il n'était pas admissible que je pusse rester au commandement de Poissy, auquel un capitaine pouvait suffire; qu'en tous cas, comme j'étais sûr que ma maison serait occupée par les officiers ennemis, il ne me convenait pas d'entendre au milieu d'eux leurs canons tirer sur Paris. C'était là, à Paris, que je voulais aller m'enfermer avec ceux qui combattaient. Si beaucoup en sortaient qui auraient dû rester, d'autres y entraient, je voulais être de ceux-là qui allaient y faire leur devoir.

Mes raisons furent comprises, on me donna un emploi de lieutenant-colonel dans la garde nationale de Paris (état-major).

CROQUIS A LA PLUME.

Aux premières nouvelles de l'approche de l'ennemi, pour être libre de mes actions, et éloigner autant que possible les préoccupations étrangères à mon devoir, j'avais fait partir pour la Normandie ma femme, mes enfants et toutes les femmes de ma maison. J'avais envoyé à Caen trois de mes chevaux (précaution inutile, car ils furent réquisitionnés là pour l'armée de la Loire).

J'avais trouvé, dans ma propriété, des cachettes impénétrables, même pour ces messieurs, tant j'y avais mis mes soins d'artiste. J'y avais mis une partie de mon argenterie, des bijoux de famille, ma collection d'armes.

J'avais envoyé en Angleterre tous mes tableaux et toutes mes études.

Enfin, laissant à la garde de fidèles serviteurs, cocher et valet de chambre, ma maison, dans laquelle je ne croyais plus rentrer, j'en baisai le seuil et pris à cheval la route de Paris, où pendant tout le siège j'ai fait mon service avec dévouement, zèle et abnégation.

Il n'a pas été inutile quelquefois et il n'a pas dépendu de moi qu'il le fût davantage.

Mettez-moi, Monsieur le Gouverneur, à même de le faire de nouveau, je vous en serai profondément reconnaissant. Je m'excuse de nouveau de cette longue lettre. E. MEISSONIER.

o o o

DÉFILÉ DES POPULATIONS LORRAINES DEVANT L'IMPÉRATRICE A NANCY (1867).
(Reproduction de l'eau-forte de J. Jacquemart, d'après le dessin de Meissonier.)

EXTRAIT DU

DISCOURS DE M. GUILLAUME

MEMBRE DE L'INSTITUT

A LA SÉANCE PUBLIQUE ANNUELLE DE L'ACADÉMIE DES BEAUX-ARTS.

(18 *octobre* 1884.)

Il y a quelques mois s'ouvrait une exposition qui restera mémorable. Un des plus illustres parmi nos confrères avait réuni, et c'était pour une bonne action, le plus grand nombre de ses œuvres, le fruit d'un travail de cinquante ans. Quel spectacle il nous a donné ! Quelle unité dans sa carrière, quelle force et quelle constance dans son talent ! Quel exemple et quelle leçon que cette poursuite infatigable et à tout prix de la perfection et de la vérité ! Non, parmi tous les confrères qui m'entourent, je n'étais pas le seul à être touché, le seul à me sentir fier. Les beaux ouvrages ne sont-ils pas comme des actes publics et authentiques qui témoigneront de nous dans l'avenir ? On ne sait lequel on doit le plus admirer en eux, de l'art qu'ils attestent ou de l'idée qui les inspire.

Le profond respect de l'exactitude historique, cherchée jusque dans ses moindres détails, leur donne une autorité qui nous frappe et leur survive, est essentiellement moderne, en définitive, dans lequel les dons de la nature apparaissent justifiés par une science consommée, par une observation inouïe, et qui montre d'une manière certaine que la conscience est devenue désormais une condition nécessaire à la réalisation de la beauté.

Et sur ce point, il faut s'entendre. La conscience a son histoire. L'idée qu'elle implique a été longtemps dépourvue de valeur dans le domaine de l'art. On ne songeait pas à louer le peintre ou le sculpteur de n'avoir pas épargné sa peine. L'intention de bien faire a toujours été estimable. Chez nous, cependant, et nous le savons, hélas ! elle ne suffit pas. Mais la connaissance approfondie de la nature et de l'histoire a donné, de nos jours, au mot de *conscience* une haute signification. En l'employant aujourd'hui, on parle du devoir rigoureux qui incombe à l'artiste de s'approprier tout ce qu'une science certaine met au service de son sujet. Il s'agit d'une nouvelle probité.

Je ne sais ce que la postérité pensera de cette vertu que nous exigeons du labeur, mais si elle le méconnaissait, il faudrait qu'elle eût perdu à la fois la juste notion de la forme et le respect de l'histoire.

o o o

LETTRE DE 1889 AU GÉNÉRAL FAVRE (A POITIERS)

QUI FÉLICITAIT MEISSONIER DE SON ÉLÉVATION AU TITRE DE GRAND-CROIX DE LA LÉGION D'HONNEUR.

Merci, mon général, non je n'ai pas oublié, je n'oublierai jamais cette lugubre journée du 21 janvier 1871 ; je vous vois toujours parlant à ces ennemis. Je les vois vous regardant à cheval sur cette triste route, où leurs soldats prenaient nos civières vides et nous en remettaient d'autres chargées de nos pauvres morts.

Je devinais qu'ils vous parlaient de moi, je vois encore sur le talus les deux chasseurs qui s'y trouvaient et la maison pleine de sang, à moitié détruite, au pied de la quelle nous étions, quand nous faisions creuser des fosses pour nos pauvres lignards et mobiles, je vois leurs cadavres glacés, restés dans l'attitude où la mort les avait saisis, je vois les hommes de l'intendance prenant leurs numéros matricule, puis la longue file de voitures avec leurs drapeaux à croix rouge où nous faisions mettre les gardes nationaux.

Tout est là... devant mes yeux, en vous écrivant, tout, jusqu'aux traces des pas de tous ces hommes, dans la boue du chemin.

Mon cher général, ces lugubres journées ne s'oublient pas et il est bon que ceux qui les ont vues en parlent à leurs enfants.

Excusez cette longue lettre triste, à propos de félicitations, mais pourquoi m'avez-vous ému en me rappelant ce souvenir !

Bien à vous,

E. Meissonier.

o o o

DISCOURS DE M. MEISSONIER

AUX FUNÉRAILLES DE M. DIET, MEMBRE DE L'INSTITUT (ACADÉMIE DES BEAUX-ARTS),

le mardi 21 janvier 1890.

MESSIEURS,

Diet, le confrère auquel nous rendons les derniers honneurs, était né en 1827.

MEISSONIER TRAVAILLANT AU TABLEAU DE « SOLFERINO »
(1860).

Pourvu d'une instruction complète, lui ayant donné le goût des arts, il entra de bonne heure à l'École des Beaux-Arts, où sous la direction de Blouet d'abord, de l'éminent Gilbert, notre ancien confrère, ensuite, il fut un des plus brillants élèves et remporta le prix de Rome en 1853.

Il ne fit pas un long séjour en Italie et ne tarda pas à revenir à Paris où l'attendaient d'importants travaux.

On lui doit la construction du beau musée d'Amiens. Puis, associé par Gilbert, dont il avait épousé la fille, aux travaux de construction de la Préfecture de Police, il continua seul ces travaux qui sont aujourd'hui, comme dépendances du Palais de Justice, entre les mains de notre honoré confrère M. Daumet.

C'est alors qu'il fut chargé d'édifier l'Hôtel-Dieu, œuvre considérable, dans laquelle il a pu montrer toute sa science ; puis il a continué et achevé les travaux de la maison hospitalière de Charenton, commencée par Gilbert, où, profitant des dispositions pittoresques du site, il a réussi à donner un aspect presque souriant à cette triste retraite.

Enfin il a pu, avant les premières atteintes de la maladie qui devait

Croquis.
(ÉPOQUE DU DIRECTOIRE.)

l'emporter, donner les détails de la décoration du réservoir de Montmartre.

Tels sont, Messieurs, les travaux remarquables de celui dont nous entourons le cercueil ; d'autres plus compétents que moi en feront mieux l'éloge. Qu'il me suffise de dire que l'Académie les a jugés dignes de lui ouvrir ses portes et qu'en 1884 il est devenu un confrère aimé de nous tous.

C'était un esprit distingué, passionné pour toutes les belles choses, en ayant le culte profond.

C'était un caractère droit, aimable, simple et loyal.

Dans les hautes fonctions dont il avait été investi, succédant à Duc, comme inspecteur général des Bâtiments civils et membre du Conseil d'architecture de la ville de Paris, son aménité autant que sa haute intelligence lui avaient acquis une autorité incontestable dont il ne faisait jamais sentir le poids, et dans sa vie privée, le plaisir qu'il avait à rendre service, sa ferme bonté lui avaient valu bien des sympathies dévouées.

MEISSONIER (1861).

Tel était l'homme éminent que pleure sa famille et qui va manquer à tant d'amis.

C'est au nom de l'Institut que je viens ici lui dire un suprême adieu.

Puisse cet hommage si mérité être une consolation pour les êtres si chers qu'il laisse après lui, et puissent-ils y trouver un adoucissement à leur amère douleur en voyant combien celui qu'ils chérissaient était lui-même aimé et honoré de tous !

DISCOURS DE M. MEISSONIER

Membre de l'Institut, vice-président de l'Académie des Beaux-Arts.

A L'INAUGURATION DU MONUMENT DE M. PAUL BAUDRY, MEMBRE DE L'INSTITUT,
AU PÈRE-LACHAISE.

MESSIEURS,

Dans une de ses lettres, le grand artiste auquel, au nom de l'Institut, je rends un suprême hommage, écrivait : « Je me rappellerai éternellement la nuit de mon départ, cette nuit froide et pluvieuse qui m'a emporté dans sa tristesse et dans son obscurité; en passant devant la statue de Travot, je me suis juré, la main sur la poitrine, avec exaltation, de revenir homme et avec du talent. »

Ce serment d'être un homme, il l'a bien tenu. Les conseils qu'il donnait à son cher Ambroise encore enfant pour devenir libre et vraiment noble, il les a suivis lui-même. Ils étaient, on doit le dire, le manuel de l'honnête homme.

Il s'était juré d'avoir du talent, il a eu du génie.

Sachant les espérances que tout jeune il avait fait naître, certain de ne pas les tromper, car il était sûr de sa volonté, l'œil toujours fixé sur son idéal, il n'a pas eu un moment de défaillance. Que lui importaient les difficultés matérielles de la vie? Il avait la jeunesse, la foi en lui-même, et ceux qui l'aimaient comptaient sur lui.

Arrivé en Italie, le pays de ces maîtres sublimes, vous disant, quand on les aime, des choses que nul n'a pu vous dire comme eux, il les a passionnément aimés, avec adoration, leur demandant ardemment leur secret. Ah! laissez-moi, Messieurs, vous citer encore une lettre qui, mieux que tout, vous dira cette ardeur et ce culte.

Il arrive à Pérouse et parle de Raphaël : « Et moi, dit-il, obscur et inconnu, je viens augmenter le nombre des pèlerins qui vont cherchant et baisant les traces de ce divin génie; lui qui est dans le ciel, il doit savoir le bouillonnement, le sillage d'admiration, d'enthousiasme qu'a laissés sa vie dans ce monde : a-t-il encore près de Dieu le pouvoir de disposer de ses facultés admirables qui l'ont fait tant aimer des hommes? qu'il me fasse pour l'avenir l'aumône d'un seul denier de son trésor. »

Il l'a eu largement, ce denier; ces grands génies lui ont parlé, et de cette communion fervente il est sorti armé, non asservi, ayant pris des forces nouvelles, mais restant Français, bien Français toujours.

Oui, Baudry est bien à nous. Si amoureux qu'il ait été de l'Italie, ses œuvres nous appartiennent; elles sont nôtres par la grâce de sa composition, grâce toute d'élégance et d'esprit, par leur ordonnance claire et bien rythmée, par leur couleur aimable, limpide, aérienne, rendant si bien son idéal, et par la vérité des attitudes et des gestes si vifs, si spontanés, si naturels, même d'une libre désinvolture, qui nous plaît, à nous ennemis de la pose.

Vous les connaissez toutes, ses belles œuvres, laissez-moi n'en pas faire l'éloge ici : il serait trop long, et d'ailleurs ne le faites-vous pas vous-mêmes en venant aujourd'hui lui rendre hommage ? Je n'ai qu'un mot à dire avec vous, hélas ! L'heure fatale est venue trop tôt : cette pensée qui pouvait encore concevoir tant de belles choses s'est éteinte, cette main si habile pour les exécuter s'est glacée.

Maintenant il s'en est allé dans l'immortalité, il n'aura plus que des anniversaires glorieux ; son âme est restée dans son œuvre, c'est là que le retrouveront ceux qui l'ont aimé.

Les vrais artistes laissent à la postérité une source vive : ce qu'ils ont fait reste comme un enseignement et comme un exemple.

La plus haute récompense de l'homme ici-bas, c'est la pensée des sympathies infinies fleurissant après sa mort et lui faisant une chaîne d'amis et de disciples à travers tous les temps.

Un jour viendra où les jeunes enfants de Baudry se glorifieront d'un tel père et seront bien heureux de dire : Cet homme dont nous portons le nom était un grand artiste, une des gloires de notre pays, et c'était un bon citoyen. Dans les néfastes jours de l'envahissement de la Patrie, il a partagé le danger commun ; ses amis voulaient l'y soustraire, il s'y est vaillamment refusé.

Hélas ! quand il y a vingt ans, pendant qu'il était en Italie, je le proposais, sans qu'il le sût, aux suffrages de l'Institut, pouvais-je penser que moi, son aîné de tant d'années, je viendrais aujourd'hui, au nom de ses confrères, lui rendre un suprême honneur au pied de ce monument consacré par l'amitié et l'admiration ?

Que ceux qui l'ont élevé soient loués. La tendresse filiale d'un frère en pouvait seule tracer le plan, l'amitié la plus tendre pouvait seule l'exécuter !

Mercié, en faisant cette gloire inspirée par Baudry, vous pensiez à la sienne ; mais dans cette image de la douleur, c'était bien la vôtre que vous exprimiez ; et vous, Dubois, dans ce bronze impérissable, portrait de l'ami si cher, vous le faites vivre à jamais.

Merci, au nom de sa veuve, au nom de ses enfants, au nom de l'Institut, au nom de l'Art français.

o o o

DISCOURS DE M. BOURGEOIS

MINISTRE DE L'INSTRUCTION PUBLIQUE ET DES BEAUX-ARTS

Aux obsèques de Meissonier, 3 février 1891, à la Madeleine

MESSIEURS,

Le deuil qui frappe la famille entière des artistes en la personne de Meissonier est aussi celui de la France. Le maître que nous perdons était une gloire du pays. Son œuvre est unique dans l'art national, par sa valeur propre et les qualités techniques de l'artiste, unique par la nature qu'il exprime, unique par les idées dont il s'inspire et la forme dont il les revêt. Il était nécessaire qu'après avoir consacré le talent de ce maître par toutes les dignités dont il dispose, l'État vint déclarer une dernière fois la reconnaissance publique envers lui.

MEISSONIER, MEMBRE DE L'INSTITUT (1861).

Le talent de Meissonier, c'est la mise en œuvre des meilleures et des plus franches qualités de notre race, par un talent profondément original. Nous aimons la clarté, la précision, la probité intellectuelle et artistique; nous voulons enfermer le plus de sens et de vérité possible dans une forme définitive, où rien ne dénote l'à peu près; nous avons le sentiment profond de l'histoire et de la légende, de la poésie et de la vérité, mais nous voulons les rapprocher de nous et les mettre, pour ainsi dire, à la portée de notre œil et de notre main par une reproduction simple et loyale, dont nous mesurons le prix à la justesse et à la sobriété. Ces qualités et ces besoins constituaient la nature même de Meissonier; entre l'âme de son pays et la sienne, il y avait ce rapport qui fait les grands artistes dans lesquels un pays peut s'aimer lui-même, car il s'y retrouve et s'y reconnaît.

Au service de ses goûts dominants, il mit de fortes qualités que nul ne

APPENDICE

possédait à un plus haut degré que lui : la conscience, l'étude, la volonté, avec l'exacte notion de ce qu'il voulait faire, et cette ténacité patiente qui tire d'un talent tout ce qu'il contient.

Je n'ai pas l'intention, Messieurs, de retracer sa carrière devant vous ; ce serait sortir de mon rôle, et me substituer à ceux qui, ayant eu l'honneur d'être de ses confrères, vont l'apprécier avec une compétence qui n'appartient qu'à eux. Il me suffira de rappeler brièvement les services qu'il a rendus à son art. Ses premiers essais le révélèrent et l'affirmèrent bien vite dans sa pleine originalité.

MEISSONIER (1865).

A une époque où la peinture se divisait en écoles rivales, il ne voulut être l'élève de personne ; il laissa romantiques et classiques affirmer leurs programmes : il se contenta d'appliquer directement son observation à ce qu'il aimait et de le rendre comme il le voyait. Or il voyait et il peignait avec une précision et une justesse dont il n'y a peut-être pas d'exemple à un pareil degré. Il ne se contentait pas, cependant, de la simple réalité, car il avait l'amour et le sens de l'histoire.

Derrière l'homme d'aujourd'hui, il devinait l'homme d'autrefois et il voulait les réunir dans une synthèse étonnamment expressive. Il étudiait longuement, chez ses contemporains, les physionomies, les attitudes et les gestes ; il en acquérait la science impeccable, il les dessinait avec une précision rigoureuse, puis il cherchait de quel costume éclatant ou glorieux il pouvait les revêtir. L'observation du présent et la reconstitution du passé se confondent ainsi dans ses œuvres, leur donnent leur caractère unique et leur force incomparable d'expression : ce qu'il a fixé devient définitif.

Il s'était borné d'abord aux personnages isolés et aux études individuelles : c'étaient des bourgeois flamands dans l'intimité de leur vie, des gentilshommes des deux derniers siècles dans leurs brillants costumes de guerre ou de cour, des liseurs, des joueurs, des cavaliers, des soldats. Dans cette première manière, le goût de l'action et de la vie héroïque éclatait déjà. Bientôt il allait s'emparer du maître, être l'inspiration de ses œuvres et leur donner une âme. Je doute que jamais la violence d'une passion ait passé plus complète et plus frémissante que dans la *Rixe*, et que la triste grandeur de la guerre civile revive avec une impression plus sinistre que dans la *Barricade*.

En même temps, et tandis qu'il multipliait ses toiles de genre, restreintes de dimension, grandioses d'effet, il s'attaquait aux grandes dates de notre récente histoire et nous donnait *1807*, apothéose de la fortune militaire, où semble passer la folie glorieuse d'une nation se précipitant à la mort sous les yeux d'une idole; puis *1814*, réponse du destin où, dans le deuil de la nature, le désastre d'un homme et d'un peuple prend la grandeur tragique d'une expiation.

Dans chacune de ces toiles, Messieurs, l'artiste s'est mis tout entier, avec une sûreté de main et une énergie de sentiment qui laissent hésiter l'admiration entre les œuvres d'une jeunesse, d'une maturité et d'une vieillesse également fécondes. Aussi sa gloire allait-elle grandissant, en France et à l'étranger; cet artiste, qui n'avait pas eu de maîtres, qui ne se rattachait à aucune école et qui ne formait pas d'élèves, était le représentant reconnu et accepté de notre école nationale. Chacune de nos expositions était un triomphe pour lui; on ne le comparait à personne; il restait à l'écart, respecté et admiré de tous.

C'est que, chez lui, la droiture du caractère égalait celle du talent. Juge sévère de lui-même, il nourrissait cette admiration généreuse du passé qui anime tous les vrais artistes; il n'enviait personne; il constatait et louait le mérite partout où il le rencontrait; il n'y avait pas de confrère d'un commerce plus sûr et d'un meilleur conseil. On trouvait quelquefois sa délicatesse ombrageuse et sa franchise trop entière : cet excès n'était que l'exagération respectable de ses hautes qualités.

L'exposition universelle de 1889 vint lui apporter, dans ses derniers jours, deux grands honneurs qui lui étaient bien dus et dont il sentit vivement le prix. Élu président du jury international par le libre suffrage de ses confrères français et étrangers, il remplit ce rôle difficile avec la conscience, le dévouement et le sentiment du devoir qui lui étaient familiers; il le remplit aussi de manière à faire aimer l'art français et la France.

Tous ceux qui admiraient ses œuvres le respectèrent lui-même lorsqu'ils le virent de près, et ils partirent en emportant de lui une reconnaissance qui tournait au profit de notre pays. Peintre passionné de notre histoire militaire, Meissonier était profondément patriote, et il eut la conscience d'avoir, pendant toute cette année, fièrement représenté sa patrie. La France le récompensa en lui conférant la plus haute dignité dont elle dispose et qu'aucun artiste n'avait reçue avant lui ; c'était justice. Il importait que celui qui a fait passer ce souffle d'épopée dans les plis de notre drapeau fût salué par ce drapeau au seuil de la tombe.

Messieurs, dans cet hommage suprême, la France entière est avec nous.

o o o

DISCOURS DE M. LE COMTE HENRI DELABORDE

SECRÉTAIRE PERPÉTUEL DE L'ACADÉMIE DES BEAUX-ARTS.

Obsèques de Meissonier, 3 février 1891, à la Madeleine.

Messieurs,

« La louange, a dit Bossuet, languit auprès des grands noms » : nous ne l'oublierons pas devant ce cercueil. L'entreprise serait superflue — elle semblerait presque profane, à l'heure et dans le lieu où nous sommes — de vanter l'incomparable talent et d'expliquer la renommée universelle du confrère dont la mort vient de nous séparer. Les œuvres qu'il a produites pendant plus d'un demi-siècle suffisent du reste pour justifier sa célébrité : il convient aujourd'hui de ne parler que de nos regrets. La mort de M. Meissonier enlève à l'Académie des Beaux-Arts un des membres dont elle était le plus fière, un de ses doyens par la date de l'élection, le président enfin qu'elle s'était donné pour l'année où nous entrons à peine et que deux autres deuils, hélas ! ont déjà si profondément attristée.

De quels exemples d'ailleurs, de quels encouragements au travail, à l'effort constant vers le mieux, la fin d'une vie aussi opiniâtrément studieuse ne prive-t-elle pas notre école ! Oui, c'était une grande et profitable leçon que celle de cette vie toute de dévouement à l'art et aux plus sérieux devoirs de l'artiste ; de ce talent si sûr, qui pourtant ne consentait jamais à compter d'avance sur lui-même ; de ce maître enfin qui, au lieu d'exploiter au jour le jour sa situation acquise, travailla jusqu'au bout avec la même ardeur, avec la même inquiétude, que s'il eût eu encore à se faire un nom. Quiconque a vu de près Meissonier sait quels étaient ses scrupules et sa probité en toutes choses;

Meissonier (1869).

quelle infatigable loyauté il apportait dans ces études partielles qu'il multipliait sans compter avant d'en combiner les résultats dans une œuvre définitive, et, cette œuvre une fois en cours d'exécution, quels nouveaux efforts ou quels sacrifices il n'hésitait pas à s'imposer pour en préciser plus rigoureusement la signification intime ou l'aspect. C'est que, si sensible qu'il pût être au succès, il était plus avide encore de la perfection. Il la voulait à tout prix, il la poursuivait, jusqu'à ce qu'il l'eût atteinte, avec une énergie intraitable, et l'on peut dire sans exagération que chez lui le besoin de satisfaire sa conscience était au moins égal au désir d'attirer l'admiration d'autrui.

Voilà surtout ce que nous avons le devoir de rappeler ici. Meissonier laisse après lui bien des chefs-d'œuvre; mais il laisse aussi des souvenirs personnels dignes de tous les respects. Pour nous, Messieurs, qui l'avions successivement rejoint à l'Académie, où il était entré en 1861, pour nous qui nous sommes trouvés, pendant plus ou moins d'années, les témoins de sa vie si laborieuse et si féconde, nous serons unanimes pour rendre, du fond du cœur, hommage à sa mémoire et pour vénérer, avec la fidélité qu'il commande, le nom de celui qui a été, en même temps qu'un praticien prodigieux, le plus difficile envers lui-même et le plus consciencieux des artistes.

SÉPULTURE DE MEISSONIER, CIMETIÈRE DE POISSY.

Les six inscriptions suivantes ont été gravées sur le monument, on y lit :

Autour du médaillon de Chaplain :
J.-L.-ERNEST MEISSONIER, MEMBRE DE L'INSTITUT A SON MARI, ÉLISA MEISSONIER.

Sur le cartouche des palmes :
MEISSONIER FECIT 1875, MÉDAILLES D'HONNEUR 1855-1867-1878, CHEVALIER 1846, GRAND-CROIX 1889

Sur la pierre tombale :
JEAN-LOUIS-ERNEST MEISSONIER, MEMBRE DE L'INSTITUT, GRAND-CROIX DE LA LÉGION D'HONNEUR
NÉ A LYON LE 21 FÉVRIER 1815, MORT A PARIS LE 31 JANVIER 1891.
CEUX QUI AURONT FAIT LE BIEN SORTIRONT POUR RESSUSCITER A LA VIE. (S. JEAN V, V. 29.)
ÉLISA MEISSONIER, NÉE BEZANSON, A POISSY.

Sur le bandeau de la pierre tombale :
CARISSIMO VIRO CARISSIMA CONJUX.

En face de la Sépulture, le dossier d'un banc de pierre porte la palette de Meissonier
où est sculpté son M ; devant, un prie Dieu en pierre au même chiffre.

45

ALLOCUTION DE M. PUVIS DE CHAVANNES

PRÉSIDENT DE LA SOCIÉTÉ NATIONALE DES BEAUX-ARTS.

Obsèques de Meissonier, 31 janvier 1891, à la Madeleine.

BIEN CHER ET VÉNÉRÉ MAITRE,

Les membres de la Société Nationale des Beaux-Arts, qui doivent sa fondation à votre dévouement et qui étaient fiers de vous entourer de leur admiration et de leur respect, ne laisseront pas se fermer cette tombe, où vous reposez dans la magnificence de votre gloire, sans vous dire un suprême adieu, un adieu plein de la plus douloureuse reconnaissance.

o o o

NOTICE LUE PAR M. LE COMTE HENRI DELABORDE

DANS LA SÉANCE PUBLIQUE ANNUELLE DE L'ACADÉMIE DES BEAUX-ARTS.

29 *octobre* 1892.

MESSIEURS,

M. Meissonier, au temps de sa première jeunesse, avait connu les épreuves et les jours difficiles ; mais, cette période de début une fois traversée, sa vie s'est poursuivie pendant un demi-siècle dans l'éclat d'une gloire sans éclipse, dans la possession de plus en plus assurée des succès de tous les genres et de l'admiration sous toutes les formes. A quelque époque que ce soit, aucun peintre français n'a vu sa personne consacrée par des distinctions honorifiques aussi hautes, ses œuvres recherchées avec plus d'empressement, ses intérêts matériels enfin servis par l'acquisition à des prix aussi élevés de chaque production de son pinceau. Tout a été exceptionnel dans cette brillante existence, dans les hommages continus dont elle a été entourée comme dans l'émotion unanime qui, à l'étranger aussi bien qu'en France, en a salué la fin.

Et pourtant, ces privilèges si extraordinaires, qui songerait à ne les attribuer qu'à l'influence d'une heureuse étoile ? Non, si l'artiste a joui d'un bonheur aussi constant, c'est qu'il a su constamment le mériter. En tout temps, il a eu cette rare force morale de mesurer scrupuleusement ses entreprises à sa puissance ; de ne rien rêver, de ne rien concevoir, de ne rien produire qui ne fût en rapport exact avec la nature de ses facultés, et — courage plus louable encore ! — il n'a jamais cessé d'opposer une résistance intraitable à ces suggestions de la confiance en soi qui poussent parfois un artiste passé maître à escompter, au hasard des occasions, son talent ou sa renommée. M. Meissonier, dans tout le cours de sa carrière, n'a pas livré au public une seule œuvre qu'il ne l'eût conduite au point précis où il jugeait qu'il n'y avait plus pour lui aucun nouvel effort à faire, aucune amélioration de détail à tenter. Le respect passionné de son art et de tous les devoirs qu'il impose, la recherche de la perfection à tout prix, en un mot le besoin de satisfaire absolument sa conscience, — voilà ce qui animait le confrère illustre que nous avons perdu et ce qui justifie de reste l'autorité attachée à son nom ; voilà ce qui expliquerait, même aux esprits les plus fatalistes, les apparentes complaisances que la fortune a eues pour lui.

De là aussi, au point de vue de leur valeur intrinsèque, l'étonnante égalité de tous les ouvrages qu'il a signés. Le plus souvent, dans l'ensemble des travaux d'un maître il s'en trouve un qui, mieux qu'aucun autre, semble résumer les qualités essentielles de son génie, les caractères de sa manière, et qui, par cela même, constitue à proprement parler son chef-d'œuvre. Une fois signalé comme tel, il devient pour le public l'objet d'une préférence exclusive, officielle en quelque sorte ; si bien que, malgré les titres qu'il a pu s'acquérir d'ailleurs, le peintre qui l'a produit n'est plus, suivant une formule toute faite, que le peintre de cette œuvre unique. Avec M. Meissonier, les choses assurément ne sauraient se passer ainsi. L'invariable excellence de son talent en maintient au même rang tous les témoignages, et l'on serait en réalité aussi mal venu à prétendre désigner celui qui l'honore le plus qu'à chercher à découvrir ceux qui permettraient, à un moment ou à un autre, d'en constater les négligences ou le déclin.

J'ai dit tout à l'heure qu'avant d'entrer dans la carrière où il devait pendant cinquante ans marcher de triomphe en triomphe, M. Meissonier avait eu de pénibles épreuves à subir. Ce n'était pas que tout le mal vînt pour lui, comme il est venu pour tant d'autres, de l'extrême exiguïté des ressources

MEISSONIER MODELANT UNE MAQUETTE DE CIRE (1871).

matérielles, quelques suppositions que l'on ait cru pouvoir faire ou accepter à ce sujet. Une sorte de légende, en effet, s'est peu à peu répandue qui représente le futur peintre forcé, à peine adolescent, de s'emprisonner dans la boutique d'un droguiste de la rue des Lombards, à Paris, pour y gagner au jour le jour le pain que les siens ne pouvaient lui fournir. La vérité est que la condition à laquelle il dut se résigner à cette époque n'avait nullement pour cause la prétendue détresse de sa famille. Elle lui était imposée tout uniment par la volonté de son père, fabricant de produits chimiques, qui avait entendu se préparer dans l'aîné de ses fils un successeur en le plaçant comme apprenti chez un homme du métier, ou, à près,

Jusqu'alors, malgré les signes de moins en moins équivoques d'une vocation toute spéciale, la vie de l'enfant avait été conduite un peu à l'aventure. Amené de Lyon, où il était né le 21 janvier 1815, à Paris, où ses parents venaient se fixer, il avait commencé et poursuivi tant bien que mal ses études classiques, tantôt dans des établissements publics de la capitale, tantôt, après la mort de sa mère, à Grenoble, dans la maison même d'un professeur qui s'était chargé de lui enseigner les mathématiques. Un peu plus tard, son père le rap-

MEISSONIER (1872).

pelait ici pour lui faire suivre de nouveau des cours exclusivement littéraires, sauf à le renvoyer bientôt après à Grenoble, pour qu'il y reprît et y continuât pendant deux ans les études scientifiques dont on lui avait successivement imposé et retiré l'obligation.

Ces expériences toutefois, si hasardeuses dans le présent, si contradictoires qu'elles fussent, n'en laissaient pas moins subsister chez celui qui les subissait une confiance invincible dans l'avenir. Il voulait être peintre, il sentait bien qu'il le serait un jour, dût-il, en attendant, entreprendre avec une patience

MEISSONIER DANS LE JARDIN DE POISSY (1878).

relative les tâches fort étrangères à l'art qu'on exigerait de lui. Ce fut ainsi que une fois rentré sous le toit paternel après un dernier séjour à Grenoble, Meissonier, alors âgé de dix-sept ans, se vit condamné à transcrire du matin au soir des lettres de commerce et, au bout de quelques mois, à passer de la théorie à la pratique sous la forme d'un apprentissage auprès du marchand droguiste dont il a été parlé. Cependant, chez celui-ci, comme auparavant chez son père, il se dédommageait, la nuit venue, des ingrates occupations qui avaient rempli sa journée. Retiré dans sa petite chambre, et sa porte soigneusement

MEISSONIER DANS LE JARDIN DE POISSY (1878).

verrouillée, il dessinait pendant plusieurs heures, souvent même en prolongeant sa veillée jusqu'à l'aurore, tout ce que lui suggéraient, à défaut d'expérience technique, une imagination déjà fertile et un singulier esprit d'observation. Il fit si bien qu'à la fin son père consentit, au moins pour un temps, à se laisser fléchir : « Soit, lui dit-il après un entretien où le jeune garçon s'était montré plus pressant que jamais. Essaye de la peinture, puisque tu le veux à toute force; mais entendons-nous bien. Je te donne une semaine pour trouver un maître et un an pour faire tes preuves de talent : après quoi, si tu n'as pas réussi, je reprends mon consentement et tu retourneras à ton comptoir. »

Certes le délai était court et la mise en demeure rigoureuse. N'importe : Meissonier avait obtenu tout ce qu'il ambitionnait pour le moment — le droit de se livrer sans partage à des études de son choix et de faire acte d'artiste non plus à la dérobée, non plus dans le secret de ses veilles, mais au grand jour d'un atelier et sous la direction d'un maître. Or quel allait être celui-ci ? Un peintre bien oublié aujourd'hui, M. Julien Pothier, dont Meissonier se souvenait d'avoir entendu un ami de sa famille prononcer un jour le nom. Cela suffit pour qu'il se présentât chez lui, sans autre recommandation qu'un petit dessin glissé au fond de son chapeau et qu'il comptait en retirer pour le produire, le moment venu, comme échantillon de son savoir-faire. Par malheur, l'accueil qu'il reçut ne laissa pas de tromper singulièrement ses espérances. L'homme auprès duquel il était venu en toute confiance chercher des encouragements ne s'appliqua qu'à le décourager, se citant lui-même en exemple des déceptions réservées le plus souvent à ceux qui s'aventurent dans la carrière des arts : « Vous aspirez à devenir peintre, lui dit-il. Croyez-moi, c'est un cruel métier. Sans doute, j'ai eu à votre âge les mêmes illusions que vous ; mais depuis lors quels désenchantements, quels efforts infructueux pour sortir de l'obscurité et de la gêne ! Un sort pareil au mien vous attendrait peut-être : je ne veux pas contribuer à vous le préparer. »

Naturellement des objections de cet ordre n'ébranlèrent en rien les résolutions de Meissonier. Elles ne servirent qu'à lui faire comprendre la nécessité d'aller chercher fortune ailleurs, et aussitôt le voilà en quête d'un patron plus accommodant. L'ami sur la foi duquel il avait tenté cette première démarche le rencontre le lendemain : « Eh bien, qu'a dit M. Pothier de ton dessin ? — Mon dessin ? Mais je n'ai pas osé le lui montrer, rebuté comme je l'ai été par lui dès mes premiers mots sur le motif de ma visite. — Tu as eu tort.

Avant de te tenir pour battu, retourne au moins chez ton juge et, cette fois, expose-lui ta cause pièces en main. » Meissonier obéit. Il alla de nouveau trouver M. Pothier et lui présenta, avec le plus de calme qu'il put, ce dessin d'où son sort allait dépendre. Au bout de quelques instants d'examen : « D'après qui avez-vous fait cela? » lui demanda son interlocuteur, et, sur la réponse du jeune homme que l'œuvre était toute de son cru : « Décidément, reprit-il, il faut bien que je me rétracte. Oubliez donc mon refus de l'autre jour, et installez-vous ici quand vous voudrez. »

Meissonier profita de la permission sur l'heure et ne cessa pas, à partir de ce moment, de travailler avec l'avidité que l'on devine à acquérir de son maître tout ce que celui-ci pouvait lui donner. Il y réussit si complètement et si vite, que ce maître lui-même, sentant, en face d'un pareil élève, ses propres ressources à peu près épuisées, fut le premier à lui conseiller de se pourvoir auprès d'un artiste personnellement mieux en fonds : il lui procura loyalement les moyens d'entrer dans l'atelier de M. Léon Cogniet. Bref, le délai fixé par le père de Meissonier venait à peine d'expirer, que déjà les preuves exigées étaient faites, et que, en dehors de ses simples succès d'étudiant, le jeune peintre avait obtenu un commencement de notoriété comme dessinateur de vignettes pour l'ornement des livres ou de certaines publications musicales à l'usage des salons.

Encore quatre ou cinq années et les tableaux successivement exposés par lui — *Bourgeois flamands*, *Joueurs d'échecs*, *le Messager*, et surtout, en 1838, ce petit chef-d'œuvre de sentiment et d'expression, *Un religieux consolant un mourant*[1] — achevaient de recommander son nom à l'attention du public ; mais, ce nom, dès lors il n'était plus seul à le porter, et les difficultés matérielles de sa situation s'en trouvaient naturellement accrues. Marié à vingt-trois ans, avec la sœur d'un de ses camarades, M. Steinheil, qui devait plus tard se faire une réputation comme peintre de vitraux, il avait eu, avant d'en arriver là, à vaincre chez son père des résistances analogues à celles qu'il avait rencontrées au sujet de sa vocation, sauf cette différence pourtant que, cette fois, on n'objectait contre lui que sa jeunesse. L'accord, il est vrai, avait à peu près fini par s'établir, mais à la condition expresse que Meissonier ne recevrait plus de son père la modique pension que celui-ci lui avait jusqu'alors allouée, et qu'il s'y prendrait comme il pourrait pour sub-

---

1. Acquis à l'origine par le duc d'Orléans, ce tableau est conservé aujourd'hui dans le Musée Fodor, à Amsterdam.

UGOLIN. — CROQUIS A LA PLUME.

venir aux besoins de son ménage : besoins qu'allait d'ailleurs bientôt augmenter la naissance d'une fille et celle d'un fils destiné à devenir un jour peintre, lui aussi. De là, plus d'un travail sans grand intérêt accepté par Meissonier à cette époque — quatre copies, par exemple, de portraits anciens exécutées pour le Musée de Versailles d'après d'assez médiocres originaux ; mais de là également des conquêtes précieuses au point de vue de l'expérience technique et de la diversité des moyens dont le talent peut disposer. Qui sait si, sans y être forcé par les circonstances, Meissonier se fût aussi souvent décidé à quitter le pinceau pour le crayon du dessinateur ou pour la pointe du graveur à l'eau-forte? Nous y eussions gagné peut-être quelques tableaux de plus ; mais aurions-nous cette série de petites pièces exquises qu'ouvraient en 1838 les illustrations de *Paul et Virginie* et de la *Chaumière indienne*, et que devaient clore plus tard les vignettes, si ardemment recherchées aujourd'hui, du volume intitulé *Contes rémois* ?

Quoi qu'il en soit, et à l'emploi de quelque procédé qu'on les doive, les œuvres produites par Meissonier avant l'âge de trente ans expliquent et justifient sa renommée aussi clairement que les œuvres qui ont suivi. N'est-ce pas d'ailleurs le propre des natures d'ar-

MEISSONIER SUR RIVOLI, SON DERNIER CHEVAL DE SELLE (1878).

Le portrait du Sergent (1874).
Collection de M. le baron Schrœder.

APPENDICE

tiste foncièrement vigoureuses de donner dès le début la mesure de leurs forces et de se manifester, pour ainsi parler, tout d'une pièce? Ingres s'était déjà pleinement révélé dans ses premiers *portraits* et dans son *Œdipe*, comme Gros dans son *Combat de Nazareth* ou Géricault dans son *Chasseur à cheval*. Delacroix n'avait pas encore vingt-quatre ans lorsqu'il résumait d'avance dans son *Dante* les qualités caractéristiques du peintre de *Médée* et de la *Barque de don Juan*; Meissonier fut un exemple de la même maturité précoce. Une parfaite santé de l'esprit qu'entretiendront jusqu'au dernier jour des organes d'une puissance et d'une délicatesse incroyables, la décision du sentiment servie par la merveilleuse clairvoyance du regard et par une dextérité aussi prodigieuse dans la pratique — voilà ce qui ressort avec une égale évidence de tous les ouvrages signés de son nom, à quelque époque

MEISSONIER DANS SON ATELIER DE PARIS (1890).

qu'ils appartiennent. Sans doute, les premières années de sa jeunesse une fois passées, l'artiste variera davantage les thèmes de ses compositions. Aux *Fumeurs*, aux *Joueurs de violoncelle*, aux *Liseurs* dans leur cabinet d'étude ou aux *Joueurs de boules* à la guinguette, succéderont des images plus compliquées ; des scènes énergiques parfois jusqu'à l'extrême violence, comme la *Rixe*, épiques même par la grandeur des événements qu'elles rappellent, comme ce tableau si justement célèbre intitulé *1814*, ou, à l'occasion, finement plaisantes, comme le *Peintre d'enseignes* ou le *Portrait du sergent* ; mais la manière — à prendre ce mot dans le sens de mode d'interprétation personnel au peintre des phénomènes de la ligne ou de la couleur, — la manière ne changera pas. Partout et toujours, elle procédera d'un fond de sincérité et d'un besoin d'exactitude inaltérables.

Meissonier d'ailleurs — qui songerait à y contredire? — n'a été ni le premier ni le seul à faire preuve de mérites de cet ordre. Avant lui, et quelquefois avec plus d'aisance et de largeur dans l'exécution, les « petits maîtres » hollandais du xvıı^e siècle avaient eu cette véracité ingénieuse, cette imagination de l'œil en quelque sorte qui, par le choix de certains effets de clair-obscur, par la mise en valeur relative de certaines formes ou de certains tons, dégage la signification pittoresque des choses et en vivifie les apparences au point de rendre intéressant jusqu'à l'aspect d'un vêtement assoupli par l'usage, jusqu'aux accidents de la lumière sur les meubles dont une chambre est garnie : mais n'est-ce pas à de pareils résultats seulement que même les plus éminents d'entre eux se contentaient de prétendre? Hormis Rembrandt, qui fut à la fois un praticien admirable et le peintre par excellence de l'âme et de ses mystères, les maîtres hollandais se préoccupaient assez peu de la portée morale que pouvaient avoir les scènes qu'ils reproduisaient. Metsu, Terburg lui-même ne croyaient-ils pas avoir complètement rempli leur tâche quand ils avaient représenté — en perfection, il est vrai, — celui-ci *Une femme pelant une pomme* ou *Un militaire offrant des pièces d'or à une femme*, celui-là *Une dame à son clavecin* ou *Une dame acceptant des rafraîchissements*? Les ambitions de Meissonier ne sont pas, à beaucoup près, aussi étroitement limitées. Tout en s'appliquant et en réussissant à empreindre d'une irréprochable vraisemblance l'image des objets ou des personnages qu'il a pris pour modèles, il n'a garde de s'en tenir à cette imitation extérieure, là même où les sujets donnés n'ont qu'un caractère purement domestique. Par l'éloquence pénétrante de l'attitude et du geste, par l'expression transparente pour ainsi dire de leurs visages, les figures sorties en pareil cas de son pinceau renseignent notre esprit sur les sentiments qui les animent aussi sûrement qu'elles persuadent nos yeux.

S'agit-il, par exemple, pour Meissonier de nous rendre témoins d'*Une confidence*, c'est-à-dire de l'entretien de deux hommes dont le plus jeune initie l'autre par la lecture d'une lettre à quelque aventure intime, à quelque tendre secret du cœur? L'empressement du premier à épancher sa joie ou ses espérances, la vivacité insinuante avec laquelle il précise et fait ressortir par le mouvement de toute sa personne les informations que ses lèvres transmettent à son compagnon, tandis que celui-ci écoute froidement cette confidence passionnée et en calcule à part lui les conséquences, — tous ces subtils contrastes entre ce que pensent ou sentent les deux acteurs de la scène sont analysés et rendus avec la perspicacité d'un moraliste et la verve d'un poète comique. Ailleurs c'est un écrivain à court d'idées ou de mots pour les formuler qui, assis devant sa table de travail et courbé sur son papier, sollicite l'inspiration récalcitrante en mordillant les barbes de sa plume et en interrogeant d'un regard anxieux ce papier encore muet qu'il voudrait à tout prix faire parler. En revanche, et comme contre-partie de cette image d'une épreuve douloureuse bien connue des hommes de lettres à tous les degrés — qui sait? peut-être même des académiciens, — Meissonier nous montre sur une autre toile un auteur en train de relire avec une satisfaction béate la page qu'il vient d'écrire. Le corps mollement étendu dans son fauteuil, la tête renversée, l'œil plein de caresses, il se sourit à lui-même en face de son œuvre et des beautés qu'il juge y avoir mises. Que d'exemples les tableaux ou les dessins du maître ne fourniraient-ils pas de son habileté à scruter ainsi et à traduire les plus délicates émotions de l'esprit ou du cœur! Et, à côté de ces témoignages de finesse, combien d'autres ne pourrait-on pas relever qui attestent aussi formellement la vigueur d'une pensée à la hauteur des sujets les plus dramatiques, les plus terribles même, et, en raison de leur signification sinistre, les plus propres en apparence à décourager le pinceau!

En veut-on une preuve? Qu'on se rappelle ce tableau si profondément saisissant, si puissant à première vue malgré l'extrême exiguïté de ses dimensions, que les journées de juin 1848 avaient inspiré à Meissonier et qui, sous le titre de *Souvenir de la guerre civile*, figurait à l'Exposition de 1850 : image exacte sans merci, tragique jusqu'à l'horreur, des suites d'une lutte soutenue de part et d'autre avec une intrépidité sombre, — ici avec l'énergie du désespoir ou de la haine, là avec une résignation douloureuse à l'accomplissement d'un devoir. A l'heure choisie par le peintre, le combat fratricide a pris fin. Un morne silence règne dans cette rue où les coups de fusil retentissaient il y a un instant, sur cette barricade en ruine dont les défenseurs viennent d'être foudroyés et qui n'est plus maintenant peuplée que de leurs cadavres. Quel spectacle et quelle leçon!

Hélas! vingt ans plus tard, d'autres événements de notre histoire contemporaine fourniront à Meissonier les éléments d'une scène aussi lugubre ;

LE BIBLIOPHILE.

mais, du moins, les souvenirs qu'il consacrera alors ne seront plus ceux de la guerre civile. L'admirable composition, moitié procès-verbal pittoresque, moitié évocation poétique, dans laquelle il a résumé, aussi bien que les misères, les grandeurs du Paris assiégé en 1870, ne nous montre, Dieu merci, que des hommes tombés avec le même honneur pour la défense de la même cause; que des victimes de leur patriotisme commun, les unes anonymes, les autres désormais célèbres, comme le jeune Henri Regnault. Dans ce pêle-mêle de morts de tout âge et de toute condition, gisant sous tous les costumes — depuis l'uniforme de l'officier jusqu'à la veste du matelot, depuis la capote du volontaire des bataillons de marche jusqu'à la soutane du séminariste ou du prêtre frappé en secourant les blessés, — dans cette foule d'héroïques vaincus groupés autour de la figure allégorique de Paris, qui voudrait ou ne saurait voir que le stérile mémorial de nos malheurs et de nos pertes, au lieu d'une exhortation à tirer d'un pareil spectacle les enseignements supérieurs qu'il implique? Ce n'est pas certes un de ces morts-là qui sortirait de l'immobilité pour écrire de son doigt de cadavre, — comme dans cette scène des *Désastres de la guerre* tracée par le pinceau matérialiste de Goya — ce mot affreux, ce mot impie: *Nada* (rien), et pour témoigner ainsi du néant des aspirations sacrées, de l'esprit de sacrifice, du dévouement au pays. Si l'un d'eux venait à se ranimer un instant par miracle, ce serait au contraire pour nous parler de la gloire où il est entré et pour se recommander à notre souvenir, non par une leçon de désenchantement désolante, mais par un généreux encouragement à croire, à bien faire et à espérer.

La noble composition imaginée par Meissonier est restée à l'état d'esquisse, bien que jus-

CROQUIS A LA MINE DE PLOMB.

qu'à la fin de sa vie le maître ait eu la pensée de convertir cette esquisse en tableau, et en tableau de vastes dimensions. A un certain moment même, il avait rêvé de prendre pour champ de son travail un des murs du Panthéon ; mais, ce projet, agréé d'abord par l'Administration des Beaux-Arts, ayant été ensuite écarté, il fallut bien attendre une occasion, qui, d'ailleurs, ne devait pas se produire, de le réaliser dans d'autres conditions. C'est, au surplus, ce qui advint aussi pour Meissonier de plusieurs projets, de caractères différents, qui lui étaient particulièrement chers : celui, par exemple, — et peut-être s'en étonnera-t-on un peu, — de représenter sur une grande toile certain *Combat de Samson contre les Philistins* pour lequel il avait, de longue main, rassemblé bien des matériaux, et dessiné ou peint nombre d'études. De même, il ne lui a pas été donné — et cela sans doute paraîtra plus regrettable — de compléter ce qu'il appelait son « Cycle

CROQUIS A LA MINE DE PLOMB.

napoléonien », c'est-à-dire une série de cinq scènes correspondant chacune à une phase caractéristique de la vie du général Bonaparte ou de la vie de l'Empereur. De ces cinq scènes, deux seulement — celles qui sont intitulées *1807* et *1814* — ont pu être traitées, et l'on sait de reste avec quel succès : à défaut des tableaux pour l'exécution desquels le temps a manqué, quelques paroles de Meissonier lui-même nous apprendront ce qu'aurait été l'ensemble du travail, ou, en tout cas, quelles intentions il devait traduire.

Dans des notes, en effet, écrites au cours des entretiens de chaque jour par celle que le second mariage du maître avait faite la compagne de ses dernières années et qui reste aujourd'hui vouée au culte de sa mémoire, figure un curieux programme de l'entreprise que Meissonier aurait voulu mener à fin. « Mon rêve, dit-il, serait de résumer, dans cinq tableaux, l'histoire de Napoléon. J'ai déjà ébauché celui qui, dans l'ordre chronologique, devra être le premier : *Castiglione* (*1796*). On est au matin d'une journée d'été, comme le jeune général est à l'aurore de sa gloire. Aussi ai-je voulu que le soleil se levât en face de lui pour éclairer vivement sa figure.... Certes, si j'étais tenté d'esquiver les difficultés, je me servirais, pour voiler à demi bien des choses, de la poussière qui sûrement se sera élevée ce jour-là (6 août) ; mais je tiens, vu l'esprit du sujet, à tout mettre en pleine lumière. C'est pourquoi j'ai fait choix d'une prairie pour y placer Bonaparte et les troupes devant lesquelles il passe au galop de son cheval.

« Dans ce premier tableau du cycle je montre mon héros en action. Il n'est pas là, comme je l'ai représenté dans le tableau de *1807*, le pivot sculptural autour duquel tout gravite, le triomphateur immobile aux pieds duquel se précipite un flot d'hommes enivrés de sa gloire et le saluant à pleins poumons de leurs vivats ; mais, même à l'époque de Friedland, c'est-à-dire à l'apogée de sa puissance et de sa fortune, Napoléon ne s'est pas encore isolé de la nation ; il continue de faire corps avec elle, au moins par ses soldats.

« Le tableau d'*Erfurt* (*1810*), que je n'ai pas pu faire, eût marqué le moment où l'orgueil, au milieu de son entourage de rois, l'égare et va le perdre. J'avais eu l'impression saisissante de la scène en écoutant le récit d'un témoin, d'un vieux serviteur, qui me parlait de l'effet produit lorsque, après que tous les Souverains successivement annoncés par lui, sans omission d'aucun de leurs titres, étaient rassemblés dans un salon du palais, la porte se rouvrait une dernière fois, et que l'on entendait ce seul mot : « L'Empereur ! »

« Dans mon *1814*, j'ai indiqué sous la forme d'un épisode la physionomie générale et les conséquences prochaines de la campagne de France. Ceux qui, sous un ciel triste et sur un terrain ravagé, suivent Napoléon réduit à la défensive se sentent plus ou moins envahis par le doute ; ils sont bien près de ne plus croire en lui...

« Quant au cinquième et dernier tableau, je l'ai dans l'âme. Napoléon sera seul sur le pont du *Bellérophon*, à l'avant. Derrière lui et à distance, quelques sentinelles anglaises : en face lui, une mer sans rivage et le ciel. »

On le voit — et bien d'autres fragments des mêmes « Notes » achèveraient au besoin de le démontrer, — Meissonier ne se décidait à entreprendre une œuvre qu'après avoir profondément médité sur la signification intime que cette œuvre devait comporter. Sa pensée avait épuisé un sujet avant même que sa main en eût tracé les premiers linéaments sur la toile; mais pour tout ce qui tenait à l'exécution proprement dite, à la vraisemblance des formes ou des effets partiels, à la rigoureuse netteté du style, jamais, jusqu'au dernier moment, il ne se croyait assez bien informé, assez sûr de lui-même et de son expérience, si consommée en réalité qu'elle fût. De là, le nombre presque incalculable des « études » qu'il a laissées et qui correspondent à chacun de ses tableaux, les unes à l'état de peintures ou de dessins soigneusement achevés, les autres sous forme de maquettes en cire modelées avec autant de précision que si elles eussent été destinées au moulage; de là aussi les modifications incessantes qu'il apportait à ces tableaux, même lorsqu'ils étaient en cours d'exécution, non certes pour changer l'ordonnance générale d'une composition mûrement conçue et à laquelle il avait à cœur de se tenir, mais pour améliorer jusqu'à la perfection, dont il avait l'insatiable besoin, certains détails à peine secondaires que tout autre que lui eût jugés d'abord rendus à souhait. Que de fois, sous le tourment de cette soif du mieux, n'est-il pas arrivé à Meissonier de sacrifier des morceaux entiers déjà peints, et peints excellemment, pour réparer quelqne imperceptible faute que lui reprochait sa conscience, ne s'agît-il que de montrer un peu plus en raccourci la botte d'un cavalier ou de déplacer, au dernier plan, la jambe d'un cheval !

Le cheval : comment prononcer ce mot sans rappeler, au moins en passant, les progrès introduits par Meissonier dans l'imitation d'un modèle que les grands maîtres du xvie siècle eux-mêmes avaient si imparfaitement compris et que, depuis lors, d'éminents peintres français s'étaient contentés d'envisager tantôt, comme Gros, à un point de vue tout épique, tantôt, comme les deux Vernet et Géricault, avec une perception plus exacte de l'élégance ou de la beauté de ses formes que des conditions nécessaires de ses mouvements. N'est-ce pas Meissonier qui, le premier, a réussi à concilier sur ce point l'intelligence scientifique et le sentiment pittoresque? Lui-même au surplus ne faisait pas difficulté de le reconnaître, et peut-être, de tous les genres de mérite qui lui étaient propres, se savait-il au fond plus de gré de celui-là que d'aucun autre. « Chose curieuse ! disait-il un jour, les Anciens seuls, et particulièrement les Assyriens, avaient trouvé les mouvements justes du cheval. Je crois les avoir retrouvés pour la première fois depuis eux. Tous les modernes, même les plus habiles, n'ont fait que des chevaux de conven-

BOTTE DE CUIRASSIER (1807).
(Croquis à la mine de plomb.)

tion, et ces types arbitraires avaient si bien passé dans les mœurs de la peinture, le public y croyait de si bon cœur sur la foi des tableaux, qu'il m'a fallu beaucoup de temps et de persévérance pour déraciner l'erreur. »

C'était en effet avec une singulière constance que Meissonier avait poursuivi la solution de ce problème : décomposer et analyser les allures du cheval de telle sorte qu'on puisse en venir à reconstituer en toute certitude le mouvement le plus rapide, l'apparence la plus fugitive. Rien, on le sait, ne lui avait coûté pour cela, depuis les études anatomiques les plus approfondies ou les études d'après la nature vivante au repos jusqu'à l'emploi de moyens assurément moins usités — l'établissement, par exemple, dans son parc de Poissy, d'un chemin de fer en pente sur lequel glissait le traîneau où il était assis et d'où il observait de son œil de lynx la course parallèle du cheval qu'un domestique montait à quelques pas de lui.

A quoi bon d'ailleurs insister sur les procédés auxquels le maître avait cru devoir recourir,

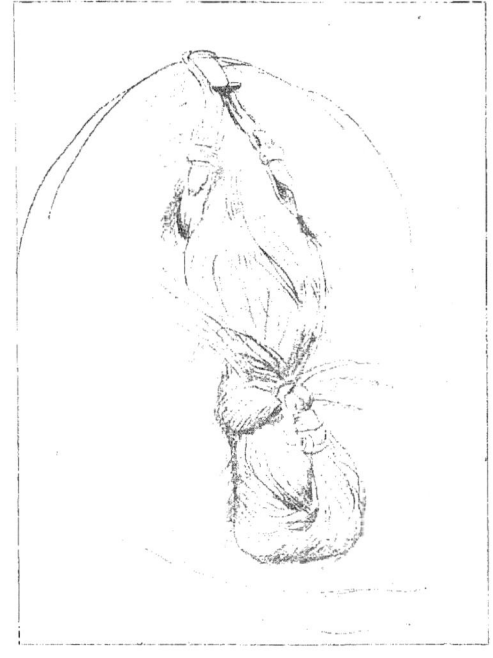

CROQUIS A LA MINE DE PLOMB.

en vue de s'assurer la possession de certains secrets tout techniques? Est-il besoin même de relever un à un les témoignages de son talent pour s'en expliquer la raison d'être ou en apprécier la valeur? Il convient mieux d'envisager l'ensemble des résultats obtenus. Quoi de plus significatif en soi et, en même temps, quoi de plus propre à faire justice de certaines prétentions qu'on essaie à côté de nous d'ériger en système esthétique? D'étranges novateurs se rencontrent aujourd'hui qui, de bonne foi ou non, prennent à tâche d'exalter comme un progrès l'absence d'imagination, de goût et de savoir ; qui, sous prétexte de rajeunir l'art, affectent d'en renier les principes les plus élémentaires, d'en dédaigner les plus nécessaires traditions, et dont les prétendues doctrines, si elles venaient jamais à prévaloir, n'aboutiraient qu'à la ruine de notre école. Que le danger, après tout, soit plutôt apparent que réel, je le veux bien et je l'espère ;

SUR LA TERRASSE.
(Paris, hôtel Meissonier.)

mais n'est-ce pas déjà trop que d'avoir à constater de pareilles tentatives et à défendre contre elles, avec l'autorité de Meissonier lui-même, celle des maîtres qui l'ont précédé dans notre pays?

L'une et l'autre sont inséparables en effet. Si ouvertement personnelles que soient les œuvres de notre illustre confrère, elles ne s'en ressentent pas moins, au fond, des inspirations accoutumées et des mœurs du génie français. Certes, à ne considérer que la nature des sujets choisis et les formes adoptées pour les traduire, on serait assez mal venu à assimiler les tableaux, d'un caractère familier pour la plupart, qu'a laissés Meissonier aux tableaux exécutés par les peintres d'histoire qui se sont succédé dans notre école. Toutefois ces devanciers du maître n'ont-ils pas souvent, eux aussi, recouru à ces sous-entendus ingénieux, à ces intentions de derrière la tête ou, si l'on veut, de derrière la toile, qui font pressentir un épilogue à telle scène représentée, ou qui du moins en continuent et en étendent la signification au delà de ce que les yeux voient. Lorsque Poussin groupe ces jeunes et heureux *Bergers d'Arcadie* autour d'un tombeau que tout à l'heure ils se souviendront avec mélancolie d'avoir visité, ou — pour prendre un exemple en moins haut lieu — lorsque Paul Delaroche nous montre les *Enfants d'Édouard* devinant à travers les murs de leur prison la mort qui s'approche, ne procèdent-ils pas à peu près comme Meissonier devait s'y prendre à son tour, pour nous donner par le spectacle du fait présent l'impression du fait qui va suivre, dans son admirable tableau des *Cuirassiers* conservé aujourd'hui au château de Chantilly? image éloquente entre toutes de la guerre, mais de la guerre dans la majesté de l'heure qui précède celle de l'action, alors que, avec la même conscience virile de leur devoir, tous, soldats et chefs, attendent, silencieux et immobiles, ceux-ci le moment de jeter le signal suprême, ceux-là le moment de s'élancer.

CROQUIS POUR UN PERSONNAGE DE « L'ARRIVÉE DES HÔTES AU CHÂTEAU ».

En tout cas, pour établir la filiation du talent de Meissonier, ne suffirait-il pas des traits de ressemblance qu'il offre avec la physionomie de ces talents limpides et clairs comme notre langue auxquels le nom des Clouet sert d'étiquette commune et, dans un tout autre ordre de travaux, avec la bonne grâce et la finesse des peintres ou des dessinateurs du XVIII° siècle, depuis Chardin jusqu'à Moreau? Que Meissonier ait été plus profondément habile et plus

APPENDICE

savant qu'aucun de ceux-là, c'est ce qu'il serait assurément bien superflu de rappeler : toujours est-il qu'on peut le rapprocher d'eux sans que sa gloire en soit diminuée, ni la vérité compromise.

Et quant aux exemples que sa vie d'artiste nous laisse, il commande à tous le respect. Quels qu'en aient été au dehors l'importance exceptionnelle et l'éclat, cette vie invariablement studieuse, même au bruit des succès les plus retentissants, même, dans les dernières années, sous l'étreinte des plus cruelles souffrances physiques, cette vie que la passion de l'art et le travail ont remplie tout entière, fournirait une aussi ample matière à l'éloge que l'ensemble des chefs-d'œuvre produits. Le moins qu'on puisse dire de celui qui

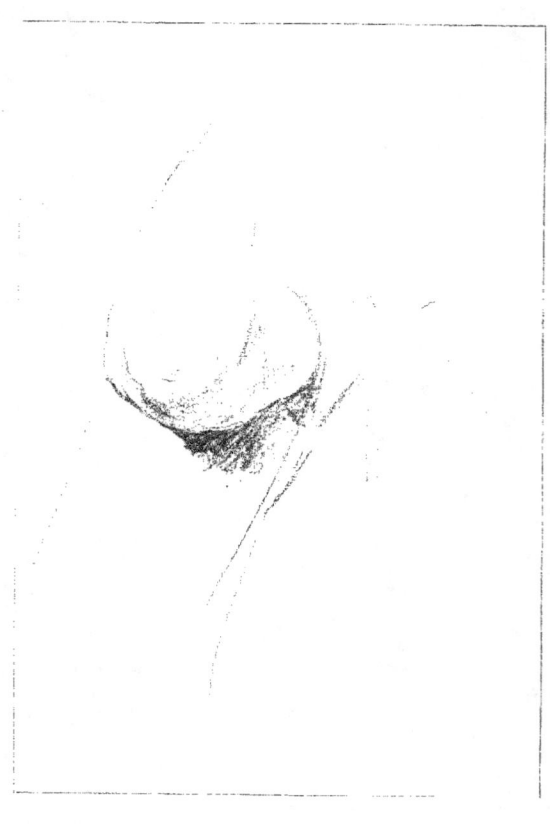

CROQUIS A LA MINE DE PLOMB.

l'a menée, c'est qu'à aucun instant il ne s'est découragé de l'effort, de la docilité scrupuleuse aux exigences de sa conscience, et que, célèbre depuis sa jeunesse, il s'est comporté jusqu'à la fin avec la même force de volonté et le même zèle que s'il avait eu encore à se faire un nom.

PRÉFACE

ÉCRITE PAR LE COMTE HENRI DELABORDE POUR LE CATALOGUE DE L'EXPOSITION
DE L'ÉCOLE DES BEAUX-ARTS (1893).

L'exposition ouverte pendant quelques jours seulement à l'École des Beaux-Arts n'a pas pour objet de présenter au public un choix des principaux travaux de Meissonier, encore moins la succession complète des œuvres qui, pendant plus d'un demi-siècle, ont préparé, accru ou définitivement consacré la gloire de son nom. Les témoignages réunis ici en nombre relativement restreint ne formeraient, à vrai dire, qu'un chapitre dans l'histoire de la vie du maître s'il s'agissait de la retracer d'un bout à l'autre; mais ces souvenirs partiels d'une existence d'ailleurs si féconde et si bien remplie ont leur signification propre et leur caractère distinct. Ils nous renseignent sur les procédés d'information ou d'étude auxquels Meissonier avait recours pour arriver à la solution de tel problème pittoresque qu'il s'était proposé, pour s'approprier un à un les secrets de la perfection à laquelle il voulait atteindre, soit dans des études peintes ou dessinées d'après la nature avec une bonne foi intraitable, soit dans des maquettes en cire modelées avec autant de précision que si elles eussent été destinées au moulage.

MAQUETTE DE LA STATUE DE MEISSONIER À PARIS.

Plusieurs de celles-ci, récemment coulées en bronze, figurent à la présente exposition : nul sans doute ne s'étonnera de les voir ainsi assimilées aux œuvres de la sculpture proprement dite; nul non plus ne s'avisera de marchander au peintre dont elles portent le nom le mérite de les avoir traitées à sa manière et de s'être montré dans les travaux de son ébauchoi aussi savamment véridique, aussi sûr de lui-même et de sa conscience que dans les productions de son pinceau.

Les ouvrages de Meissonier rassemblés aujourd'hui à l'École des Beaux-Arts n'ont pas d'ailleurs, tant s'en faut, pour avantage unique de nous fournir des documents précieux sur la manière de procéder du maître et sur les efforts successivement tentés par lui pour assurer chaque résultat final. A côté des morceaux d'étude ou des esquisses, à côté des tableaux projetés ou exécutés à demi, apparaissent des tableaux achevés avec cette fermeté irréprochable, avec cette netteté sans merci qui donne une valeur absolue à tant d'autres chefs-d'œuvre de la même main : à ceux, par exemple, qu'un acte direct de la volonté de Meissonier a

STATUE DE MEISSONIER A POISSY.
Par Frémiet, de l'Institut. (Inaugurée le 25 novembre 1894).

légués à l'État et qui, depuis quelque temps déjà, ont pris place dans la galerie du Luxembourg. En tous cas, et quelque réelle que soit la diversité des éléments réunis dans la nouvelle exposition, ce qui est commun à tous les ouvrages qu'elle comprend, c'est la destination même qui leur est assignée.

Tous, en effet, si l'on en excepte un qui, presque ignoré jusqu'ici du public parisien, a été, à cause de cela, très utilement prêté par le musée de Valenciennes, tous appartiendront un jour ou plutôt appartiennent dès à présent à la France. En d'autres termes, toutes les pièces, de quelque genre qu'elles soient, exposées à l'École des Beaux-Arts par Mme Vve Meissonier et dont elle a la propriété actuelle, doivent, suivant des mesures testamentaires déjà formellement prises, devenir après elle le lot de notre pays.

C'est donc, en réalité, une part de nos richesses nationales que l'on met aujourd'hui sous nos yeux ; c'est une série d'œuvres promises à nos musées dont on nous convie à prendre en quelque sorte possession d'avance. Certes la libéralité est d'assez haut prix pour que tous les admirateurs de Meissonier s'en émeuvent, et que parmi ses anciens confrères à l'Institut comme parmi les artistes de tous les rangs et les honnêtes gens, au vieux sens du mot, dans le public enfin comme dans le monde des arts, l'indifférence soit impossible et la gratitude unanime.

Henri Delaborde.

o o o

DISCOURS DE M. BONNAT

VICE-PRÉSIDENT DE L'ACADÉMIE DES BEAUX-ARTS

A L'INAUGURATION DE LA STATUE DE E. MEISSONIER

le 25 octobre 1895 (*Centenaire de l'Institut*)

Messieurs,

En prononçant le nom de Meissonier, ce nom célèbre dans l'histoire de l'art ce nom qui retentit comme un clairon, comme une marche triomphale, ce nom aussi populaire dans le Nouveau Monde que dans notre vieille Europe, ce nom qui partout acclamé a partout remporté des victoires, je me sens pris d'un sentiment profond d'admiration et de respect.

Cette admiration et ce respect, nous ne devons pas les marchander au peintre illustre dont nous inaugurons le monument, car ce qui fait sa gloire, ce qui est admirable chez le grand artiste, c'est le besoin insatiable qu'avait Meissonier de toujours faire mieux, de toujours monter plus haut, de toujours donner plus d'ampleur et de puissance à son art. C'est ce sentiment si

APPENDICE

LE HÉRAUT DE MURCIE.
(Dessin fait pour la catastrophe de Murcie, 1879.)

fortement empreint dans son caractère qui a fait sa grandeur, qui l'a conduit à produire son œuvre immortelle.

Meissonier, déjà célèbre à un âge où généralement on commence à peine à être connu, paraissait avoir sa voie toute tracée. Il aurait pu, comme tant d'autres, se contenter du savoir acquis, de la réputation conquise. Il aurait pu reproduire à l'infini ces tableaux précieux, « les lecteurs, les joueurs d'échecs, etc. », que les amateurs se disputaient, très justement d'ailleurs, au poids de l'or. La perfection, la justesse impeccable de l'exécution, la précision merveilleuse avec laquelle son œil saisissait les moindres détails que sa main exprimait avec une adresse et une conscience peut-être sans précédents, justifiaient amplement cet engouement et auraient suffi pour remplir l'existence d'un grand artiste. Mais il n'était pas dans la nature de Meissonier de se contenter de succès facilement obtenus, quelque légitimes qu'ils fussent.

Cet homme avait dans le cœur des ambitions plus hautes. Jusqu'au milieu de sa vie il s'était contenté de cette virtuosité pénétrante, à laquelle toutefois le rêve, l'idéal créateur et fécond avaient, du moins en apparence, été à peu près étrangers. Il sentait qu'il devait élargir son génie, qu'il fallait entreprendre une œuvre hors ligne, l'œuvre de sa vie. Et, poussé par ce sentiment, désireux de donner essor à la vie intérieure qui débordait en lui, il résolut de reproduire des pages héroïques de notre histoire, de rendre réelle à nos yeux une des périodes les plus glorieuses de notre existence nationale, la grande épopée napoléonienne.

Était-ce pressentiment? avait-il deviné qu'un jour viendrait où, devant nos malheurs, il faudrait rappeler à l'étranger, qui semblait l'oublier, que le drapeau de la France avait naguère couvert l'Europe de son ombre triomphante? Quoi qu'il en soit, toujours est-il que, le jour où cette idée se fut bien emparée de son esprit et qu'il en entrevit la réalisation, il se mit à l'œuvre avec une énergie sans pareille, avec une volonté devant laquelle tout devait céder, ne reculant devant aucun obstacle, devant aucune fatigue, devant aucun sacrifice.

Les hommes du métier qui m'entourent connaissent les procédés ingénieux qu'il sut mettre en jeu, qu'il sut inventer avec une persévérance infinie, le courage qu'il dut déployer pour atteindre le but. Pour l'atteindre plus sûrement, il résolut de vivre dans le milieu qu'il voulait reproduire. Il s'entoura de sabres, de cuirasses, de casques, de harnais de guerre, et vécut dans les récits de combats. Il eut son cheval blanc, sa redingote grise. Et sous un effort admirable, avec une chaleur incomparable, il se mit à peindre ces études merveilleuses, dont la moindre est un pur chef-d'œuvre, ces études où une tête, un bras, une jambe, un poitrail de cheval, un casque, prennent une importance imprévue et sont rendus avec un amour de la forme, une fermeté de dessin d'une puissance irrésistible.

APPENDICE

Et alors, ainsi armé, pareil à ces glorieux soldats dont des mémoires récents nous ont retracé les exploits légendaires, un souffle généreux s'empare de lui. Il a son épopée, le grand peintre, lui aussi. Il la vit. Et, dressé sur son cheval haletant, il acclame l'Empereur impassible. Et, l'épée au poing, le bras tendu, les muscles raidis par l'effort enthousiaste, il lance des hourras frénétiques. Et il voit l'Empereur ! Que dis-je ? il revêt la redingote grise, se couvre du chapeau des grands jours et, ainsi costumé, campé devant une glace, il retrace sa propre image,... et, miracle, c'est l'Empereur, le grand Empereur lui-même qui renait sous son pinceau !

Messieurs, inclinons-nous devant cette foi ardente, et saluons le grand homme qu'elle a

MEISSONIER.

animé, vivifié. Meissonier a aimé son art comme il a aimé sa patrie, d'un amour passionné. Les deux, reconnaissants, ont inscrit son nom glorieux à jamais sur le livre d'or de la France.

DISCOURS DE M. POINCARÉ

MINISTRE DE L'INSTRUCTION PUBLIQUE ET DES BEAUX-ARTS

À L'INAUGURATION DE LA STATUE DE E. MEISSONIER
le 25 octobre 1895 (Centenaire de l'Institut).

MESSIEURS,

Pour faire de Meissonier un éloge qui s'accordât exactement avec son génie, il faudrait essayer de ramasser en une concision vigoureuse tous les traits de cette physionomie puissante et de montrer en quelques phrases très sobres par où furent grands l'homme et l'artiste. La langue se refuse à cette tâche impossible, et l'admiration est condamnée à chercher dans des expressions hésitantes un de ces à peu près que répudiait la conscience du maître.

Encore craint-on d'affaiblir, par l'incomplet d'un portrait rapide, le souvenir des fortes et touchantes études signées Dumas, Gréard ou Delaborde et qui, anciennes ou récentes, restent gravées dans toutes les mémoires.

L'œuvre et la vie de Meissonier tiennent pourtant en deux mots, messieurs, et ces deux mots sont : la recherche du beau par la vérité. Pour lui, la probité de l'art n'est pas seulement dans le dessin : elle est à la fois dans la préparation du sujet, dans la clarté de la composition, dans l'exactitude et la justesse de l'exécution, dans la science approfondie de la ligne, du mouvement et de la couleur.

Il médite longuement ses créations artistiques, et lorsque, dans le vol des idées, il en saisit au passage une préférée, il la soumet d'abord à l'épreuve d'une réflexion patiente. Pour la fixer ensuite sur la toile, il a soin de la simplifier, d'en coordonner les éléments et d'en dégager l'essence. Un sujet sans unité, sans relief central, lui paraît toujours mal conçu. Il voit dans l'harmonie des ensembles l'obligation première des œuvres qui tendent à la perfection.

Dans la *Rixe*, il avait d'abord mis en lumière la figure de l'homme qui s'interpose ; il remarque qu'elle attire le regard et gêne l'impression provoquée par l'élan des deux adversaires : il la couvre d'un chapeau qui la met dans l'ombre.

Il subordonne les détails, mais il ne les néglige pas. Il pousse la sincérité jusqu'au scrupule. Il collectionne des armures, des costumes anciens, des tapisseries, des autographes, et pour chacune de ses résurrections historiques il se documente comme un érudit.

Fiévreux et emporté au début de l'exécution, il sent ses exigences s'accroître à mesure que le travail s'accomplit. Il modifie un geste, corrige une attitude, abaisse ou rehausse un ton, efface, retouche, détruit, recommence. De ses croquis, de ses études, de ses maquettes en cire, combien ne peut-on pas tirer d'exemples de persévérance et de leçons de loyauté ?

Mais, si attaché qu'il soit à la représentation fidèle de la réalité, il ne croit pas que l'art se borne à la reproduction inerte et matérielle des objets observés. Il excelle dans le métier et dans la technique de la peinture ; la peinture cependant lui semblerait n'être qu'un divertissement vulgaire si elle ne servait ses inspirations et ne traduisait ses sentiments :

« De l'âme, de l'âme et encore de l'âme, écrivait-il : voilà ce qu'il faut répéter à la jeunesse. Toute œuvre d'art a pour objet l'expression d'un sentiment. Si vous n'éprouvez pas ce sentiment vous-même, comment pourrez-vous l'inspirer aux autres? La grandeur des primitifs, c'est d'avoir su faire passer chez les spectateurs l'émotion dont ils étaient pleins, émotion naïve, brutale, incorrecte, si l'on veut, mais tellement saisissante que nul n'a pu les égaler. Ayez donc beaucoup de cœur : vous aurez toujours assez d'esprit. »

Il y a dans ses chefs-d'œuvre autant de cœur que d'esprit. Dans la charité profonde de ce religieux consolateur, dans l'atrocité sanglante de cette barricade, dans la dignité pensive et résolue de ces cuirassiers prêts pour la bataille, on sent l'animation profonde d'un idéal très pur.

Tableau de genre ou tableau d'histoire, il n'achève rien qui ne cherche à contenir une pensée d'au delà, rien qui ne nous peigne une vie, un caractère, un état de mœurs, une saison de l'humanité. Fumeurs, liseurs, buveurs, rieurs, joueurs de guitare, joueurs de boules, joueurs d'échecs, cavaliers Louis XIII, gentils-

STATUE DE MEISSONIER A PARIS.

hommes, hallebardiers, mousquetaires, personnages Louis XV, incroyables, gardes françaises, soldats de la Grande Armée, tout ce monde vit, respire, s'agite devant nous, avec ses vertus et ses vices, ses grandeurs et ses ridicules, ses passions et ses intérêts.

Et quand il aborde ce qu'il se plaît à appeler le cycle napoléonien, quelle intensité de rendu, quelle puissance d'évocation, quel merveilleux et légendaire rappel des victoires et des tristesses passées! Il avait comme la fascination de la gloire militaire. Il l'avait parce qu'il aimait toutes les choses pittoresques; il l'avait aussi parce qu'il aimait toutes les grandes choses.

Cet artiste impeccable était, messieurs, le plus Français des artistes. On a dit souvent et on dira encore sans doute que, par le choix des sujets domestiques, par le goût des poésies intimes, il descend des Hollandais. Et il est évident qu'il les a étudiés, comme il a étudié Chardin et Moreau; mais il est lui-même et n'est que lui-même ; et c'est à cultiver les plus significatives de nos vertus nationales que s'est surtout affirmée son originalité.

Il est heureux, messieurs, que l'inauguration de cette statue, si noblement expressive et si justement placée au seuil même du Louvre, coïncide avec les fêtes du centenaire de l'Institut et nous permette ainsi d'associer directement à cet hommage solennel l'élite de la pensée française.

CROQUIS A LA PLUME.

HOMMAGE A MEISSONIER
Strophes dites par M. MOUNET-SULLY
A L'INAUGURATION DE LA STATUE DE MEISSONIER, AU LOUVRE

I

Au fronton du temple sublime
Où rêvent les maîtres de l'art,
Meissonier scrute l'ombre intime
Des cœurs, ouverts sous son regard.

Son œil ne gêne point les âmes ;
Le cœur d'homme, par lui scruté,
Se croit seul dans ses propres drames,
Et s'y meut comme en liberté.

Grand témoin finement sensible,
Il eut l'anneau mystérieux
Qui permet de voir, invisible
Quoique présent, comme les dieux.

Si bien qu'ils sont tous là, sans pose,
Dans leurs chambres, au cabaret,
Buveurs, liseurs, chercheurs de glose,
Qui croient rêver dans le secret.

Ils tiennent la lettre ou le livre,
Croisant leurs jambes ou leurs pieds,
Et, calmes, continuent à vivre,
Sans savoir qu'ils sont épiés.

Et leur vie intime, sacrée,
Celle que les dieux seuls verront,
Apparaît toute, — concentrée
Dans leur sourire ou sur leur front.

Et pour surprendre ainsi la vie,
Pour la saisir sans la troubler,
Pour que la flamme soit ravie
Sans qu'on la fasse vaciller,

Il faut, élu sacré sur terre,
Brillant parmi les radieux,
Être un des charmeurs du mystère,
Dieu soi-même ou rival des dieux.

II

Mais il a d'autres dons encore,
Ce peintre des Méditatifs,
Qui voit, surprend, révèle, honore
L'âme sur les fronts attentifs.

Il a fixé les plus grands gestes,
Les Gestes de Dieu par les Francs,
Et, sur les profondeurs célestes,
Des petits drapeaux sont bien grands !

Il a, peintre d'une épopée
Dont l'univers tressaille encor,
Chanté la gloire de l'Épée,
Comme un Homère à lyre d'or.

Et, de tous temps, tous les grands hommes,
Reconnus, aimés comme tels,
Ont redit : « Qu'est-ce que nous sommes,
Si l'Art ne nous rend immortels ? »

III

O Muse de l'Épée ! ô gloire évanouie !
Nous avons grand besoin qu'on nous parle de toi !
Eh bien, levons nos yeux et notre âme éblouie
Vers l'art évocateur qui nous rendra la foi.

Les plus fiers souvenirs que chaque siècle emporte,
Sous le nombre des faits, sous la masse des ans
Sont, dans l'histoire même, une poussière morte....
Mais, quand l'artiste veut, nos passés sont présents.

A nous, le général d'Égypte et d'Italie !
Les soldats ont crié : « Nous vaincrons ou mourrons »,
Et chevauchent, roulés dans un vent de folie,
Les uns levant l'épée et d'autres leurs clairons.

Les blés étaient bien près d'être liés en gerbe
Que broie, au grand galop, l'escadron bondissant....
C'est un peuple qui passe, et qui foule, superbe,
Des moissons qui, demain, renaîtront de son sang !

Le chef est là, pensif, grand comme dans l'histoire,
Chapeau levé devant tout ce peuple éperdu,
Tranquille, mais soufflant l'âme de la victoire
Aux cavaliers debout sur l'étrier tendu.

Ils chevauchent, avec les sauvages murmures
D'un vent qui passe et qui n'aura pas de retour,
Ils vont, nos cuirassiers, sanglés dans leurs armures,
Droit devant eux, — tournés pourtant vers leur amour.

« Le sabre au clair ! L'épée au vent ! En haut les âmes

On va mourir ! »
                    Pour qui ? pour cet homme ? Non, non !
Au cœur de ces héros qui, tous, sont fils des femmes,
César, c'est la patrie avec un autre nom !

Et tandis que les corps vont, roulant en tempête,
Sur les chevaux lancés, sans ralentissement,
On sent bien que le cœur d'un peuple entier s'arrête,
Et que cette seconde est éternellement !

Iéna ! Friedland ! quoi ! ces gloires sont nôtres !
Oui, l'Art fait éternel un instant glorieux.
Patrie, Orgueil, Espoir, si vous manquez d'apôtres,
Forcez-nous à lever sur cette œuvre nos yeux,

Et l'effort renaîtra dans notre âme abattue.

Voilà pourquoi, devant cet artiste vainqueur,
La France, consacrant sa gloire et sa statue,
Lève trois fois l'épée, en saluant du cœur.

                                JEAN AICARD.

15 octobre 1895.

JEAN-LOUIS-ERNEST MEISSONIER

1846, Chevalier de la Légion d'honneur. — 1855, Officier. — 1867, Commandeur. — 1880, Grand-Officier. — 1889, Grand-Croix.

1861, Membre de l'Institut. — 1876 et 1891, Président de l'Institut. — 1878, Exposition Universelle. Vice-Président du jury international. — 1883, Exposition Nationale des Beaux-Arts. Président de la Section de Peinture. — 1889, Exposition Universelle. Président du jury international des Beaux-Arts. — Expositions Universelles de 1878 et de 1889. Président des Congrès de la Propriété artistique. — Membre de l'Académie de Lyon.

EXPOSITIONS FRANÇAISES. — 1840, Médaille de 3º classe. — 1841, Médaille de 2º classe. — 1843, Médaille de 1re classe. — 1848, 1re Médaille. — 1855, Exposition Universelle. Grande Médaille d'honneur. — 1867, Exposition Universelle. Grande Médaille d'honneur, porté premier par le jury international. — 1878, Exposition Universelle. Rappel de Médaille d'honneur. — 1883, Exposition nationale, Palais de l'Industrie. Rappel de Médaille d'honneur. — 1889, Exposition Universelle. Rappel de Grande Médaille d'honneur.

1848, Capitaine d'artillerie de la garde nationale. — 1870-71 (Siège de Paris), Lieutenant-Colonel d'infanterie de la garde nationale, État-Major.

31 janvier 1891. Quarante Députés signent en séance pour demander qu'une délégation de la Chambre assiste aux obsèques de Meissonier.

1886, Grand-Officier de Léopold (Belgique). — Commandeur des Saints Maurice et Lazare (Italie). — Commandeur de François-Joseph avec plaque (Autriche). — Commandeur de l'Étoile Polaire (Suède). — Commandeur du Medjidieh (Turquie). — Ordre du Lyon d'or (Nassau).

1854, Académie Royale des Beaux-Arts d'Amsterdam. — 1865, Membre de l'Académie d'Anvers. — 1867, Académie Royale des Beaux-Arts de Munich. — 1869, Académie Royale des Beaux-Arts de Bruxelles. — 1869, Académie Royale de Londres. — 1872, Académie Royale des Beaux-Arts de San-Fernando de Madrid. — 1875, Académie Royale des Beaux-Arts de Saint-Luc de Rome. — 1879, Académie Royale des Beaux-Arts de Venise. — 1886, Membre d'honneur de l'Université française de Boston. — 1888, Académie Royale des Beaux-Arts de l'Albertine de Turin et Président d'honneur du Kuntsclub de Rotterdam.

1873, Vice-Président du jury international à l'Exposition Universelle de Vienne (Autriche). — 1885, Président du jury international à l'Exposition Universelle d'Anvers (Belgique). — 1873, Autriche. Exposition Universelle. Rappel de Médaille d'honneur. — 1885, Belgique. Exposition Universelle. Rappel de Médaille d'honneur.

1889, Président du jury international Paris, Exposition Universelle.

o o o

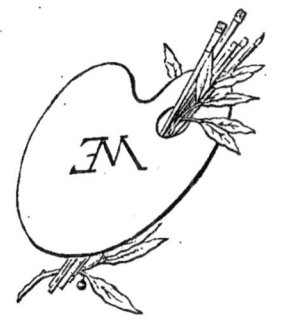

CATALOGUE

MEISSONIER *disait, en 1884, lors de l'exposition de son Cinquantenaire de peintre (où 150 tableaux étaient exposés) : « 450 tableaux de moi sont au monde... la moitié doit-être en Amérique... »*

Si l'on considère que Meissonier ignorait, à cette date, ce qu'était devenue la moitié de son œuvre, on comprendra l'impossibilité, cinq ans après sa mort, d'établir un catalogue complet de ses tableaux.

Après avoir rassemblé les renseignements que nous avons pu nous procurer, nous donnons ici la désignation de 298 tableaux seulement.

Cette liste servira de point de départ au travail que les recherches des critiques, les enquêtes des amateurs et le hasard des ventes permettront de rectifier et d'achever.

○   ○   . ○

CAVALIER LOUIS XIII.
(Aquarelle appartenant à M. Bernheim jeune, expert.)

I

LES PEINTURES DATÉES

L'ENFANT PRODIGUE.
Croquis à la plume.

1834. — *DEUX BOURGEOIS FLAMANDS.*

HAUT. 0,19 ; LARG. 0,24 ; TOILE.

Exposé en 1834.

Deux bourgeois flamands en visite chez le Bourgmestre. Sur une table, avec un tapis vert, trois verres et un pot de grès.

1835. — *DEUX JOUEURS D'ÉCHECS.*

HAUT. 0,34 ; LARG. 0,27.

Exposé au Salon en 1835.

(Époque d'Holbein).

1836. — *LE PETIT MESSAGER.*

1841. — *L'ÉTUDIANT.*

Debout, lisant un livre près d'une fenêtre (dans l'atelier de Poissy). A sa droite, sa table de travail chargée de livres marqués à certains endroits; une chaise.

1833. — *LE LIT DE MORT.*
(Panneau.)

Un moine consolant un moribon.
(*Musée Fodor, Amsterdam.*)

1838. — *LES ÉVANGÉLISTES.*
HAUT. 0,42; LARG. 32 1/2; TOILE.

Ils sont quatre... le Christ apparaît au ciel.

1839. — *LE DOCTEUR ANGLAIS.*
(Panneau.)
HAUT. 0,21; LARG. 0,15.

Assis de face dans un fauteuil en tapisserie, jambes croisées, un livre sur ses genoux, Chapeau noir, perruque blanche, vêtu de noir, culotte, bas de soie, souliers à boucles, Table avec tapis vert et vieux bouquins.

1839. — *PREMIÈRE ÉTUDE DE CHEVAL.*

1840. — *UN HALLEBARDIER.*
HAUT. 0,28; LARG. 0,19.

Debout contre la muraille, la main sur sa hallebarde. Culotte verte. Grand manteau gris. Manches velours rouge. Demi-armure. Avec casque et toute sa barbe.
(*Collection de* M. le baron G. de Rothschild, Paris.)

1841. — *LE VIOLONCELLISTE.*
HAUT. 0,35; LARG. 0,27.

Il joue la *Romanesca* air favori, de Meissonier. Sa musique sur une chaise de tapisserie. Sur la table, tapis de velours, plateau verre et fleurs. Tapisserie et tableau.
(*Collection de* M. Édouard Krafft.)

1841. — *PARTIE D'ÉCHECS.*
HAUT. 0,19; LARG. 0,15.
Exposé au Salon en 1841.

Deux joueurs en gris et en brun; le troisième, en noir, prenant une prise de tabac, est Em. Béranger, peintre. Au mur horloge et trois estampes du *Mariage à la mode* d'Hogarth.
(*Collection de* M. Fr. Hottinguer, Paris.)

1842. — *LE GRAND FUMEUR*

1843. — *LES AMATEURS DE PEINTURE.*
HAUT. 0,28; LARG. 0,21.
Exposé au Salon de 1843 sous le titre:
Un peintre dans son atelier.

L'artiste peint entre deux amateurs, l'un en gris, l'autre en rose. Dans l'atelier, tableaux, études.... (C'est Joseph Decaisne, botaniste, membre de l'Institut, en rose.)
(*Collection de* M. le baron Hottinguer, Paris.)

1843. — *MAISON FERRIOT A SAINT-ISMIER* (près Grenoble).
HAUT. 0,25; LARG. 0,20.

« La maison du père Ferriot était comme un joujou entouré de jolis arbres... Les dimanches, les filles du pays revenaient le soir toutes couronnées de fleurs des champs et de fougère. Sur mon chapeau on mettait aussi une couronne et nous faisions de belles rondes en nous tenant les mains. »
(*Collection de* Mme veuve Meissonier).

1845. — *LES AMATEURS.*

Trois personnages regardent le tableau qu'un jeune homme leur montre.

1845. — *CAVALIERS LOUIS XIII PASSANT LE GUÉ.*
(Panneau.)

Dans une tourmente.

1845. — *SAMSON ET LES PHILISTINS.*
(1re Esquisse.)
HAUT. 0,16; LARG. 0,20.

Samson a une draperie rouge. Au fond, à gauche, un chameau monté.

1846. — *CHARGE DE SOLDATS CUIRASSÉS.*

Ils montent au galop.

1848. — *LA BARRICADE.*
HAUT. 0,29; LARG. 0,22.
Exposé en 1850 sous le titre: Souvenir de guerre civile.

Rue de la Mortellerie, à Paris (la rue n'existe plus), des maisons closes. Des pavés arrachés, amoncelés,... pas un vivant. Rien que des morts, les yeux grands ouverts, troués par des balles, dans des flaques de sang, tombés dans la prise de la barricade.... Le silence tragique des choses a tout envahi.
(*Collection de* M. Carlos de Besteigui, Paris.)

1848. — *LES FUMEURS.*
HAUT. 0,15; LARG. 0,20.

Ils causent tous trois près du feu en fumant la pipe.

Étude pour le dimanche à Poissy.
(DESSIN AU CRAYON NOIR REHAUSSÉ DE BLANC.)
(Musée du Luxembourg.)

1850. — *UN PEINTRE MONTRANT DES DESSINS.*
HAUT. 0.38 ; LARG. 0,29.

Un atelier plein de choses diverses, portefeuille de dessins sur un tabouret, d'autres dans un carton, des roses dans un verre. Flacons, tasses, pinceaux sur une cheminée.... Au mur, paysage d'automne, etc. Le peintre, vêtu de noir, soutenant d'un genou son portefeuille ouvert, montre une estampe à l'amateur en habit clair, une main derrière le dos, qui tient une estampe.
(*Collection de* Lady Richard Wallace, Londres.)

1850. — *UNE BATTERIE D'ARTILLERIE.*

1850. — *LE DIMANCHE A POISSY.*
HAUT. 0,21 ; LARG. 0,30.
Exposé au Salon en 1850.

On aperçoit un des clochers de l'église. Bel après-midi de soleil. Une maison blanche devant laquelle on joue au tonneau, aux boules ; des gens boivent sous la tonnelle. Un chien et des poules.
(*Collection* de M. le duc de Narbonne, Paris.)

1851. — *TROUPE EN MARCHE.*
HAUT. 0,20 ; LARG. 0,18.

Longue troupe de cavaliers Louis XIII défilant près d'une colline. Ciel nuageux.

1851. — *LISEUR.*
HAUT. 0,17 ; LARG. 0,13.

Près de son bureau et de la fenêtre. Costume gris, les jambes croisées.

1851. — *L'HOMME A L'ÉPÉE.*
HAUT. 0,34 ; LARG. 0,20 ; TOILE.
Exposé en 1852 sous le titre :
Homme choisissant une épée.

En gris, en culotte. Il cherche sa meilleure lame. Son chapeau, son manteau sur une table, avec plusieurs épées
(*Collection de* M. Chauchard, Paris.)

1851. — *LE HALLEBARDIER.*
HAUT. 0,18 ; LARG. 0,12.

De face, debout, les mains sur son arme. Toque marron à plumes blanches.
(*Collection de* Mme la princesse de Broglie, Paris.)

1852. — *LES BRAVI.*

L'un cherche, l'épée en main, à écouter à la porte fermée. L'autre attend, l'épée à la main, celui qu'ils vont assassiner.
(*Collection de* Lady Richard Wallace, Londres.)

1852. — *LE DÉJEUNER.*
HAUT. 0,16 ; LARG. 0,12.

Un jeune homme en habit rose lit en pelant délicatement une pomme. Sa table près d'une fenêtre (celle de l'atelier de Poissy). Le haut de la fenêtre est ouvert. On aperçoit les maisons et la verdure du jardin.
(*Collection* de M. Chauchard, Paris.)

1852. — *JEUNE HOMME TRAVAILLANT.*
HAUT. 0,21 ; LARG. 0,18.

En noir, cheveux blonds ; il écrit assis à une table avec tapis vert chargée de bouquins, il a son petit doigt gauche dans la bouche, il réfléchit. Tapisserie au mur.
(*Collection de* M. Carlos de Besteigui, Paris.)

1852. — *PARTIE DE CARTES.*

Dans l'atelier de Poissy ; deux hommes à cheval sur un banc jouent aux cartes ; trois autres debout et un quatrième assis les regardent. — Tambour et casque par terre. — Tapisserie au mur.

1853. — *LES JOUEURS D'ÉCHECS.*

Dans l'atelier de Poissy ; l'un fume, l'autre réfléchit, un grand lévrier par terre. Guéridon portant carafon et verres.

1853. — *CHANSON DE GESTE.*

Assis ou debout, dans la salle, reîtres et valets écoutent le vieux joueur de vielle.

1853. — *AU CABARET.*

Un reître assis à une table de bois. A ses pieds, Sloughi, le lévrier de Meissonier ; sur la table, sa rapière, un verre et un pot d'étain.

1853. — *PRINTEMPS.*

Deux amoureux, l'homme à genoux près d'elle, ils s'enlacent.

1853. — *LA TAPISSERIE.*

Une jeune femme (Louis XV) assise à son métier.

1853. — *LE LISEUR.*
(Atelier de Poissy.)
HAUT. 0,27 ; LARG. 0,18.

Le jeune homme, debout, en noir, lit près de la fenêtre, dont un seul volet est ouvert dans ce jour de chaleur.
(*Collection de* M. Thiéry, Paris.)

1853. — *A L'OMBRE DES BOSQUETS.*
HAUT. 0,21 ; LARG. 0,18.
Exposé en 1853 sous le titre :
A l'ombre des bosquets, chante un jeune poète.

Sous les grands arbres du jardin, Meissonier à Poissy. Le poète chante avec sa guitare. Ses amis l'écoutent. (Des fruits sur la

table de pierre. Un jeune cavalier debout, une femme à ses côtés. En face, seigneurs et dames assis sur l'herbe, et, sur un banc, une femme debout. Dans le lointain, un couple amoureux. Deux lévriers près de la table.
(*Collection de* Lady Richard Wallace, Londres.)

Gentilhomme Louis XIII debout, lisant une lettre dont le valet attend la réponse.

1853. — *Mme SABATIER.*
HAUT. 0,70 ; LARG. 0,90.
Debout, la main sur la hanche. Ceinture rouge.

1853. — *DANS LE PARC.*
Un gentilhomme Louis XIII donne le bras à une jeune blonde.

1853. — *L'ARQUEBUSIER.*
Se promenant l'arme à l'épaule devant une demeure.

1854. — *LE RAFFINÉ.*
(Époque Louis XIII.)
HAUT. 0,17 1/4 ; LARG. 0,12 3/4.
Debout, feutre noir, pourpoint gris, baudrier brodé d'or, culottes rouges, hautes bottes en peau de daim, grande collerette, manteau jeté sur l'épaule gauche, retenue par le bras gauche ; épée ; badine dans la main droite.

1854. — *LISEUR ROSE.*
Assis, tenant son livre à deux mains ; à sa gauche, un livre d'estampes sur un tabouret, table chargée de livres. Bibliothèque à sa droite, livres dessus.

1854. — *L'AMATEUR D'ESTAMPES.*
HAUT. 0,18 ; LARG. 0,12.
En habit noir, gilet blanc, culotte velours noir. Debout, il regarde une estampe, son carton ouvert sur une chaise devant lui. Sur une table, un cadre vide, des flacons, des livres. Au mur, un tableau représentant une femme nue (acheté en Belgique par le peintre), un paysage. Deux palettes accrochées au mur. Près de la fenêtre, un fauteuil de tapisserie devant une table.

1854. — *CAVALIER LOUIS XIII.*
HAUT. 0,17 ; LARG. 0,12.
Manteau gris, grandes bottes, feutre en tête. Col de guipure sur son pourpoint. Debout de face, badine en main.
(Signé du monogramme. — JM).

LE LISEUR.
(Collection de M. Thiéry.)

1853. — *LA GARDE CIVIQUE.*
HAUT. 0,15 ; LARG. 0,10.
Le chef à l'air martial, la main sur la hanche à la tête de sa compagnie armée de piques et de hallebardes.
(A M. Faure, Paris).

1853. — *LE MESSAGE.*
HAUT. 0,05 ; LARG. 0,20.

LE LISEUR ROSE.
(Tableau de la collection de M. de Besteigui)

1854. — *JOUEURS DE BOULES A SAINT-GERMAIN.*

HAUT. 0,10 ; LARG. 0,13.

La partie se joue sous les grands arbres de la terrasse. Les spectateurs font cercle, l'un se penche pour voir le coup.
(*Collection* de Mme Ch. Heine, Paris.)

1854. — *LE FUMEUR NOIR.*

HAUT. 0,32 ; LARG. 0,23.

Assis et accoudé sur une chaise, il fume, la main droite sur une table où l'on voit un verre et un broc d'étain. Chemise bouffante, vêtement noir.

1855. — *LA RIXE.*
(Offert par Napoléon III au prince Albert.)
(*Exposition universelle de 1855, Paris.*)

HAUT. 0,44 ; LARG. 0,56.

Deux amis cherchent à retenir celui qui, furieux, s'élance sur son adversaire, on veut lui arracher son poignard. L'autre va dégainer. Un homme entr'ouvre la porte. Tout est culbuté dans la salle.
(A S. M. la reine Victoria.)

1855. — *FUMEUR ASSIS.*

HAUT. 0,17 ; LARG. 0,12.

En rouge ; sur la table, un verre, un broc de bière ; deux images en couleur au mur avec son tricorne.

1856. — *DEUX CARROSSES.*

Dans la campagne escortés de cavaliers Louis XIII ; deux chiens sur la route.

1856. — *LE HALLEBARDIER.*

HAUT. 0,25 ; LARG. 0,18.

Bas bleus, souliers de cuir jaune, grand étendard jaune derrière lui, retombant sur un tambour ; des pièces d'armure et une épée sont à terre. Debout, il s'appuie sur sa haute pique. Barbe blonde et casque sur la tête.

1857. — *ÉTUDES D'ARMURES.*
(*Musée d'Artillerie*, Paris.)

1857. — *L'ATTENTE.*

HAUT. 0,21 ; LARG. 0,15.

A la fenêtre de l'atelier de Poissy. Par la chaleur, un seul volet ouvert, par lequel entre le soleil, tapis de Smyrne sur la table. L'amoureux attend celle qui va venir,... il se penche à la fenêtre pour la voir plus vite.... Son épée est sur la table, il est en culotte de velours rouge, en chemise blanche.
(Légué au Louvre par testament de l'auteur en 1857. Actuellement au Luxembourg.)

1857. — *LE LISEUR BLANC.*

HAUT. 0,20 ; LARG. 0,15.

Debout, le dos à sa table de travail, au tapis de velours vert, avec livres, en face de la fenêtre, le visage en pleine lumière, les cheveux poudrés ; il lit.
(*Collection* de M. Chauchard, Paris.)

1857. — *LA CONFIDENCE.*

HAUT. 0,35 ; LARG. 0,41.

Au dessert, le jeune amoureux en rose, lit à un ami expérimenté, qui en rit en dedans, la lettre de son amante.
(*Collection* de M. Chauchard Paris.)

1857. — *UN LISEUR.*

Assis dans son fauteuil, les jambes croisées sous la table, lisant son document, la plume à la bouche ; livre et papier devant lui, commode et carton à dessins derrière lui, paravent de damas rose à bords gris.

1857. — *UN BRAVO.*

HAUT. 0,17 ; LARG. 0,10.

Bras croisés sous son manteau gris, épée au côté, béret rouge ; il attend son moment.

1857. — *UN HOMME D'ARMES CASQUÉ.*

Debout, en cuirasse, sa haute pique à la main ; la gauche sur la garde de l'épée ; culotte tailladée. Contre la muraille derrière lui, un tambour et un étendard.

1857. — *FUMEUR.*

HAUT. 0,15 ; LARG. 0,10.

En gris, culotte courte, bas rouges, tricorne en tête, assis à une table étroite, qui porte un broc de bière et un verre.

1857. — *LISEUR.*

HAUT. 0,20 ; LARG. 0,15.

En habit rose, gilet blanc à fleurs, culotte courte, bas blancs ; assis et accoudé au fauteuil, il lit, une main sur son genou ; derrière lui, commode chargée de livres et d'objets divers.

1857. — *HOMME D'ARMES LOUIS XIII.*
Debout, il tient son épée en travers devant lui. (Derrière lui, un mur à gros moellons.)

1857. — *LE PORTE-ÉTENDARD.*
La hampe sur le sol, des plis en retombant enveloppent le jeune homme debout, nu-tête, en cuirasse.

1857. — *LE BAISER D'ADIEU.*
HAUT. 0,14 ; LARG. 0,11.
Les amants se quittent en s'embrassant passionnément sur les lèvres, à la petite porte du bois.

1857. — *LA PARTIE D'ÉCHECS.*
HAUT. 0,26 ; LARG. 0,21.
Un officier, épée au côté, habit bleu et blanc, cheveux noirs, triomphe en souriant de son adversaire qui réfléchit à son coup le menton dans sa main. Un paravent derrière eux.
(*Collection* de M. le baron Schrœder, Londres.)

1858. — *UN INCROYABLE.*
HAUT. 0,24 ; LARG. 0,16.
Habit prune, gilet bleu, pantalon nankin collant, cravaté haut, chapeau sous un bras, l'autre s'arrondissant sur une canne en tire-bouchon. Derrière lui, sur le mur, affiches des théâtres... Sur une petite, écrite à la main : « On demande un apprenti chez le citoyen Meissonier, peintre, rue de l'Homme-Armé. »
(*Collection* de M. le baron Edm. de Rothschild, Paris.)

1858. — *M. POLICHINELLE.*
HAUT. 0,16 ; LARG. 0,11.
Avec son bâton derrière le dos, jambe en avant, air gouailleur.
(*Collection* de Mme M. Cottier, Paris.)

1858. — *LE JOUEUR DE FLUTE.*
HAUT. 0,33 ; LARG. 0,22.
Debout, en gris, près d'une fenêtre. Sa musique sur un chevalet, il bat la mesure du pied droit.
(*Collection* de M. Thiéry, Paris.)

1858. — *UN ÉCRIVAIN LOUIS XV.*
HAUT. 0,17 ; LARG. 0,12.
Assis à sa table, chargée de livres, près de la fenêtre. Vêtu de noir. Les barbes de sa plume près de sa bouche.

1858. — *PARTIE GAGNÉE.*
HAUT. 0,21 ; LARG. 0,26.
Entre compagnons d'armes, coup décisif, sur une table dans la salle des gardes. Celui qui va gagner et allonge sa carte est Ch. Marchal, le peintre, à sa droite le peintre Willems, et le fils de Meissonier debout....

1858. — *PARTIE PERDUE.*
HAUT. 0,20 ; LARG. 0,27.
Intérieur de corps de garde. Compagnons autour des deux joueurs, assis, debout, ou le verre en main, l'étendard près de la fenêtre, quatre soldats près de la cheminée.
(*Collection de* Lady Richard Wallace, Londres.)

1858. — *LE PETIT HOMME ROUGE.*
HAUT. 0,19 ; LARG. 0,11.
Époque Henri II, en velours rouge, en manteau. Debout, le poing sur la hanche, épée au côté, fraise au cou, toquet en tête.
(A MM. Arnold et Tripp, Paris.)

1858. — *LE POÈTE.*
Il lit ses vers à deux jeunes femmes ; au fond de la pièce, un jeune homme étendu, son épagneul à ses pieds, écoute....

1858. — *UN LECTEUR.*
Gentilhomme Louis XIII lisant un manuscrit.

1858. — *JOUEURS D'ÉCHECS.*
(Atelier de Poissy.)
Chien étendu près d'eux.

1859. — *GENTILHOMME LOUIS XIII*
(Lisant).
HAUT. 0,20 ; LARG. 0,14.
Debout contre la fenêtre, on aperçoit des arbres. Il est en rouge, robe de chambre entr'ouverte, laissant voir sa chemise de batiste. Il tient son livre à deux mains.

1859. — *AMATEUR DE TABLEAUX*
(Chez un peintre).
HAUT. 0,23 ; LARG. 0,18.
L'amateur debout, chapeau à la main, tête penchée, regarde en connaisseur le tableau en train sur le chevalet. Debout, près de lui, l'artiste, satisfait, le regarde. Par terre, cartons à dessins.
(A M. Leroy, Paris.)

1859. — *LA LECTURE CHEZ DIDEROT.*
HAUT. 0,27 ; LARG. 0,21.
Six amis de Diderot — parmi lesquels Chardin, Joseph Vernet, Vanloo, — réunis dans sa bibliothèque, écoutent la lecture d'un de ses *Salons*.
(*Collection* de M. le baron Ed. de Rothschild.)

1859. — *UN ABBÉ.*
En marron. Perruque poudrée, tricorne, lisant son bréviaire au soleil.

1859. — LE CHANT. (Première esquisse.)
HAUT. 0,21; LARG. 0,14 1/2.

Un Vénitien accompagne son amante, qui chante debout, en blanc, dans l'atelier de Poissy.

1859. — LE JOUEUR DE GUITARE.
HAUT. 0,23; LARG. 0,17.

En pourpoint et haut-de-chausses gris aux rubans verts, perruque blonde, chemise bouffante. Il chante en s'accompagnant. Sa musique est sur une table au tapis rouge.
(Collection de M. le baron Ed. de Rothschild.)

1859. — UN POÈTE.
HAUT. 0,22; LARG. 0,16.

En gris, assis à sa table près d'une fenêtre, il se relit, sa plume d'oe aux lèvres.

1859. — JOUEUR DE MANDOLINE LOUIS XIII.

Assis chez lui sur une chaise, son livre de musique soutenu contre un autre livre, sur une table devant lui, recouverte d'un tapis de velours vert. Plateau portant un verre et une carafe de Venise, livres et papiers. Tapisserie au mur.

186.. — SOLIMAN.
(Panneau.)

Cheval arabe de Meissonier, bridé et sellé de velours rouge; sur le même panneau, la croupe d'un cheval bai à queue noire.

1860. — LE GÉNÉRAL FLEURY.

« Souvenir de la campagne d'Italie. A Mᵐᵉ Fleury, son bien dévoué et respectueux Meissonier. »

1860. — LE PETIT PRINCE IMPÉRIAL A CHEVAL.
(Panneau.)
HAUT. 0,15; LARG. 0,12.

Costume bleu, bas rayés rouge.
Au dos du panneau : « Fait à Fontainebleau », (après la mort du prince impérial, en 1878). (Meissonier fit don à l'impératrice d'une esquisse du prince).

1860. — BUCKINGHAM
(Cheval de Napoléon III).
(Étude pour Solferino.)
HAUT. 0,12 1/2; LARG. 0,11 1/2.

Portant le drap de selle rouge.

1860. — OFFICIER A CHEVAL LORGNANT (de dos).
(Étude pour Solferino.)
HAUT. 0,08; LARG. 0,05 1/2.

1860. — LE GÉNÉRAL ROSE.
(Étude pour Solferino.)
HAUT. 0,14; LARG. 0,08.

Se tournant, la main sur la croupe de son cheval.

1860. — UN COLONEL.
(Étude pour Solferino.)
HAUT. 0,10; LARG. 0,05.

Le haut du corps indiqué.

1860. — LES AMATEURS DE PEINTURE.
HAUT. 0,35; LARG. 0,28.

Un peintre à son chevalet, agacé par trois visiteurs. Meissonier a marqué son ennui par les tableaux allégoriques au mur : Martyre de saint Laurent, sur le gril, Le meunier, son fils et l'âne.
(Collection de M. Chauchard.)

1860. — PARTIE DE CARTES.
HAUT. 0,18 1/2; LARG. 0,24.

C'est dans l'atelier de Poissy, tapisseries aux murs de chaque côté de la porte; à gauche, un tambour, une chaise cloutée de cuivre avec manteau jeté dessus, escabeau; à droite, au fond de la pièce, un camarade endormi sur un lit de camp; à cheval sur un banc de bois, deux cavaliers Louis XIII jouent : l'un, feutre en tête, médite son coup la main sur la bouche; l'autre, nu-tête, son casque à terre, sa grande rapière en travers, examine l'embarras de son adversaire; quatre camarades les entourent, l'un assis à cheval sur une chaise, l'autre fumant debout, deux autres en face debout.

1860. — LE TOURNEBRIDE.

Trois cavaliers arrêtés devant la maison du garde, forêt de Saint-Germain on leur donne à boire. Sur la route ensoleillée, un carrosse Louis XV à deux chevaux vient au fond. Plus loin, un couple d'amoureux, la femme tenant une ombrelle; au premier plan, à droite, deux chiens font connaissance.

1860. — LE VIN DU CURÉ.
HAUT. 0,12; LARG. 0,16.

Salle à manger de curé de campagne (table pliante, fruits, bouteille). Le convive écoute le curé.
(Collection de M. Vasnier, Épernay.)

1860. — POLICHINELLE (AU TAMBOUR).

Les mains croisées sur sa bosse, son bâton sous le bras gauche, les jambes écartées, avec des sabots en peau de mouton blanc. Culotte de velours rouge, jarretières en ruban à grandes bouffettes. Il sourit, enchanté du bon tour qu'il vient de jouer. Son tambour est par terre.